贵州财经大学经济学研究文库

民国武汉棉纺织业问题研究

（1915—1938）

刘岩岩 / 著

中国社会科学出版社

图书在版编目（CIP）数据

民国武汉棉纺织业问题研究：1915～1938/刘岩岩著．—北京：中国社会科学出版社，2016.4

ISBN 978 - 7 - 5161 - 7557 - 6

（贵州财经大学经济学研究文库）

Ⅰ．①民…　Ⅱ．①刘…　Ⅲ．①棉纺织工业—工业史—研究—武汉市—1915～1938　Ⅳ．①F426.81

中国版本图书馆 CIP 数据核字（2016）第 022543 号

出 版 人	赵剑英	
责任编辑	卢小生	
特约编辑	林　木	
责任校对	周晓东	
责任印制	王　超	

出　　版	中国社会科学出版社	
社　　址	北京鼓楼西大街甲 158 号	
邮　　编	100720	
网　　址	http：//www.csspw.cn	
发 行 部	010 - 84083685	
门 市 部	010 - 84029450	
经　　销	新华书店及其他书店	

印　　刷	北京君升印刷有限公司	
装　　订	廊坊市广阳区广增装订厂	
版　　次	2016 年 4 月第 1 版	
印　　次	2016 年 4 月第 1 次印刷	

开　　本	710×1000　1/16	
印　　张	14.25	
插　　页	2	
字　　数	239 千字	
定　　价	55.00 元	

凡购买中国社会科学出版社图书，如有质量问题请与本社营销中心联系调换

电话：010 - 84083683

档案馆的经济史，尤其是棉纺织业档案目录的详细情况作了介绍。经比较和研究后，我们初步确定选题就是民国时期武汉的棉纺织业。

凡事要抓紧，不然，一月一年的研究时间若白驹过隙，稍纵即逝。刘岩岩也感到相关资料繁杂，一卷一卷地阅读、复印或抄写，费时费力，三年时间将不够用。必须迅速确定研究的主题及重点，这就要将作为研究对象的时段和厂家尽快定下来。在厂家的问题上，已有的资料表明，在1904年前，武汉棉织厂只有一家，到1907年增至6家，到1911年增至8家，且规模均较小，无多少文字记载。1915年后，武汉才逐渐有现代棉纺织厂。1938年夏武汉会战发生后，这些工厂西迁。抗战结束后，时局动乱，迁回的工厂生产不景气。显然，研究题目范围应是1915—1938年的申新等四大棉纺织厂。而根据已收集的史料内容几经讨论，研究的主题也定在这一时期武汉棉纺织业的发展与不发展这个主线上，并从经济学的资金、技术、管理和市场四个方面来探讨棉纺织业的发展规律。

这一研究主题的重要意义在于，有关全国棉纺织史探索前人已有出色成果，后人尤其年轻学者难以超越。从人无我有、人详我略的创新角度出发，地区的或个案的棉纺织业研究，具有开创性，确为应运而生，正逢其时。再者，全国著名的荣家企业主要兴办棉纺织业以及面粉业（申新四厂的紧邻为荣家福新第五面粉厂），视民生之衣食为生产主旨，发展潜力极大，颇有战略头脑，其兴旺发达的主因就在于此。笔者选择这种研究题目，没有将经济史的研究囿于史料的收集、整理和考证，而是用一种较为严谨和有效分析问题的态度去解释作为现代工业的历史。

二

棉纺织业是民国武汉支柱产业，因之留下大量档案资料，为后人的研究提供了重要条件。史料翔实，善于运用各类史料，尤其第一手资料和档案资料，为本书的一大特色。史家重视实证，力戒无稽之谈，即所谓"无史料即无历史"。一部好的专著，还要有合理的史料结构，即史料类别较齐全，尤其核心史料不能缺少。只有一种史料，比如回忆录或报刊资料，不可能撰写准确的、全面的历史。但笔者的这一选择，是由人们过去的行动所决定的，而笔者的使命就是千方百计地去收集和挖掘这些或明或暗的史料。历史研究尤其现代历史研究的主要困难首先就在此处。翻开刘岩岩专著的注释，我们很容易发现，除了着重引用大量的档案资料外，还有民国时期出版的有关资料汇编、著作、期刊等，以及1949年后有关的著作、地方志、资料汇编和文史资料，并参考了一些外文资料。应该说，就民国时期武汉棉纺织业来看，笔者阅读、运用的材料应有尽有，类别齐全。

笔者运用翔实史料探索武汉棉纺织业，不仅使许多叙事有一定说服力，让人可信，使一系列结论比较准确和符合实际，更重要的是，为著作提出新的见解和观点有了特殊的事实即数据的支撑。一般来说，数据是进行各项统计、计算和研究等所依据的数值。而在经济史的研究中，必须用可靠的，甚至较丰富的统计资料即数据或数据群作为研究基础。就是凭着这一点，本书制作了51幅表（含附表），其种类涉及分类表、统计表、比较表等，将错综复杂的史事按时间、类别等以表的形式列出，简洁明了，让人一目了然；并且使大量重要数据不会因叙述方式的限制而丢失，起到浓缩资料精华之作用。同时，大量数据的收集，也为有目的、有系统地采用数学和统计学方法进行定量分析奠定了基础。这就与传统的以描述为主的定性分析划清了界限。笔者运用计量史学的方法虽处于尝试阶段，但毕竟是通往成熟之路的开头。所有这些都极大地丰富了专著的内容，更是增强了本书的学术性和科学性。

结构为论文各个组成部分的搭配和排列。在主题鲜明和主线突出的前提下，从经济学的资金、技术、管理和市场几个重要方面合理安排结构，层层叙述和剖析，阐明棉纺织业发展和不发展的表现、曲折、原因和规律，是本书的又一特色。

19世纪末20世纪初，在世界范围内开始了以电气为标志的第二次产业革命。这次产业革命促进了世界经济的飞速发展，使在1901—1913年的13年中，世界工业生产量增长了66%。这一重大变化虽给后进国家的经济发展提供了某种机遇，但这些先进国家凭借其强大的经济、技术力量，以及不平等条约的束缚，对后进国家的欺侮和掠夺也不言而喻。在此情况下，中国民族工业难以与西方列强竞争，其生存和发展十分艰难，位于华中地区的武汉棉纺织业也不例外。但民族工业寻求发展的道路，还可从内部机制的不断改良中得到拓展。从这一点出发，笔者在资金、技术、管理和市场四个方面描述武汉棉纺织业的发展轨迹，很有见地，是符合这一产业的发展逻辑的。

资金是企业家在生产过程中财产、物资的货币表现。这是发展生产的最起码条件。本书以一章篇幅论述了棉纺织业资金的筹集、分配和运行情况。武汉棉纺织业在开头的若干年份，由于为新办产业，资金积累不足，周转困难。笔者从商业资本和工业资本、自有资本和借入资本、资金积累和合理分配这三对关系的不同处理方式入手，较精辟地论述了申新等四家企业解决资金短缺的多种途径。

工厂的技术应用，除机器设备的技术含量外，一般指生产中操作方面的技巧，它是生产力的重要表现。由于中国教育和科学文化落后，棉纺织业工人绝大多数来自市民和破产农民，要想对现代纺织机器设备进行熟练操作和良好保养、维修，以提高生产效率，有一定的难度。笔者对这一问题的探索，虽对技术引进的多种方式有较全面阐述，但其重点还是在技术的内化及绩效方面，这就抓住了问题的关键。因前易后难，并且技术引进的目的在于后者。笔者指出，企业引入先进技术并将其内化的过程，就是技术部门负责人和直接操作机器设备者深度消化和吸收先进技术，使之提高生产力的过程。这就要涉及管理人才和技术工人的专业素质问题。其对策就是纺织业人才的培训和使用。本书除较详细地介绍了武汉几家纺织厂开办纺织技工学校的经验外，还着重说明了申新四厂的养成工制度。该厂通过考试招收年青学员，进行严格的技术培训，并负责此间的食宿和其他必要开支。并规定，学员结业后须为厂服务一年。这种做法很实惠，直接提高了生产力。申新四厂及荣家企业的养成工制度，从实际需要出发，政策易于实行，为当时中国职业教育的首创，影响深远。

本质而言，管理是科学和艺术的复合系统，其对象虽为人、物、事，但十分复杂。伴随农耕文明走向工业文明的漫长过程，从低级到高级的现代管理制度的建立极为艰难。本书大体描述了民国时期武汉棉纺织业在管理体制上由初期本土经验型逐步向西方先进的以工程师为主导的、较高级的管理型过渡的这一轨迹。在此之中，首先阐述了工头制及其改革，随后说明了较长时期维持上述新旧两种管理体制的表现和原因。与之相联系的是，本书也阐述了武汉棉纺织业管理的三种类型。一是第一纱厂和震寰纱厂长期依赖传统的商业经验来管理，未吸纳西方先进的管理经验，以致呈现某种无序和混乱的状态。二是裕华纱厂在资金融通及运转方面的管理虽然成功，但其他方面管理较乱。后来，经过一系列人事变动和规章制度建设，才逐步走上良性发展的道路。三是申新四厂"近水楼台先得月"，成功借鉴了申新系统的较先进的管理体制，生产欣欣向荣。武汉四大纱厂虽然普遍采用了股份公司这一组织形式，但为何有如此差异呢？究其原因，管理者除具备一定的文化素养和专业知识，以及一定的科学精神外，就艺术性而言，一个优秀的管理者，还应有强烈的研究愿望或探索精神，及时抓住管理中的不确定性因素，在判断和处理的方式上，善于变通和总结，久而久之，遂形成了较系统的管理经验。

工厂商品销量如何，决定其经济效益及兴衰，但这往往不是由价格所决定的，市场的需求程度和营销方式很重要。在"左"的计划经济时代，棉布凭票供应，纺织厂流传着"皇帝的女儿不愁嫁"这句"名言"，自有道理，但这里不同了。本书在论述武汉棉纺织业的市场竞争对手时，阐明了既要同外国在华企业的"洋货"竞争，又要同上海、无锡等东南沿海"土货"竞争的严峻形势。在此困境下，武汉四大纱厂转而向西南的湖南、四川、云南和贵州等省，采取多种营销方式开拓市场，主要在这些地区投资设厂、设立分销处、分公司和办事机构，从而上演向西南拓展市场，进一步发展棉纺织业的一幕幕话剧。这一重大转折和变化，不仅使中国棉纺织工业的分布和销售更为合理和迅速，也为1937年全面抗战爆发后，东南沿海和武汉等地工业内迁积累了重要经验，其战略意义十分重要。

三

本书研究方法有特色。翔实的史料及许多数据为实证奠定了基础，主要表现就是细致的分析和一系列表格的制作。这种分析方法，通过对反映历史过程中各种复杂数量关系之比较，提炼出新的观点或总结出正确的结论。同时，许多第一手资料或档案资料的运用，对于发现历史的因果联系和本质也非常重要。与之相联系的是，对四个纺织厂的集中而细致的考察，既是个案研究，也是微观研究。从微观来说，一个个从较小角度对历史局部的考察，综合起来，就会对棉纺织业有一个深刻的、准确的和较全面的认识。但本书并未完全脱离宏观论述，许多地方在一定程度上将两者结合起来，使之互动、互补。比较研究是历史研究最重要方法之一，本书运用了这一方法。笔者主要对武汉四个棉纺织厂在资金、技术、管理和市场方面作了多角度、多方面的比较。在阐明武汉棉纺织业办厂模式问题上，又将武汉与上海比较。这种同类事物同一关节的比较，很容易找出它们之间的共同点、差异及高下，从而进一步认识纺织业兴衰规律。从某种意义上说，最适当的史学方法标志着与之相应的较高的研究水平。本书上述方法的运用，增强了学术价值。

南朝（宋）刘义庆在《世说新语·容止》中，有"岩岩若孤松之独立"一语。愿刘君在做好行政工作的同时，仍勤于史学研究，锐意创新！

是为序。

摘　要

  本书以1915—1938年武汉棉纺织业为研究对象，主要围绕其发展过程中的资金、技术、管理和市场问题展开论述，并对由此形成的"武汉模式"进行分析。

  第一章对武汉棉纺织业资金来源和运行状况进行考察。民国时期武汉棉纺织业创建之初，很大一部分资本来自本地商人投资，商业资本在提供资金的同时，其投机性和不稳定性也影响了棉纺织业的发展轨迹。沿海工业资本在内地的投资密切了武汉棉纺织业和沿海同行业之间的联系，武汉本地的银行、钱庄和票号所构成的货币金融系统对棉纺织业的发展也产生了深远影响。裕华纱厂、申新四厂、第一纱厂、震寰纱厂在发展过程中融资方式各有不同，处理商业资本和工业资本、自有资本和借入资本、资金积累和分配这三对关系的不同方式，决定了其日后的发展趋势。

  第二章论述武汉棉纺织业技术引进、内化和取得的成效。在技术引进方式上，主要通过在华洋行的代理、派人出国考察和国外厂家推销这几种方式进行。在技术内化方面则要考虑引进技术与经济社会环境、纱厂发展、生产原料和企业软实力相一致，并注重对内化结果的巩固。由于不同纱厂内部构成的差异，在技术的引进、内化和创造方面有各自特点。通过与上海等其他棉纺织基地的对比发现，民国时期武汉棉纺织业在科技运用中，由于缺乏有效的技术引进和内化机制，虽然有所发展，但是动力明显不足，成效不高。

  第三章探讨西式"科学管理法"和治理结构在武汉棉纺织业中的演进和实施情况。在内部管理体制上，武汉棉纺织业经历了晚清衙门式的管理、民国初期的"工头制"，到20世纪20年代后逐步向以职业经理和工程技术人员为核心的西式管理体制转变。这两种体制在民国时期武汉棉纺织业发展过程中都发挥过重大作用，其转变过程充满反复，在很长一段时间内呈现出新旧管理体制并存的二元化格局。武汉棉纺织业结合自身实际情况选择相应管理模式，在管理人员的整顿、生产管理、工人管理、工资管理和会计制度的改革方面都取得了一定进展。申新四厂在推行科学管理的同时，还形成了极具特色的福利制度和企业文化。在外部治理结构上，随着公司制的传入，武汉棉纺织业根据发展程度和规模大小选择了股份有限公司和无限公司治理结构。

第四章考察武汉棉纺织产品同沿海产品在武汉本地市场的竞争，以及对国内中、西部市场的开拓情况。武汉棉纺织产品本质上属于对进口产品的"二次进口替代"，投入市场后，必然会对传统的商业模式产生冲击：一方面会加速武汉周边地区自然经济的解体并导致传统商路的升级；另一方面在武汉地区曾一度部分替代了沿海产品，并以长江为纬，平汉、粤汉线为经，新的商业网络和商业结构逐步形成。在市场开拓方面，武汉棉纺织品要同"洋货"竞争，上海、无锡等沿海城市的棉纺织品也深入内地，一起争夺有限的市场，并共同演绎了"市场西拓"的浪潮。"市场西拓"是武汉棉纺织业以市场为导向，因为生存发展需要，在经济规律支配下的主动选择，这和1938年因为战争而引发的"军事西迁"迥然不同。

综上所述，民国时期武汉棉纺织业既有发展的一面，又因其自身缺陷发展得不够充分，但总体上看，发展的一面多于不发展的一面，并在一定程度上推动了武汉工业化进程，对武汉由传统内地商业中心向工商一体的近代化城市转变产生了深远影响。

关键词： 1915—1938 年　武汉棉纺织业　资金　技术　管理　市场

Abstract

This dissertation studied Wuhan cotton textile, discussed several questions of capital, technology, management and market in the development and analyzed the "Wuhan mode" based on it.

The first chapter investigated the source and operating conditions of capital of Wuhan cotton textile. At the beginning of Wuhan cotton textile in the Republic of China, most of the capital was from the local businessman's investment. When supplying capital, the speculative and the uncertainty of business capital affected cotton textile's development track. The investment of Coastal industrial capital in hinterland strengthened the relations between Wuhan cotton textile and coastal industry, and the the monetary and financial system made up of the loacal bank of Wuhan, old style Chinese private bank also produced far – reaching influence for the development of cotton textile. Yuhua cotton mill, the Fourth cotton mill of Shenxin, First textile mill and Zhenhuan cotton mill had different financial method in the process of development, which were about the relations between business capital and industrial capital, private capital and borrowed capital, capital accumulation and distribution, determining the future trend of development.

The second chapter expounded Wuhan cotton textile's technology import, internalization and achievement. The ways of technology import, were mainly through purchasing agent of foreign firm in China, sending people abroad to investigate and promote sell of foreign factory. The internalization of technology considered the introducing technology comply with the social environment, textile mill development, production materials, enterprise soft power, and focused on the consolidation of internalization results. Due to the differences of internal components in different textile mills, they had their own characteristics in introduction, internalization and creation of technology. Compared with Shanghai and other industrial cities, due to a lack of effective technology import and internal mechanism, the technology use of Wuhan cotton textile had some development, but obviously underpowered that effect is not high.

The third chapter discussed the evolution and specific implementation of western – style scientific management and governance structure in Wuhan cotton textile. In the internal management system, Wuhan cotton textile experienced praetorium type manegement in later Qing Dynasty, foreman system of the early Republic of China, and gradually transformed into western management system the core of which were professional manager and engineer. Both the two systems played an important role in the development of Wuhan cotton textile in Republic of China, and made the transformation complex, showing dualistic structure co-existence old and new management for a long time. Wuhan cotton textile chosen corresponding management model depended on its situation, and made progress in the manager's regulation, production management, workers management, salary management and accounting system reform. In promoting scientific man-agement, the Fourth cotton mill of Shenxin formed its own unique welfare system and enterprise culture. In external management structure, with the introduction of corporations, Wuhan cotton textile chosen Co. , LTD and infinite governance structure according to their level of development and the size of the enterprises.

The fourth chapter inspected the market competition between Wuhan textile product and coastal products in local market, and the market development in central and west regions of China. Wuhan textile products in essence belonged to Second Imported Substitution, when input market, obviously brought about impact on traditional business model, which sped up the dissipation of natural e-conomy around Wuhan area and led to the upgrade of trade route, and once re-place the coastal industrial products in Wuhan market, and by the Yangtze riv-er, PingHan and YueHan railway, the new commercial network and commercial structural formed gradually. In market development, Wuhan's cotton textile products must competed with foreign goods, at the same time, the product of Shanghai, Wuxi and other coastal cities also came into inland to compete for the limited market, and formed Market – Westward, which was market – oriented, because of the survival development needs, the active choice in economic logic, and different from the Political – Westward in 1938 due to the Anti – Japanese – War.

To sum up, Wuhan cotton textile had development side, however, because of its own defects, the development was inadequate. As a whole, there was mo-er that was development than undevelopment, which promoted the pace of the industrialization of Wuhan, and had far – reaching influence on transformation for Wuhan from traditional commercial center in hinterland to a modern city with commercial and industry.

Key Words: 1915 – 1938 Wuhan cotton textile capital technology management market

目　录

绪　论

第一节　选题缘由

近代中国在经历了西方先进工业国的掠夺等一系列惨痛经历后，有感于其"大炮之精纯，子药之细巧。器械之鲜明，队伍之雄整，实非中国所能及"[1]，国人逐步认识到发展工业的重要性，并在一个具有几千年农业传统土地上开始了发展近代工业的艰难尝试。近代武汉工业，最受关注的自然是张之洞任湖广总督时在武汉留下的颇为丰富的工业遗产，学术界对张之洞以及他所创办的军事、民用工业的研究成果相当丰富，研究之细致，可以精确到对典型工厂选址的考证。[2] 对张之洞的高度关注，使得学术界用很大精力研究清末的武汉工业，而对民国时期武汉工业的研究，却总是笼罩在以曾经亚洲第一的汉阳铁厂为代表的张之洞留下的工业遗产的光环下，对民国时期武汉其他工业门类的发展缺乏深入分析。

1949 年后，武汉在较短时间内就发展成为一个部类基本齐全、体系基本完备的工业城市，其中棉纺织业成绩尤为显赫，"历经百年兴衰演变，特别是新中国成立后大规模的建设，全市已形成了以棉纺织印染为主，包括色织、复制、针织、毛纺织、麻纺织、丝织、服装、合成纤维、纺织机械和纺织器材等行业的综合性纺织工业体系。"[3] 1949 年后武汉棉纺织业所取得的成就，固然离不开计划经济条件下各级政府重点政策的特

---

① 李鸿章：《李文忠公朋僚函稿》卷二，商务印书馆 1921 年版，第 46 页。

② 此类文章如袁为鹏的《清末汉阳铁厂厂址定位问题新解》，《中国历史地理论丛》2000 年第 4 期。

③ 武汉地方志编纂委员会主编：《武汉市志·工业志》，武汉大学出版社 1999 年版，第 603 页。

殊照顾，但如果民国时期武汉棉纺织业没有一定基础，即便有国家的重点扶持，要想迅速崛起也绝非易事。基于上述原因，笔者对民国时期武汉棉纺织业发展产生了浓厚兴趣，要探究民国时期武汉棉纺织业到底发展到了什么程度？发展模式是什么样的？导致它不发展的因素又有哪些？从事此项研究有以下意义。

首先，从学术意义上说，研究民国时期武汉棉纺织业诸问题有助于深化对中国近代工业史研究。有关区域工业史的研究成果很多，但正如相关学者所说："翻开涉足中国早期工业化问题的有关内容，则几乎都是以'五口通商'为契机而引发的以上海、江浙一带为主要内容的局部工业化史。"[1] 尽管后来又有学者对江西、云南的工业史进行了一定研究，但在典型城市工业史研究方面，对武汉关注度不够。作为民国时期华中地区工业中心和抗日西迁主力，武汉工业地位长期被低估，其取得的成就往往被武汉传统的商业文明和以上海为代表的沿海地区工业发展的光环所笼罩，导致对近代武汉工业的研究呈现出支离破碎的状况，这给笔者的研究提供了深入挖掘的空间，在门类繁多的工业部类中选择最具代表性的棉纺织业进行研究。民国时期武汉棉纺织业发展过程中在资金、技术、管理和市场等方面都遇到了很多新问题，把这些问题搞清楚了，不但有助于加深对近代武汉工业发展的研究，同时也是对近代中国工业史研究的一个有益补充。

其次，从理论意义说，研究民国时期武汉棉纺织业的资金、技术、管理和市场问题是对工业化理论的丰富。"工业化是人类历史上最伟大的经济变革，它与 18 世纪下半叶从英国开始的工业革命密切相关。因此，人们对工业化的研究最早是从英国工业革命开始的。"[2] 基于上述原因，早期关于工业化的理论多以英国工业发展模式为典范，汤因比的《英国工业革命讲座》和法国历史学家包罗·芒图的《十八世纪产业革命——英国近代大工业初期的概况》都是这方面的经典著作。但是，"尽管英国产业革命开创了近代工业化之先河，但它的具体发展道路并不是世界近代工业化的唯一范式，促成英国早期工业化发生的具体动因及发展顺序也不足

---

① 陈征平：《云南早期工业化进程研究（1840—1949）》，博士学位论文，华中师范大学历史研究所，2001 年，第 1 页。

② 刘义程：《发展与困顿：近代江西的工业化历程》，江西人民出版社 2007 年版，第 7 页。

以作为一般的衡量标准。"① 就发达国家而言，英国、欧洲大陆、日本和美国的工业化道路各有其显著的特点，发展中国家要完成各自的工业化进程，不能照搬西方工业化理论，在这方面著名的发展经济学奠基人张培刚先生探究了落后农业国家的工业化问题，其著作《农业与工业化》是"为第二次世界大战后的新型经济学科'发展经济学'开先河的著作"。② 近代中国为向工业化迈进付出了艰辛努力，作为明清四大名镇之一的汉口一向以商业繁荣著称，民国时期的武汉依然延续了发达商业传统，并在此基础上努力发展工业，对工业化也进行了初步尝试，所以，武汉可以作为近代中国内地传统商业中心实行工业化的典型，以武汉棉纺织业为中心，探究内地传统商埠进行工业化进程时工业资本和商业资本的关系如何处理？武汉地处内地，在科技人才和先进技术的引进上和沿海地区有哪些不同？管理模式经过了哪些演进？武汉制造的棉纺织品在商品结构和市场营销方面遇到了哪些问题？把这些基本问题搞清楚，应该对深化工业化理论的内涵和外延有作用。

最后，从现实意义来说，本书研究有助于当今武汉棉纺织业摆脱发展中困境。武汉棉纺织业在1949年之后发展迅速，"所拥有的棉纺纱锭数居全国各大城市第三位，仅次于上海、天津；棉布织机数居第四位，仅次于上海、无锡、南通；棉纱年产量居第三位，棉布年产量居第五位，印染布年产量居第五位，纺织工人数居第三位"。③ 武汉棉纺织业在20世纪50—90年代，一直是武汉市三大工业支柱之一，"总产值和利税一般占全市的1/4到1/3左右"④，素有"工业摇钱树"之称。但进入90年代之后，受国内外经济环境和国家产业结构调整的影响，武汉棉纺织业开始走下坡路，并有边缘化趋势。其中出现的一些问题，经过梳理后发现除了外部原因外，武汉棉纺织业本身在资金、技术、管理和市场方面也存在着不少问题。所以，从上述四个问题入手研究民国时期武汉棉纺织业，对其在现阶段走出困境、重塑昔日辉煌都是大有裨益的。

---

① 陈征平：《云南早期工业化进程研究（1840—1949）》，博士学位论文，华中师范大学历史研究所，2001年，第15页。
② 张培刚：《农业与工业化》上卷，华中科技大学出版社2009年版，第29页。
③ 武汉地方志编纂委员会主编：《武汉市志·工业志》，武汉大学出版社1999年版，第603页。
④ 同上。

第二节　研究对象的界定

本选题研究时间段为 1915—1938 年，其间主要经历了北京政府和南京国民政府两个时期。之所以选择这个时间段，从起点看，1914 年第一次世界大战的爆发给近代中国工业的发展提供了一个难得的契机，这种影响从沿海辐射到内地，武汉民营棉纺织业的发展以 1915 年第一纱厂的创办为标志，比沿海地区晚了一年左右。1915—1938 年的这段时期内，武汉外部政治和经济环境总体上较为稳定，虽然也经历了 1926 年"武昌围城"的战乱、1927 年"宁汉对峙"导致的经济封锁和 1931 年武汉水患造成的巨大损失，但大体上依然具有连贯性，工业发展中的资金来源、技术引进、管理经营和市场开拓尚能在相对一致的经济环境下进行。到 1938 年，中日全面战争战火波及武汉地区，当地棉纺织企业要么因为军事原因西迁到内地进入战时发展状态，要么沦为日本殖民经济的一部分，整个工业发展的外部环境发生了重大改变，客观上割裂了研究的连贯性和一致性。

在这段时间，武汉棉纺织业大致经历了以下五个阶段，1915—1923 年属于受第一次世界大战影响的发展期；1924—1928 年 6 月为第一个萧条期；1928 年 7 月至 1931 年 6 月逐步走出困境，发展又稍有起色；1931 年 7 月至 1936 年 6 月陷入长达 5 年的衰落期；1936 年 7 月至 1938 年 6 月是沿海和武汉工业西迁大后方之前的"畸形繁荣"时期。

从空间上看，之所以以武汉为中心进行考察，是因为其在发展棉纺织业方面所具备的得天独厚的地理位置和便利的交通条件。棉纺织业最主要的原材料是棉花，地处盛产棉花的江汉平原，武汉地区发展棉纺织业在棉花供给方面是不成问题的。"湖北居我国中部，江河交贯，气候温和，为国棉之第二产区，产量常在 220 万石左右，约占全国 1/4，每年输出国外及内地各埠，为数极巨。"[1] 清末，随着上海和武汉等地官营棉纺织业的建立，对棉花的需求日益增大，湖北所产棉花首先在武汉集中，然后转运到其他地区，武汉也逐步发展成为国内重要的棉花集散地。"汉市棉花一

---

[1]　黎莘：《湖北棉业概况》，《汉口商业月刊》1934 年第 1 卷第 2 期，第 27 页。

项出口额数,曾经一度达到 240 万石之最高峰,将来武汉若能被建设为全
国工商业之中心,棉纺工业渐次发达,此项主要原料棉花之供给,定可不
患缺乏之虞。"① 除湖北本地棉花外,借助陇海和京汉铁路,国内其他优
秀产棉区如陕西省和河北省的优质棉花也能源源不断运到武汉地区。得益
于便利的交通,武汉所出的棉纺织品也能很快流入销售市场。清末张之洞
在武汉创办的规模宏大的官营棉纺织业,给民国时期武汉民营棉纺织业的
发展打下了良好的基础,在技术工人的来源、技术引进的渠道和棉纺织品
销售市场的培育方面,起到了示范作用。

　　本书所考察的"棉纺织业",不同于中国古代以农业副业形式存在的
手工纺织业,其最大的特点是"动力纺织机器和工厂化生产方式的逐步
引进"②,即不但要以机器作为生产工具,同时应具备近代意义的工厂制
度。同时,因为民国时期武汉棉纺织业发展的主导力量逐步民间化,所
以,本书研究的具体对象主要放在民国时期成立的一批民营纱厂上,因为
它们构成了民国武汉棉纺织业发展中坚力量,其中规模较大的是裕华纱
厂、申新四厂、第一纱厂和震寰纱厂。

第三节　学术前史

　　民国时期,经济学专家就对中国棉纺织业进行了大量调查,并开始了
有针对性的研究,其中很多成果涉及武汉棉纺织业,如方显廷的《中国
之棉纺织业》(商务印书馆 1934 年版),巫宝三、汪馥荪等人编写的《中
国国民所得(1933)》(中华书局 1947 年版),龚骏的《中国都市工业化
程度之统计分析》(商务印书馆 1933 年版),刘大钧的《外人在华投资统
计》(中国太平洋国际学会 1932 年版),王子健、王镇中的《七省华商纱
厂调查报告》(商务印书馆 1935 年版)以及实业部国际贸易局编写的
《武汉之工商业》,都对武汉棉纺织业的发展进行了考察。

　　20 世纪 50 年代,严中平的《中国棉纺织史稿》(科学出版社 1955 年

---

① 鲍幼申:《建设武汉为中国工商业中心问题的商榷》,《汉口商业月刊》1935 年第 2 卷第
11 期。

② 《中国近代纺织史》编辑委员会:《中国近代纺织史》下卷,中国纺织出版社 1997 年版,
第 7 页。

版）以翔实史料着重论述了 1840—1937 年中国棉纺织业发展历程，并在工业资本等领域的具体研究中涉及武汉纱厂。同时期生活·读书·新知三联书店和科学出版社分别出版了《中国近代工业史资料》，这两套书内容翔实、资料丰富，为研究近代武汉棉纺织业提供了很大的帮助。和近代武汉棉纺织业有关的资料汇编和地方志还有很多，如严中平等编的《中国近代经济史统计资料选辑》（科学出版社 1955 年版）、湖北省地方志编纂委员会编的《湖北省志·工业》（湖北人民出版社 1995 年版）、武汉地方志编纂委员会主编的《武汉市志·工业志》（武汉大学出版社 1999 年版）、曾兆祥主编的《湖北近代经济贸易史料选辑》（湖北省志贸易志编辑室 1986 年版）、上海社会科学院经济研究所编的《荣家企业史料》（上海人民出版社 1962 年版）和裕大华纺织集团史料编辑组主编的《裕大华纺织资本集团史料》（湖北人民出版社 1984 年版）。

近 20 年来，随着我国改革开放政策的进一步深入，学术界风气日趋开放，过去的许多冷门和"禁区"都成为研究重点，这个时期关于棉纺织史的研究成果也如雨后春笋般涌现，显得颇为丰富。这些著作和文章，有的是从宏观上对近代中国棉纺织业发展进行论述，如《中国近代纺织史》（中国纺织出版社 1997 年版）、彭南生的《中国早期工业化进程中的二元模式——以近代棉纺织业为例》（《史学月刊》2001 年第 1 期）、戴鞍钢的《中国资本主义发展道路再考察——以棉纺织业为中心》[《复旦学报》（社会科学版）2001 年第 5 期]、林刚的《1928—1937 年间民族棉纺织工业的运行特征》（上、下）（《中国经济史研究》2003 年第 4 期、2004 年第 1 期）、《试论列强主导格局下的中国民族企业行为——以近代棉纺织工业企业为例》（《中国经济史研究》2007 年第 4 期）；有的选取某个地理区域或某个典型企业从微观层面上进行分析，如王菊的《近代上海棉纺业的最后辉煌（1945—1949）》（上海社会科学院出版社 2004 年版）、姜铎的《略论旧中国裕大华资本集团》（《江汉论坛》1987 年第 3 期）、罗萍和黎见春的《20 世纪 20 年代的动荡政局与民营企业险中求生的经营策略——以裕华、大兴纺织股份有限公司为例》（《兰州学刊》2010 年第 6 期）、宋红伟的《中国近代民族企业应变时局的策略研究——以抗战胜利前的裕大华纺织企业集团为例》（华中师范大学 2006 年硕士学位论文）、贺水金的《近代民族工业永纱企业的经营战略——规模化与多角化并举》（《改革》1998 年第 6 期）、汤可可和钱江的《大生纱厂的资产、盈利和利润分配——中国近代企业史计量分析若干问题的探讨》（《中国经济史研究》1997 年第 1 期）等。

国外学者在研究近代中国棉纺织业发展方面颇有心得，其中较具代表性的有日本学者森时彦的《中国近代棉纺织业史研究》（社会科学文献出版社 2010 年版），该书利用棉纱和棉花价格变动的丰富史料，揭示了近代中国棉纺织业的发展规律。美国学者陈锦江的《清末现代企业与官商关系》（中国社会科学出版社 1997 年版）全面探讨了近代中国工业发展中官员、政府和商人之间的互动关系，并剖析了张之洞创办的湖北织布官局和湖北纺纱官局。费维凯的《中国早期工业化——盛宣怀（1844—1916）和官督商办企业》（中国社会科学出版社 1993 年版）以点带面，以清政府创办的包括华盛纱厂在内的几个著名官督商办企业为考察对象，试图揭示中国早期工业发展在特定领域的部分规律。

通过对已有关于近代中国棉纺织业史的研究成果进行归纳分析可以清楚地看到，这些著述都在一定程度上肯定了近代中国棉纺织业的发展，并从各种不同角度对其进行了论述。对近代武汉棉纺织业的研究，除了集中在裕华纱厂外，还散见于以武汉城市和湖北工业发展为主体的综合著述中，比较典型的有苏云峰的《中国现代化的区域研究（1860—1916）——湖北省》（台湾近代史研究所 1981 年版）、皮明麻主编的《近代武汉城市史》（中国社会科学出版社 1993 年版）、徐鹏航主编的《湖北工业史》（湖北人民出版社 2008 年版）、殷增涛主编的《武汉对外开放史》（武汉出版社 2005 年版），而有关近代武汉内地棉纺织基地体系完备的综合研究却尚未问世。如果用工业发展中的相关命题对已有关于棉纺织业研究成果进行梳理，就会发现相关研究工作还有很大挖掘空间。

一　资金问题上，前人研究的成绩和不足

棉纺织业要发展，第一个要义就是资金来源问题，严中平分析了 1914—1922 年创办的 49 家纱厂后指出："新建纺织公司中，以商人的投资为最多。"[①] 关于棉纺织业资金问题的研究成果有秦鸿锴的《民族资本在近代棉纺织工业的发展和作用》（《中国纺织大学学报》1994 年第 3 期）、李一翔的《论 30 年代中国银行业对棉纺织业的直接经营》（《中国经济史研究》1997 年第 3 期）。

[①] 严中平：《中国棉纺织史稿》，科学出版社 1995 年版，第 190 页。

　　关于近代武汉工业的资金问题，罗翠芳探究了近代汉口商业资本的作用和特点，认为第一次世界大战之前，汉口商业资本因帝国主义工业品的强大优势，不愿过多投资近代工业，"第一次世界大战之后，商业资本大量投资制造业，成为汉口商业界一种极其普遍的现象。""商人直接投资工业，直接推动了武汉近代工业的发展，一部分商人资本也在此过程中转变成了工业资本。"① 陈钧、任放的《世纪末的兴衰——张之洞与晚清湖北经济》（中国文史出版社 1991 年版）认为，1861 年汉口开埠后，国外资本在武汉地区先声夺人，张之洞则主导了国家资本在武汉地区的工业投资，在这之后商人也为工业发展提供了资金，构成了武汉民族资产阶级的主体。所以学术界在研究近代武汉工业资金问题上，往往把视角集中在资金的所有者上，如章开沅等主编的《中国近代民族资产阶级研究》（华中师范大学出版社 2000 年版）、孔令仁主编的《中国近代企业的开拓者》（山东人民出版社 1991 年版）和徐鹏航主编的《湖北工业史》中，具体研究武汉棉纺织业资金问题的成果尚不多见。

二　技术问题上，前人研究成绩与不足

　　科学技术在工业发展中的重要性不言而喻，所以引进先进技术就成了近代中国棉纺织业的重要工作。"技术引进是工具机器和使用方法与过程两部分引进构成的有机整体"②，这说明发展工业不但要引进物质层面的技术，还要重视技术人才的引进和培养。徐鼎新的《中国近代企业的科技力量与科技效应》（上海社会科学院出版社 1995 年版）对近代中国科技人才进行了量化分析，并论述了先进科学技术投入到工业领域后所产生的巨大效应。贺水金认为近代中国的民族工业在设备、原料、技术和人才等方面进行对外引进，并逐步走向理性，达到对外引进和进口替代相互促进，推动了近代民族工业的国产化进程。③ 张东刚、李东生以大生、恒丰、申新等典型企业为例，重点考察了民族棉纺织业对先进生产技术的引进、消化和吸收，计算出"1895—1936 年间，技术进步对近代中国民族

---

　　① 罗翠芳：《近代汉口商业资本探微——兼论近代中国商业资本》，《湖南农业大学学报》（社会科学版）2008 年第 4 期，第 82 页。

　　② 《简明不列颠百科全书》编辑部译：《简明不列颠百科全书》（4），中国大百科全书出版社 1985 年版，第 233 页。

　　③ 贺水金：《论近代中国民族工业的对外引进》，《上海社会科学学术季刊》1998 年第 1 期。

棉纺织工业产值增长速度的贡献率为 8.6%"。① 日本学者富泽芳亚认为，近代中国棉纺织业引进日本先进技术的途径有三种："①通过日本国内的教育机关、纺织工厂；②通过'在华纺'的技师、工人的经验；③通过考察日本国内的纺织工厂和'在华纺'。"② 另一位日本学者清川雪彦对日商纱厂在技术和市场上的优越性以及从技术优势到控制中国棉纺织品市场过程进行了分析。③ 有关棉纺织业技术问题的文章还有王玉英的《中国近代棉纺织业的技术引进与企业发展》（《厦门科技》2003 年第 6 期）、周宏佑的《近代四川棉纺织技术和设备的演进》（《中国纺织大学学报》1994 年第 3 期）。

目前对近代武汉工业技术问题的研究仍然停留在基本的文献编纂和史实描述层面，比较零散地分散在《湖北省志·工业》、《武汉市志·工业》这些资料汇编辑里面，徐鹏航主编的《湖北工业史》也有相关内容，但仍属于通史体例的简单描述。关于武汉棉纺织业对科学技术的引进、内化与创新以及科技人才的培养和使用问题的深层次研究，基本属于空白，甚至连一篇专门研究的文章都没有。

三　管理问题上，前人研究的成绩与不足

民国时期在"以农立国"和"以工立国"论战的大背景下，很多学者在大力倡导中国应积极发展工业的同时，对如何管理工业也纷纷著书立说、献计献策。典型著作有王正廷的《工厂管理法》（商务印书馆 1931 年版）、孙洵侯的《现代工业管理》（商务印书馆 1936 年版）、张廷金的《科学的工厂管理法》（商务印书馆 1933 年版）等。近来的研究成果中，汤可可以近代无锡的民族企业为例，认为在民族工业诞生初期，以工头制为核心的旧式管理机制因与落后的生产力相适应，所以取得较大发展，但随着生产力的提高，工头制的弊端越来越显露，这也促使资本家在 20 世纪 20 年代中期开始逐步建立以厂长—工程师制为代表的新的管理制度。④

①　张东刚、李东生：《近代中国民族棉纺织工业技术进步研究》，《经济评论》2007 年第 6 期。

②　[日]富泽芳亚：《20 世纪 30 年代中国纺织技术人员对日本纺织业的认识》，丁日初编：《近代中国》第十三辑，上海社会科学院出版社 2003 年版，第 234 页。

③　[日]清川雪彦：《日商纱厂在中国棉纺工业技术发展过程中的优势地位与影响》，维特孚译，张仲礼主编：《中国近代经济史论著选译》，上海社会科学院出版社 1987 年版，第 363 页。

④　汤可可：《近代企业管理体制的演进——无锡民族资本企业发展历程中的变革性转折》，《中国经济史研究》1994 年第 3 期。

张忠民认为 20 世纪 30 年代的上海企业逐步由传统的工头制、包工制式的管理模式向科学管理模式过渡，并对其成效进行了评估。[①] 丁汉镛论述了近代中国纺织企业从传统经营管理制度到建立科学经营管理方式转变的历史过程。[②] 赵波、吴永明分析了近代中国家族企业的人力资源管理，认为这些企业用非家族成员的"泛家族化"模式来管理企业，从而增加向心力，有利于集权管理。[③] 有关棉纺织工业管理问题的文章还有尚方民的《近代实业家荣氏兄弟经营之道析》（《民国档案》1992 年第 2 期）、潘必胜的《荣家企业组织研究》（《中国经济史研究》1998 年第 2 期）、李雅菁的《近代新式棉纺织企业工头制管理方式浅析》（《安徽史学》2007 年第 6 期）。

近代武汉棉纺织业管理问题相关研究成果多出现在一些企业史研究成果中，如蔡树立的《抗日战争前汉口福新第五厂和申新第四厂的劳资关系和工人运动》（《武汉大学人文科学学报》1959 年第 4 期）、姚会元的《"裕大华"及其经营管理》（《中南财经大学学报》1988 年第 1 期）、罗萍的《裕大华企业集团发展之路研究（1912—1937）》（华中师范大学2009 年博士学位论文）等。目前关于近代武汉棉纺织业研究成果往往把视角局限于某一家企业，没能抽象出不同企业在管理方面的共性，缺乏整体视角研究。

四　市场问题上，前人研究的成绩与不足

郑友揆撰写的《1840—1948 年中国的对外贸易和工业发展》，不但论述了这个时期中国对外贸易和工业发展的相互关系，还着重探讨了 1929年后银价波动和中国关税自主对民国工业的影响。武汉地区的机制工业品在满足本地市场需求后，为了自身进一步发展势必要努力开拓国内市场，这样就和周围的城市尤其是长江沿岸的城市建立了以工业品为纽带的新型贸易关系。在这点上，皮明庥主编的《近代武汉史》把武汉同沿江的沙市和重庆进行过比较，但仍有很多问题没有深入挖掘。相关论文不多，有代表性的是黄汉民的《长江口岸通商与沿江城市工业的发展》，他认为，

---

① 张忠民：《20 世纪 30 年代上海企业的科学管理》，《上海经济研究》2003 年第 6 期。

② 丁汉镛：《试论近代中国纺织企业经营管理的历史演进和经验》，《中国纺织大学学报》1994 年第 3 期，第 16 页。

③ 赵波、吴永明：《近代家族企业的人力资源管理思想的博弈分析——以荣氏企业为中心的讨论》，《上海经济研究》2006 年第 2 期，第 124 页。

"长江沿岸由东向西逐渐形成了以上海、南京、汉口、重庆4个城市中心为主的狭长工业带。这条工业带促进了沿岸城市的近代化，并对中国近代化的发展产生了重要的影响。"① 复旦大学张珊珊的博士学位论文《近代汉口港与其腹地经济关系变迁（1862—1936）——以主要出口商品为中心》对汉口港与其腹地经济关系的变迁进行了探讨，但该文所考察的出口商品主要是传统的诸如茶叶、桐油等原材料，很少涉及武汉制造的棉纺织工业品与长江流域城市的贸易往来。樊卫国对长江沿岸重庆、汉口、上海三大贸易圈的形成和互动进行了研究，认为"二十世纪初是汉口贸易圈最繁荣时期，以后汉口贸易圈出现一定变化。汉口随着长江近代轮运的发展和平汉、卢汉、京汉、陇海、粤汉诸铁路的修建，其贸易辐射的空间进一步扩大，贸易圈的货物绝对流量缓慢上升，但汉口外贸在全国的比重都节节下落"。② 伴随外贸地位的下降，武汉在棉纺织业方面也经历了一段相当曲折的发展过程。关于棉纺织业市场问题的研究成果还有贺水金的《从供给、需求曲线变动看1914—1925年中国棉纺业的繁荣与萧条》（《上海社会科学院学术季刊》2001年第4期）、刘淼的《晚清棉纺织业贸易与生产体系转型的地域分布》（《中国社会经济史研究》2003年第4期）、庄安正的《南通大生纱厂"土产外销"及其流通渠道探讨——以"关庄布"外销为例》（《中国社会经济史研究》2010年第3期），对近代武汉棉纺织业市场问题的研究有待加深。

通过对上述问题的分析可以发现，近几十年来有关武汉棉纺织业的研究虽然有数量可观的成果并且呈现出强劲的发展势头，但相关研究体系尚不完善，研究盲点比较多，在用资金、技术、管理和市场这四大命题对其专项研究方面，力度还很不够。

著名经济史专家严中平说过，研究中国经济史要有新材料、新问题和新观点，吴承明后来又补充了一条：新方法。近代武汉棉纺织业的研究在材料挖掘和使用方面也有进一步提升的空间。在已有的研究近代武汉工业发展的成果中，里面所使用的材料往往大同小异，新中国成立初期由三联书店和科学出版社出版的两套《中国近代工业史资料》、严中平等编的

① 黄汉民：《长江口岸通商与沿江城市工业的发展》，丁日初编：《近代中国》第九辑，上海社会科学院出版社1999年版，第233页。
② 樊卫国：《二十世纪前期长江沿岸城市的外贸互动关系》，《档案与史究》2006年第6期。

《中国近代经济史统计资料选辑》、湖北省地方志编纂委员会编的《湖北省志·工业》和曾兆祥主编的《湖北近代经济贸易史料选辑》引用率最高，这些著作是一个时期学术领域的佳作，有可取之处，但科学研究讲究推陈出新，做历史更要有不断挖掘第一手史料的毅力，尤其要特别关注研究领域的档案资料和过去的报刊资料。近代有关武汉的档案主要藏于武汉市档案馆、湖北省档案馆、重庆市档案馆、北京的中国第一历史档案馆、南京的中国第二历史档案馆，其中武汉市档案馆藏有 1949 年以前的档案共 189 宗，17.7 万册，这些档案大部分形成于 20 世纪三四十年代，其中有数量可观的关于武汉典型工矿企业、金融机构、行业发展和商业团体的第一手资料。抗战时期迁到大西南的武汉工矿企业的档案很大一部分保存在重庆市档案馆。南京中国第二历史档案馆保存的关于近代武汉工业的档案多集中在国民政府工商部、事业部、经济部和商标局等卷宗中。资料虽然丰富，但在近代武汉棉纺织业研究过程中发现这些珍贵资料却被尘封，甚至湖北省档案馆和武汉市档案馆所藏的许多档案资料都没有得到充分利用，以民国时期武汉的棉纺织业为例，当时几家著名企业如裕华纱厂、震寰纱厂以及申新四厂的档案都被系统、完整地保存在武汉市档案馆里，但是，这些资料在学者的研究中尚未得到进一步的体现。在报刊利用方面，武汉本地的《武汉日报》、《汉口商业月刊》、《工商月报》、《经济评论》等资料的利用率还有待进一步提高，更谈不上对全国性报刊如《工商半月刊》、《实业统计》、《纺织周刊》等资料的发掘使用了。另外，武汉或者湖北地方志、文史资料、亲历过近代武汉棉纺织业者的回忆录也需要在研究中进一步得到体现。

第四节　研究思路、研究方法及创新点

一　研究思路

本书以第一次世界大战爆发后的 1915 年为上限、武汉会战爆发时的 1938 年 6 月为下限，把民国武汉棉纺织业作为研究对象，以裕华纱厂、申新四厂、第一纱厂、震寰纱厂这四家诞生于民国成立之后的民营纱厂为中心，着重考察其产生、发展和演变的过程，弄清其发展背景、发展路径、发展成效和发展产生的影响，并就民国武汉棉纺织业的发展模式展开探索，总结有别于沿海同行业发展套路的"武汉模式"。具体而言，在研究过程中，围绕以下四大问题逐步加以详细分析。

（一）武汉棉纺织业的资金问题

工业发展首先需要资金启动，以第一纱厂、裕华纱厂、申新四厂、震寰纱厂为代表的四大纱厂的资金运作情况各有不同，这直接决定了它们日后不同的发展模式，所以弄清资金的来源、运作和流向是研究民国武汉棉纺织业的第一步。

（二）武汉棉纺织业的技术问题

工业企业在注入一定资金后，要图发展，引进先进的机器设备、科学技术和优秀的技术人才是势在必行的。民国时期武汉棉纺织业在先进技术的引进和内化上的不同特点，揭示了这一时期整个工业的技术使用特征。

（三）武汉棉纺织业管理问题

民国时期武汉工业区别于清末武汉工业的一个最大特征是管理方式的不同。资金充裕、技术先进的洋务企业逃脱不了夭折的命运，武汉棉纺织业是重蹈覆辙还是另辟蹊径？工头制在武汉棉纺织业发展初期曾发挥过一定作用，后来随着其弊端的日益明显则开始向西式"科学管理"过渡，武汉棉纺织业在用工制度、生产管理、工资管理、财会制度上都经历了一系列显著变化，在具体棉纺织工业企业的治理结构中则呈现出多样化的格局。

（四）武汉棉纺织业市场问题

经过了资金的运作、技术和管理方式的引进，武汉棉纺织业已开始正常运转，生产的工业品能否被市场接受是最为关键的，否则前面的一切努力都将付诸东流。武汉制造的棉纺织品市场销路如何？有哪些优势？把武汉棉纺织品的市场问题阐释清楚，厘清其和进口产品、沿海制造产品之间的相互关系，可以看出武汉棉纺织品向国内西部地区流入是必然趋势。

在对上述四大问题分析基础上，本书最后以宏观视角，分析1915—1938年武汉棉纺织业的发展与不发展，并对民国时期武汉棉纺织业在全国同行业中的地位和在近代武汉现代化进程中的作用和影响做一个全方位的考察。

二 研究方法

本书根据工业发展涉及的资金、技术、管理和市场这四个理论命题，并结合民国武汉棉纺织业发展的基本史实，运用历史学、金融学、统计学、技术社会学、管理学和市场营销的相关理论和方法，同时采用计量分析的形式对民国时期武汉棉纺织业的发展与不发展问题进行整体考察。具体而言，本书在研究过程中主要使用以下几种方法。

其一，实证方法。通过广泛地寻找各种第一手资料，然后对其深入挖掘、梳理和提炼，对涉及武汉棉纺织业的资本数量、生产设备、人才数目、产品流向等数据力求准确，并在此基础上，试图复原一幅较为客观的民国时期武汉棉纺织业发展的历程图。

其二，计量分析方法。运用数理统计方法力求精确评估民国时期武汉棉纺织业发展程度，在占有丰富和连续完整的史料基础上，计算出诸如生产指数、资本增长指数、工业产品生产量、利润率等指标，使问题的阐述更有说服力。

其三，比较分析法。通过武汉本地纱厂和沿海纱厂、外资纱厂的比较，以及武汉本地不同纱厂间的比较分析，可以更清楚地看到不同性质的棉纺织企业在处理资金、技术、管理和市场问题上采用的方法不同，其结果也大相径庭。

三　创新点

（一）从"汉口模式"到"武汉模式"

近代武汉的工业发展是中国早期工业化进程中很重要的一部分，与其他地区工业发展一样，经历了重重艰难，取得了缓慢发展。即使缓慢发展，但仍然被笼罩在武汉高度发展的商业文明光环下。任放教授在近代化启动问题上提出了"汉口模式"，认为"中国存在以商业革命为主导的近代化模式，汉口堪称典型"。[1] 汉口"依托自身的商业实力，在外部因素的刺激下，完成了近代转型。在此基础上，汉口镇又以商业优势拉动武汉地区的经济发展，使武汉成为华中地区最大的经济中心，并跻身全国著名的大都市之列"。[2] 对于近代武汉地区的工业，任放教授认为，"大多数属于小规模经营，资金有限，雇工人数超过千人者尚少。更重要的是，英国模式的以煤铁重工业为主导的两大部类生产格局在汉口并未出现，汉口近代工业格局以轻工业为重，重工业积少积弱。这种轻工业强、重工业积少

---

① 任放：《汉口模式与中国商业近代化》，载冯天瑜、陈锋主编《武汉现代化进程研究》，武汉大学出版社 2002 年版，第 58 页。

② 同上书，第 63 页。

积弱的工业格局一直延续至今日"。①

对于任放教授的上述观点，笔者认为，其在诠释清末尤其是汉口开埠后该地区近代化的推进模式方面非常准确和到位，但"汉口模式"是否适合民国时期整个大武汉地区的近代化转型有待进一步商榷。首先，武汉作为一个具有悠久商业传统的城市是人所共知的，它的商业文明自然高度发达。但是这种商业实力单靠外界的刺激，在民国时期国内民族工业发展的大背景下是否能有效地推动武汉近代化发展，是个值得讨论的问题。按照经济学的相关理论："商业发展不会自然而然地或不可避免地走向工业化。"② 如果没有近代工业来吸纳过剩的商业资本，武汉所积累的大量商业资金依然像过去封建社会那样，仅仅用于商人和上层人士的买田置地或奢侈品的消费。如果没有近代工业对市场上的商品进行技术升级，武汉市场上充斥的恐怕仍然是茶叶、桐油这些传统的商品，武汉扮演的依然只是传统商路中"二传手"一样的货物集散地角色。如果没有近代工业对科技发展和先进管理方法的强烈需求，武汉地区也很难涌现出一定数量的科技和管理人才、新式学堂和技术培训学校。所以，商业是发展工业的一个必要条件，但不是充分条件。其次，如果以英国等西方"早发内生型"工业国为参照物，近代武汉地区的工业自然微不足道。由于各国国情和所处历史条件的不同，像英国那样的工业发展模式别国是很难复制的。所以，英国模式没有在武汉再现，不应该是近代武汉工业不发展的证据。至于近代武汉工业的不景气，很多学者都提到这个问题，如果简单从投入资金和使用工人数目上考虑，近代武汉工业同上海等沿海城市相比较，的确是工厂数量、工人人数偏少，但必须明确的一个事实是，近代武汉不但是华中经济中心，在全国有举足轻重的地位，同时也是国际资本主义经济链条中的一环，国际经济风云的变幻，不可能不会影响到武汉，1929 年是全世界经济危机的开始，同时也恰恰是武汉经济发展的分水岭。以民国时期武汉棉纺织业为例，它的发展是一个动态的过程，既有仅次于上海的繁荣，也有过 20 世纪 30 年代初期在全国地位江河日下的窘境，武汉棉纺织业衰退时，全国其他地方棉纺织业的发展也同样是困难重重。所以民国时

---

① 任放：《汉口模式与中国商业近代化》，载冯天瑜、陈锋主编《武汉现代化进程研究》，武汉大学出版社 2002 年版，第 64 页。

② ［美］W. W. 罗斯托：《这一切是怎么开始的——现代经济的起源》，商务印书馆 1997 年版，第 182 页。

期武汉棉纺织业的地位要由它在全国同行业中所占份额的大小进行衡量，同时还应当把它放在国际大环境下，从整体史的路径进行分析。除此之外，民国时期武汉商业的过度繁荣，不但不会推进现代化进程，反而会导致商业投机盛行、金融机构的重"商"轻"工"、本地商业资本的外流和过度商业化等问题，这一点在民国武汉棉纺织业发展方面表现得尤为明显。民国时期武汉现代化进程的动力，归根结底，依然是来自工业的持续发展，这一点在武汉棉纺织业发展的成效中得到了很好的证明，所以本书认为以工业发展为核心的"武汉模式"才是实现现代化的路径。这个模式适用于内陆地区传统商埠的现代化进程，按照由"商"促"工"、以"工"带"商"、"工商齐进"的步骤，最终完成由"商""工"一体化的质变。

（二）近代武汉棉纺织业发展语境下的"二次进口替代"

现代经济学中的进口替代是指利用贸易保护政策，通过发展国内工业生产取代进口工业品，近代中国的进口替代工业最先发生在上海等沿海地区。这样，武汉市场上不但充斥着大量"洋货"，同时沿海地区进口替代工业品也纷纷到武汉抢占市场。近代武汉工业崛起后，本地的工业品逐步替代上海制造的国产工业品，这就形成了中国内陆城市工业对沿海工业的"二次进口替代"现象。本书以武汉棉纺织品为中心，就"二次进口替代"出现的原因、发展路径和影响进行研究。

（三）地方史路径的突破和"市场西拓"概念的提出

争取突破地方史研究路径，把近代武汉棉纺织业的发展置身于中国工业化历程和整个世界经济发展的潮流中去，而不是仅仅把课题定义为狭隘的近代武汉地方工业史。一方面，国外资本和中国沿海城市的资本角逐武汉的工业市场；另一方面，武汉棉纺织业也深入内地或开设代销机构，或投资创办分厂，以各种方式去寻找生存空间，这种向西发展的现象不同于抗战时期武汉工业因为战争而进行的被动的"军事西迁"，是一种遵循经济规律和工业布局理论的一种有选择性的主动西进，可将其定义为"市场西拓"。"市场西拓"和"军事西迁"有何联系？相互之间产生了哪些影响？这些问题有待深入挖掘。

第一章　资金运行与"武汉模式"

资金的充裕程度和运作模式直接决定工业企业的发展与不发展。以英国、法国为典型的西方国家在工业化早期，往往依靠海外掠夺来完成工业发展所需资金的原始积累，这种外向型的资金积累模式对于 1915—1938 年之间积贫积弱的中国则毫无参考意义。这样，中国就只能把工业资金来源的目光局限在本国国内，并且在中国这样一个传统农业国里，"只能主要依靠对国内农民的剥夺，而手段主要是靠资本主义的地租、高利贷和商业利润"。① 具体到民国时期武汉棉纺织业的发展，因为汉口是明清四大商埠之一，其商业资本相当雄厚，同时武汉以钱庄业和银行业为主的金融业也较为发达，一度仅次于上海，在全国排名第二。从理论上看，"商品生产发展到一定程度，以商人资本为代表的货币资本向产业资本过渡就成为自然的趋势。"② 而金融业在工业资金运行方面起到调节分配和控制资金流向作用，对工业的发展会提供资金支持。如此一来，民国时期武汉棉纺织业的资金来源和融通应该是不成问题的，其运转状况也应该较为良好，但事实并非如此。

第一节　商业资本和工业资本关系

民国时期武汉工业以棉纺织业为核心，尤其在第一次世界大战爆发后，发展更为迅速，除了清末留下的湖北官布纱局外，还在 1920 年前后先后创办了武昌第一纱厂（简称"第一纱厂"）、武昌裕华纺织厂（简称"裕华纱厂"）、汉口申新第四纺织厂（简称"申新四厂"）和震寰纺织厂

---

① 祝慈寿：《中国近代工业史》，重庆出版社 1989 年版，第 45 页。
② 魏林：《艰难的蜕变——中国近代商人资本向产业资本的转化》，华夏出版社 2009 年版，第 51 页。

（简称"震寰纱厂"）（见表 1 - 1）。

表 1 - 1　　　　　　　　武汉华资四大纱厂建厂初期情况

厂　名	建成投产年份	开办资本	地址	职工人数
武昌第一纱厂	1919	420 万两	武昌	8000
武昌裕华纺织厂	1922	156 万两	武昌	4000
汉江申新第四纺织厂	1922	28.5 万两	汉口	1200
震寰纺织厂	1922	100 万两	武昌	1000

资料来源：武汉地方志编纂委员会主编：《武汉市志·工业志》，武汉大学出版 1999 年版，第 610 页。

这四家纱厂中，除申新四厂属于上海民族资本企业集团在内地的投资设厂外，其余三厂在最初筹备建厂时，都是最大限度地使用了商业资本。民国时期创办的这四家纺织厂在其后的发展过程中，呈现了不同走势。发展最为稳健、资金比较充裕的是裕华纱厂；申新四厂在发展过程中虽有波折但凭借着福新五厂的资金输入和银行资本的扶持，总体状况不尽如人意；第一纱厂和震寰纱厂在组建后即出现资金问题，其后也都经历了数次停工，都曾一度因负债过多被债权方托管，各纱厂大相径庭的命运与其处理商业资本和工业资本关系时所采用的不同方法密切相关。

一　商业资本的消极影响

有学者指出："近代商人是中国最先觉悟，也最具资金积累能力来接受、引进西方工业文明者中的一个主要部分，他们的投资活动对中国近代产业的产生与发展做出了很大的贡献。"[1] 商人之所以向工业领域投资，固然有发展民族工业、救亡图存的爱国因素，但商人逐利性本质决定他们创办企业最主要原因还是受高额利润的诱惑。

民国时期武汉本土的裕华纱厂、第一纱厂和震寰纱厂的创始人均是靠经营商业起家，其所创办的企业原始积累也很多来自商业资本。裕华纱厂正确处理了工业资本和商业资本的关系，从而能得以稳健地发展。第一纱厂和震寰纱厂在经营过程则被商业资本的消极因素所左右，致使兴办的现

---

① 魏林：《艰难的蜕变——中国近代商人资本向产业资本的转化》，华夏出版社 2009 年版，第 205 页。

代工业企业依然被打上了传统商业运作的烙印。

第一纱厂董事长李紫云在创办纱厂时任汉口商会会长,他自己原本开设商号,经营棉纱匹头,其余主要大股东也均是从事棉纱棉布生意的传统商人。他们长期混迹在国内商业圈里,尤其擅长贱买贵卖的投机交易方式,却不熟悉现代工厂的运作和管理,所以办厂伊始在纱厂机器设备购买问题上屡受洋行的欺诈。"第一纱厂于1914年春季,即向安利英洋行订购纱锭四万四千枚,布机六百台,订期1916年交货。"① 按照第一纱厂的计划,在机器运到之后的第二年1917年开工生产肯定是不成问题的。1916年春季,安利英洋行为第一纱厂代办的机器如约运到了上海,"但当时由于战争关系,上海纺织机器的现货价格飞涨,英商贪图高利,竟将本厂(第一纱厂)订购的机器转售给上海某纺织厂"。② 对工业领域中技术贸易方式的不熟悉,使第一纱厂在购买机器时完全依赖在华洋行的代理,而对其缺乏有效的监督和制约,使第一纱厂遭受了重大损失,之前所有生产计划都付诸东流。

震寰纱厂则因为汇率问题,在与安利英洋行进行机器设备交易时吃亏不小。震寰纺织厂订购英国机器设备时正赶上国际市场金贱银贵,"当时每两白银可换七至八个先令,以二十个先令合英金一镑折算,只需二两五钱白银即可购买英金一镑。"③ 由此可知,两万纱锭设备应付款二十万英镑,折合洋例银五十万两左右。此时成交的话,显然对英商是不利的。所以他们百般拖延,迟迟不肯结汇,一直拖到1921年纱机才陆续从英国起运。之所以选择这个时间发货,因为国际金融市场上英汇暴涨,呈现出金贵银贱的局面,"每两白银可换得三先令左右,需七两白银始可购买英金一镑,二十万英镑折白银140万两"。④ 由于价格飙升达三倍以上,英商见有暴利可图,"随即一再催促结汇,刻不容缓"。⑤ 处于弱势一方的震寰纱厂毫无任何讨价还价余地,为了能早日开工,只得按照对自己明显不利的汇率结账。安利英洋行之所以能够利用汇率的变动对震寰进行盘剥,固然有其不讲信誉的一面,但如果震寰的负责人对金融常识有所了解,不是

---

① 《汉口第一纱厂历史概况》,武汉市档案馆藏,资料号:第一纱厂档案62-1-115。
② 程子菊:《回忆解放前的武昌第一纱厂》,《湖北文史》2007年第1期。
③ 《震寰纱厂三十年略记》,武汉市档案馆藏,资料号:震寰档案114-1-175。
④ 同上。
⑤ 同上。

把购机款挪为商用，而是按照沿海工厂的做法存入银行购买外汇的话，这样的损失本可以避免。

对市场不熟悉和对厚利的渴望，使武汉部分纱厂不能审时度势，制订出适合自身发展的计划。受传统商业习气影响，震寰纱厂不关注生产过程中各种问题的解决，而更乐于对生产原料和产品的投机买卖，"此等资本家向来精于买贱卖贵，从流动中赚取更多的货币，从来没有也不愿意考虑有关棉纱布的生产管理问题，因为在他们看来，这些事情除分散自己的精力外是与自身能否获利和获多少利的问题完全是无关的。"① 传统的商业经营思想在他们意识里根深蒂固，"重商轻工"思想和行为也很自然地被带入企业。商人摇身一变，成为企业主后，往往大权独揽，却又不熟悉资本主义生产方式下的工厂生产管理，不遵循工业的发展规律，而热衷于从事其在商业交易中所擅长的投机行为。震寰纱厂董事刘季五一直醉心于在上海搞美棉投机而对工厂的日常管理和长远发展毫无兴趣。旧式商人贪图小利的行为，会对现代工厂的管理造成巨大危害。价格是商品在市场竞争中的关键因素，它和商品的生产成本息息相关。一般来讲，成本价格和劳动生产率成反比，降低生产成本应立足于提高生产技术水平，使劳动生产率提高。第一纱厂和震寰纱厂不认真抓生产技术，一门心思在商品的原材料上做文章，"大批地购进那些虽价廉但质量很差的棉花（比如水分重、黄花等杂质多的棉花）"。② 低价的棉花并没有减低生产成本，"为了提高产品质量，还得事先对棉花进行除杂工作，为此特设一栋花间，每班一百余人，一天两班，共雇用二百人以上，这样就使产品（成本）由于工资部分等的增加而大量提高"。③ 所以，传统商人的短视行为导致震寰纱厂产品价格偏高，在市场上不具有竞争力，从而亏损不断。

第一纱厂经营不善导致的数次停工，最主要原因也和过度参与市场投机有关，"抛买美棉，美棉纤维长细，系纺较细之纱与精密之布所用，我国各纺织厂之用纱，均系 20 支以下，故出品不同，20 年抛购美棉 20 余万包，迄今尚无销售，致亏折达百万以上"。"抛购印棉，印棉较我国棉为劣，而价格又高，非国棉缺乏时不宜多购，上年武汉所存国棉甚多，而

---

① 《震寰纺织股份有限公司历史资料》，武汉市档案馆藏，资料号：震寰档案 114 - 1 -
175。

② 同上。

③ 同上。

又购进大批印棉，其价格高于国棉每石 10 元以上，此项损失，为数颇巨"。① 不论是购买美棉或是印棉，第一纱厂都不是以生产需要为目标，所购进的原材料不但价格昂贵，而且不符合国内用棉习惯，一旦投机失败，其损失十分巨大。与之相比，裕华纱厂则很注意原材料的质量问题，选择优质棉花保证产品的质量。

由于历年亏损，震寰纱厂和第一纱厂只好依靠借债补充流动资金。按照资金流动相关理论："在生产规模和价格不变的情况下，资金周转速度和资金的预付量成反比，和资金的使用效率成正比。"② 由于是负债经营，这就要求企业要加快流动资金的周转速度。但震寰纱厂却用有限的流动资金购买原棉大量囤积等待合适时机再去抛售以牟取暴利。由于囤积的时间最短也在三个月，资金周转速度相当缓慢，结果进一步造成了资金的缺乏，于是又得继续借债来维持工厂运转，这样的恶性循环最终导致了震寰纱厂 1933 年停产关门。第一纱厂也掉入向外商借债的深渊，一度被其接管。

二　利用商业资本而不依赖商业资本

与第一纱厂和震寰纱厂被商业资本消极性左右相比，裕华纱厂则较好地处理了商业资本和工业资本的关系，并且在其发展过程中做到了最大限度地利用商业资本。裕华纱厂是裕大华企业集团的一部分，其前身是 1913 年由商人出身的徐荣廷集资白银 70 万两，承租晚清遗留下来的湖北官办布、纱、丝、麻四局而创建的楚兴公司。投资楚兴公司的主体是商业机构德厚荣字号，于 1911 年由四川人刘象羲（又名刘伟）在汉口设立，"经营沿线百货、棉纱、匹头业务，资本雄厚，达白银 100 余万两"。③ 德厚荣副经理为湖北人徐荣廷，他凭借与当时鄂军都督黎元洪的私人关系，担任过数月湖北官钱局总办。商人出身的徐荣廷完全不适应官场尔虞我诈的作风，所以，做了几个月就辞去总办职务，继续从事他所熟悉的商业。徐荣廷以德厚荣字号为后台，并借助黎元洪在武汉的影响，取得湖北布、纱、丝、麻四局的承租权，组建楚兴公司，由他本人担任经理。楚兴公司

---

① 陈真、姚洛合编：《中国近代工业史资料》第一辑，生活·读书·新知三联书店 1957 年版，第 447 页。

② 张薰华：《资本论脉络》，复旦大学出版社 2010 年版，第 108 页。

③ 黄师让：《裕大华企业四十年》，中国人民政治协商会议全国委员会文史资料研究委员会编：《文史资料选辑》第四十四辑，文史资料出版社 1964 年版，第 4 页。

租期定为 10 年，从民国元年接手试办数月，由民国二年起租，至民国十一年期满。①

表面上看，德厚荣作为实力雄厚的商号，应当为楚兴公司提供主要创办资金，但事实并非如此，"楚兴公司之资本为 130 万两，先收 6 成，合 78 万两。据云未收之股，有 43 万两为应昌公司之旧股，而实在之新股，只有 27 万两。果尔，创楚兴公司即为应昌公司之变相也"。② 这 27 万两股本的分布如表 1-2 所示。

表 1-2　　　楚兴公司 27 万两新股中投资人的概况及投资额统计

投资人	身　份	资本额（银两）	比重（%）	备注
刘象羲	川帮德厚荣土产百货号资本家	100000	37.04	
德厚荣各分庄负责人	—	30000	11.12	
周星棠	日本住友银行买办，汉口商会会长	35000	12.96	
毛树棠	汉口葆和祥匹头号资本家	30000	11.11	
李紫云	汉口烟土业资本家	20000	7.41	
欧阳惠昌	德国瑞记洋行买办	13000	4.81	最多4000两，最少500两
徐荣廷	德厚荣商号副经理	20000	7.41	
苏汰余	德厚荣商号文牍	5000	1.85	
姚玉堂	前应昌公司总账房职员	5000	1.85	
张松樵	前应昌公司纱局管事	3000	1.11	
李寿庵	前应昌公司董事	5000	1.85	
杨蒲伯	湖北省官钱局总办	4000	1.48	
资本总额		270000	100	

资料来源：《裕大华纺织资本集团史料》编辑组：《裕大华纺织资本集团史料》，湖北人民出版社 1984 年版，第 6 页。

计算可得，包括职员在内的德厚荣商号股本额占新股的 57.42%，而在全部股份中则只占 11.48%。虽然楚兴公司是以德厚荣名义接办，但公

① 黄师让：《裕大华企业四十年》，中国人民政治协商会议全国委员会文史资料研究委员会编：《文史资料选辑》第四十四辑，文史资料出版社 1964 年版，第 4—5 页。
② 吴承洛：《今世中国实业通志》下辑，商务印书馆 1928 年版，第 116—117 页。

司成员徐荣廷、苏汰余、张松樵、姚玉堂、黄师让等人却在暗地里积极扩充自己的经济实力。虽然徐荣廷等人大多财力不济,在公司成立之初均无力提供大量资金,手中握有的股份也微乎其微,但他们善于利用德厚荣的商业资金,依靠楚兴的巨额盈利而获得大量红利,凭借慢慢地积累不断收买公司的旧股。德厚荣商号并未对其逐步失去对楚兴公司的控制力而采取相应的措施,恰恰相反,却依然死守着德厚荣这块老招牌,在投资楚兴公司的同时,把主要精力仍然放在为洋行服务的出口业务上。

受益于巨大的市场需求,楚兴公司运营十年间,盈利高达白银1100余万两,公司的几个主要成员也分得大批的红利和酬劳,其历年的总额如下:

徐荣廷　　　　　50 余万两

苏汰余　　　　　30 余万两

姚玉堂　　　　　30 余万两

张松樵　　　　　30 余万两

黄师让　　　　　5 万余两[1]

到 1922 年楚兴公司租期届满解约时,上述五人凭借不断积累的资金,其所占有的公司股额也成倍提高(见表 1-3)。

表 1-3　　　　　　　　1922 年楚兴公司主要员工股额数目

姓名	原投资额	新购进股额	合计
徐荣廷	20000 两	30000 两	50000 两
苏汰余	5000 两	25000 两	30000 两
姚玉堂	5000 两	25000 两	30000 两
张松樵	3000 两	7000 两	10000 两
黄师让	2000 两	6000 两	8000 两

资料来源:《裕大华纺织资本集团史料》编辑组:《裕大华纺织资本集团史料》,湖北人民出版社 1984 年版,第 29 页。

具备了一定资金积累后,徐荣廷等人因为以唐春鹏、石星川为首的

---

[1] 《裕大华纺织资本集团史料》编辑组:《裕大华纺织资本集团史料》,湖北人民出版社1984 年版,第 28 页。

"将军团"凭借政治霸权逼迫楚兴公司提前移交四局，深感如果只靠租赁工厂从事生产很难在中国实业界立足，于是决定利用手中资金兴办具有独立产权的棉纺织企业。"四局移交后，即以历年积累白银 210 万两组成大兴公司，在河北石家庄兴办大兴纱厂。公司主要负责人以历年所分红利，投资组成裕华公司，在湖北武昌兴办裕华纱厂"。① 与此同时，一直投资商业的德厚荣却连年亏损，在 1922 年楚兴公司清理对外债务时，亏损达 160 万元。1923 年楚兴公司租办期满时，德厚荣因负债过巨，终归逃不掉破产的命运。

马克思说：没有哪一种资本比商人资本更容易改变自身的用途，更容易改变自身的职能了。② 从中可以看出，一方面，商业资本能以最高效率投资到诸如工业等其他领域，德厚荣商号在以楚兴名义接办湖北官办四局后，其资金的一部分改变了职能，由商业资本转变为楚兴公司的工业资本。另一方面，商业资本这种不稳定的特质，也使其在流动过程中充满变数，德厚荣的主要资金仍用于商业的投机，虽可能一时盈利巨大，但对于长期的工业建设而言则使其充满了不确定的因素。所以，对待商业资本，只能是充分利用而不能依赖它。

商业资金的不稳定性在裕华纱厂组建之初也有所体现。1919 年，因五四运动引起的抵制洋货运动在中华大地风起云涌，著名实业家张謇遗书纱业界，希望其能"促兴实业，以救危亡"。③ 武汉地区经营棉纱业各大纱号货源，长期受沿海棉纺织工厂和洋行操纵，经营上自主性很差，此时深受张謇精神感召，"遂集议图挽救之方，决办纱厂"④，汉口纱业公会筹集 72 万两白银。适逢楚兴公司徐荣廷等人因为租办湖北纱布官局的日期即将届满，也有组建新纱厂的构想，但仅凭楚兴公司几个职员的经济条件去创办一个使用机器大生产的棉纺织厂确实不易，他们最初只筹集到资金 50 万两白银。于是双方合作，便有了裕华纺织公司的创立。⑤ 他们虽都以获利为最终目的，但最初合作时的动机却截然不同。楚兴职员是想另起炉

① 黄师让：《裕大华企业四十年》，中国人民政治协商会议全国委员会文史资料研究委员会编：《文史资料选辑》第四十四辑，文史资料出版社 1964 年版，第 4—5 页。
② 《资本论》第三卷，人民出版社 2004 年版，第 314 页。
③ 毛翼丰等：《武昌裕华纺织公司调查报告》，《湖北实业月刊》1924 年第 1 卷第 10 期，第 1 页。
④ 同上。
⑤ 同上。

灶组建属于自己的有独立产权的民族工业，而棉纱商人则是把纱厂当作自己商店的稳定货源地，创办工业的目的则是为商业服务。

　　不同动机在创办伊始就引发很多问题，由于商业资本的投机性，使这次看似前景无限的合作搁浅。按照最初的合作方案，葆和祥商号的经理人孙志堂为裕华纱厂的总经理，但他在资金尚未收齐、订购机器款项也还没有支付时，"却将股本款放了'倒账'5万两"。同时，"对外汇看跌，迟迟不予结汇，不久外汇猛涨，对订购机款损失很大，股东哗然，意见纷纷"。① 此事的发生，使楚兴公司的主要股东更加坚定了对商业资金的态度，张松樵、徐荣廷、苏汰余、姚玉堂等人承担了办厂所需的120万两白银的大部分，其他纱号虽也有认股投资的，但所占比例不大，即使有人担任了董事，也只不过是虚位而已。正是因为一开始出现的这次风波，使裕华公司可以更早地明白商业资金的利弊，这也为日后其稳健的经营作风定下了基调。

第二节　自有资本和借入资本关系

　　近代西方工矿企业资本多以自有资本为主，"自有资本分普通股本与优先股本两种，与长期借款鼎足三分，而为企业资本之支柱"。② 武汉棉纺织业中各纱厂在最初招股创办时，所募集的自有资本往往只能维持企业购买机器设备等固定资金的需要，而对于依赖生产运转的流动资金则只能靠借款维系。自有资本和借入资本比例的不平衡，是制约纱厂发展的一个关键因素，各纱厂在解决借入资本的问题上，采取了不同的办法。

　　一　自有资本和内部负债

　　武汉纱厂创建之初募集的自有资本不但数量有限，而且多数不能一次收齐。以楚兴公司股东为主体组建的裕华纱厂，其原始资金并不宽裕，最初的120万两股本，也是分四期收足的：

　　"第一期（1919年7月半）洋例纹36万两整

---

　　① 《裕大华纺织资本集团史料》编辑组：《裕大华纺织资本集团史料》，湖北人民出版社1984年版，第35页。

　　② 陈真编：《中国近代工业史资料》第四辑，生活·读书·新知三联书店1961年版，第60页。

第二期（1919 年 10 月底）洋例纹 36 万两整

第三期（1920 年 8 月底）洋例纹 24 万两整

第四期（1921 年 3 月底）洋例纹 24 万两整"。①

从 1919 年开工起，裕华公司各项支出巨大，"头一两年中，由于技术不成熟，生产不正常。加之在安装机器过程中费用开支大"②，到 1922 年 3 月，裕华公司各种支出就达 1494991.16 两，远远超过了最初的 120 万两股本，所以其负债高达 294991.16 两。③ 所以公司后来又增资 36 万两。由于很少使用商业资本，裕华纱厂在运用资金方面虽保持了稳健的作风，但自身的发展过程中却经常面对资金供给不足的问题。例如购买安利英洋行的纺纱机就因为资金不足，而采取分期付款的方式。由于拖欠安利英机款，所以裕华纱厂每年盈余总是先考虑还清外债，然后股东才能在剩余盈利中取得分红，"因公司产业 4 万纱锭，500 针布机完全成功，约估白银 280 万两，而股本只有 156 万两，不敷甚巨。所有未分之银，皆是替股东置了产业，一俟还清后，则以少数资本，经营偌大工厂，自然渐入乐观。"④

由此可知，在企业发展前几年，裕华纱厂之所以把所获盈利主要用来清还外债，是为了避免因为对外负债问题而丧失对企业的所有权，而同时期武汉地区的第一纱厂就在外债问题上处理不当，最终工厂易主，所有权丧失。机器是企业固定资金的一部分，属于资本的范畴，裕华公司各股东虽未直接领取货币资本，但机器这些固定资本，则转化为股东的产业。所以，到 1929 年，苏汰余在裕华公司股东会上报告，"安利英之账，现已还清。290 余万两之厂机，刻已完全为股东所有矣。"⑤

通过上述材料也可以看出，裕华纱厂在固定资金方面尚且力不从心，更不用说日常生产所需流动资金了。为了解决企业自有资本不足的问题，裕华纱厂使用了发行公司债和内部负债的方法。所谓内部负债，是相对于

---

① 《裕大华纺织资本集团史料》编辑组：《裕大华纺织资本集团史料》，湖北人民出版社 1984 年版，第 36 页。

② 同上。

③ 同上。

④ 《裕华纺织股份有限公司第五次股东会记事录》，1925 年 9 月 1 日，武汉市档案馆藏，资料号：裕华档案 109 - 1 - 310。

⑤ 《裕华纺织股份有限公司第八次股东会议案》，1928 年 9 月 9 日，武汉市档案馆藏，资料号：裕华档案 109 - 1 - 310。

向企业之外的银行、钱庄等债权方借债的外部负债而言，内部负债的主要来源是向企业主要投资方发行的公司债和吸纳企业员工的存款。裕华纱厂之所以选择内部负债的模式，有以下几个主要原因。

首先，无外债可借。20世纪二三十年代的武汉金融业受政治环境影响，起伏很大。到1926年，武汉本国银行发展到52家，外国银行也有18家之多①，但银行借贷业的门槛很高，像裕华公司这样刚刚起步的民营企业很难从中筹集到发展所需资金。除了银行，武汉地区以钱庄为代表的旧式金融机构也很发达，在裕华纱厂正式投产的1922年，"汉口钱庄发展到150多家，武昌30多家，两地共计180多家，是武汉钱庄发展的顶峰"。② 钱庄相较于银行，门槛很低，与民族企业往来密切，也是裕华公司的金融往来对象，"但他们身力太小，每家只能借三至五千两。不能满足我们的要求"。③

其次，对外借款风险较大。向银行借款，需要抵押；向钱庄借款，在资金流通过程中容易出问题。向商业资本筹款，更是裕华公司忌惮的。

最后，实行内部负债，也是平衡公司和股东利益的最好方法。因为在公司创办之初要偿付安利英洋行的机器款，就把每年公司盈余以特别公积的名义截留下来，而这笔钱因为是各股东应得之款，所以公司按每月一分利生息，但是"股东有此巨款，毫无执持之据，殊不足以昭信守"。④ 为了打消股东顾虑，裕华公司董事会做出一个两全之计："惟有遵照公司条例第四章第七节之规定，发行公司债156万两，与股票总数相等。"⑤ 具体做法是裕华纱厂将每年以特别公积金的名义截留的100万两股东分红拨为公司债基金，然后从公司债发行之日起，"按月于公司盈余项下提出2万两，拨入公司债基金内，用来补全不足的56万两以及以后还本发息所需的资金，以便按年支销"。⑥ 这样，"股东前存应得红款，既有票面可持，而债票本息有着，亦能信用昭著，一举两得，莫善于此"。公司债的

---

① 皮明庥主编：《近代武汉城市史》，中国社会科学出版社1993年版，第403页。

② 同上。

③ 《裕大华纺织资本集团史料》编辑组：《裕大华纺织资本集团史料》，湖北人民出版社1984年版，第61页。

④ 《裕华纺织股份有限公司第六次股东会记事录》，1926年9月28日，武汉市档案馆藏，资料号：裕华档案109－1－310。

⑤ 同上。

⑥ 同上。

债票分甲、乙、丙、丁、戊五种，"计每张甲种银 1 万两，乙种银五千两，丙种银 1 千两，丁种银 500 两，戊种银 100 两，共计总额洋例纹 156 万两整"。① 裕华公司债票利息定为月息 1 分，同时期武汉地区向银行借款的最高利率是 12%，最低利率是 8%，裕华公司债的利率恰好取中间值，既保证了股东得收益，同时也没有加重企业财政负担。在偿还方式上，"本债票从发行之日起，每年 3 月底还本 1/10，分 10 年还清。利随本减，本息付完，即行收回"。② 因为在股东大会上有股东认为十年还本时间过长，裕华纱厂为此对还款时间做出补充，"但公司如遇金融充裕，可以随时提前还本，倘因营业困难，或时局关系，则还本付息日期，均得酌量延缓。"③

按此规定，裕华公司通过发行公司债，解决了自身资金不足的问题，并能减少现金的支出，有利于公司的资金周转，从而能把有限资金最大限度投入生产。而股东也可以凭借公司债券，按时拿回属于自己的红利。依据公司债发行规则，裕华公司在偿还债务问题上，可以根据经营情况，灵活变通，决定当年是否还清公司债，这样，从制度层面上保障了公司的资金都处于一个相当充裕的状态，1928 年 9 月 9 日，因为上年的经营情况不佳以致基金欠缺，裕华公司董事会决定"将两期（1927 年、1928 年）官息取消，拨入公司债基金内，以符 156 万两之数"④，并与债票上加以小印，以免误会。

据统计，裕华公司债来源见表 1 - 4。

表 1 - 4　　　　　　　　　　裕华公司"公司债"来源

项　目	金额（两）	来　源
特别公积	1284814.14	1923—1926 年红利积存
官　息	249600.000	1927 年、1928 年的官息
利　息	25585.86	官息的利息
共　计	1560000.00	—

编者注：根据《裕华营业报告书》及董事会记录整理。

资料来源：《裕大华纺织资本集团史料》编辑组：《裕大华纺织资本集团史料》，湖北人民出版社 1984 年版，第 60 页。

---

① 《裕华纺织股份有限公司第六次股东会记事录》，1926 年 9 月 28 日，武汉市档案馆藏，资料号：裕华档案 109 - 1 - 310。

② 同上。

③ 同上。

④ 《裕华纺织股份有限公司第八次股东会议案》，1928 年 9 月 9 日，武汉市档案馆藏，资料号：裕华档案 109 - 1 - 310。

公司债的发行，虽保证了公司资金供给的延续性，但由于裕华纱厂投资巨大，在投产初期的一段时间内，裕华纱厂在资金周转上还是捉襟见肘，"查该公司（裕华）以156万两之资金，举办300余万两之规模，负债167万两之巨"。[①] 对出现的资金缺口，裕华公司采用吸收企业员工内部存款方式来填补。对于公司职员来说，把钱存入本公司，不但利息高于市面，而且安全性也有保障；对于公司来说，相比较借外债烦琐的手续、苛刻的借贷条件和中间人上的损耗，内部吸收存款更具持久性，仅在利息支付一项，就能节省一大笔开支。并且此举更能加深员工的主人翁意识，使员工有归属感，让他们知道自己的命运和公司的利益是紧紧捆绑在一起的，从而能更加努力地工作。所以，依靠发行公司债和吸收企业内部存款，裕华纱厂以内部负债模式筹集的资金占借入资本比重总体处于增长趋势（见表1-5）。

表1-5　　　　1923—1936年裕华公司内部负债占借入资本的比重　单位：元、%

年份	借入资本额	其中：对内负债额			内部负债占借入资本的比重
		公司债	内部存款	合　计	
1923	2413434	—	957143	957143	39.66
1927	3252959	1835449	961787	2797236	85.99
1929	3655953	2228571	1135483	3364054	92.02
1930	3675177	2005714	1233360	3239074	88.13
1931	3806884	2005714	1351143	3356857	88.18
1932	3827409	2005714	1634989	3640703	95.12
1933	3953136	1500000	1671761	3171761	80.23
1934	3215003	1500000	1462380	2962380	92.14
1935	3066939	1500000	1330022	2830022	92.28
1936	3444999	1500000	1206901	2706901	78.57

资料来源：《裕大华纺织资本集团史料》编辑组：《裕大华纺织资本集团史料》，湖北人民出版社1984年版，第62、246页，有改动。

注：原资料1923—1930年金额单位为银两，按0.7比例折成元。

---

① 毛翼丰等：《武昌裕华纺织公司调查报告》，《湖北实业月刊》1924年第1卷第10期，第7页。

从表 1 - 5 可以看出，在公司债相对稳定的情况下，决定内部负债占借入资本比重的主要因素是内部存款的变化。1932 年该比率高达到 95.12%，是抗战爆发前历年最高的，原因在于该年公司内部存款的激增。1933—1936 年，公司债金额保持不变，皆为 150 万元，而公司内部存款却逐年减少，内部负债占借入资本的比率随之减少，这从另外一个方面也说明这几年公司经营状况不佳，对外借款较多，1936 年更是高达近 74 万元。[①]

裕华公司最初成立阶段所需资金主要来自自有资本，对内负债模式尚未广泛使用，所筹得资本数额有限。到了 1927 年，随着股本的增加和提存保险、公积金力度的不断加大，自有资本从之前的 1572000 元增加到 2105789 元，增加了 34%，而随着公司债的广泛发行和职工存款的踊跃，对内负债总额则由 670000 元增加到 1958065 元，增加了 192%。在 1923 年，对内负债额还远远小于自有资本总额，到了 1927 年，二者数字已相当接近，而 1929 年以后，二者情况逆转，裕华公司在资金的融通方面，更大程度地依靠对内负债模式，其数额也超过了自有资本（见表 1 - 6）。

表 1 - 6　　　　　　裕华公司自有资本和对内负债占资产总额比重

年份	资产总额（两）	其中：自有资本和对内负债（两）			自有加内债占资产总额比重（%）
		自有资本	对内负债	合计	
1923	3401404	1572000	670000	2242000	65.91
1927	4382860	2105789	1958065	4603854	92.72
1929	4929808	1692565	2354838	4047403	82.10
1930	4975624	1922752	2267352	4190104	84.21

编者注：①根据《营业报告书》整理。②自有资本包括股本、公积、保险准备和其他准备金。③对内负债包括公司债和内部存款。

资料来源：《裕大华纺织资本集团史料》编辑组：《裕大华纺织资本集团史料》，湖北人民出版社 1984 年版，第 63 页。

二　企业集团内部的资金调拨模式

近代中国出现少数规模较大的企业集团，其旗下企业发展水平参差不

[①] 《裕大华纺织资本集团史料》编辑组：《裕大华纺织资本集团史料》，湖北人民出版社 1984 年版，第 246 页。

齐，经营较好的大企业为发展困难的小企业提供资金支持是普遍存在的情况。民国时期以荣宗敬、荣德生为首的荣家企业集团包含了茂新面粉公司、福新面粉公司、申新纺织公司三个企业系统，其企业规模在民国时期面粉和棉纺织行业居于首位，并享有"面粉大王"、"纺织大王"等美誉。荣家在汉企业主要有汉口福新第五面粉厂（简称"福新五厂"）和申新四厂。1915—1938 年，福新五厂总体发展较为平稳，资金也尚能自给，而申新四厂从建厂之日起就风波不断，虽然间断性地有短暂的盈利，但却不能连续保持。1933 年的火灾更是使其走到破产的边缘，直到武汉会战前期，申新四厂才真正实现盈余，申新四厂虽然经营状况充满波折，但由于福新五厂对其进行资金输入，再加上依靠荣家整个企业集团系统的运作模式，申新四厂资金供给方面没有遇到大的问题。

在企业联营问题上，国外有学者认为，"许许多多一味往高长的树木只顾自己朝着对富有尊敬的太阳走去，而毫不顾忌它们所在丛林的生死存亡"，"但是有许多证据表明在有共同利害的成长物之间存在着有理性的共生。而且，其间的共生看上去或许比现在残存的证据还要多"。[①] 这说明不同企业可以通过联营模式建立企业集团，以共生形式在发展过程中趋利避害，从而实现一荣俱荣、一损俱损。第一次世界大战时期因进口商品锐减，国内市场不断扩大，荣家企业由沿海逐步向内陆地区扩张。据史料记载："民国五年（1916），市面安定，申集议在汉设五厂。集股三十万，购地在桥口（硚口），即日招工建筑。兄（荣宗敬）为总经理。福新一、二、三、四均开有利，故兴致好。（杨）少棠在汉办麦。余因汉口厂面粉不能吃，多石砂也，故设厂改良，营业必佳。"[②] 因为武汉地区是民国时期重要的小麦集散地之一，再辅以便利的水陆交通条件，于是福新五厂就成为荣家企业在内地扩张的第一个桥头堡。福五的总经理为荣氏家族的族兄荣月泉，荣德生的女婿李国伟任协理兼总工程师。创立福五的 30 万元是 30 家股东以集资的形式筹集的，"其中荣宗敬 84650 元，占总数的 28.2%，荣德生 81556 元，占总数的 27.2%，荣家兄弟股额占总数的 55.4%。其余 13000 元以上至 25000 元的 4 家，13000 元以上至 9000 元的

---

① ［英］詹姆斯·贝茨帕金森：《企业经济学》，沈志彦等译，上海译文出版社 1988 年版，第 136 页。

② 上海社会科学院经济研究所编：《荣家企业史料》上册，上海人民出版社 1962 年版，第 46 页。

16 家，1000 元以下的 8 家"。① 股东中除荣家兄弟外，其他投资人也都在荣家各企业任职，所以，创办福新五厂的原始资金其实是荣家企业集团本身的盈利。这点和裕华公司非常相似，即都是挖掘本系统成员的资金潜力去筹集资本，避免从开始起就借用外债的模式。不同点在于裕华公司的资金流动仅局限在武汉地区，而福新五厂的资金流动范围明显扩大，在初始阶段是由沿海地区向武汉地区流动。

1919 年 10 月，福新五厂正式开工营业。为了与武汉其他面粉厂竞争中抢占先机，福新五厂尤其注意产品的质量，在生产过程中，"见小麦石沙，命雇工捡出，以顾牌子，取其优胜"。② 优良的品质，使福新五厂的"牡丹"牌面粉在市场上非常畅销，并且能比其他厂家的同类产品多卖一角，从 1919—1921 年的 3 年时间里，福新五厂的盈利高达 100%。这些盈利除发给股东部分股息外，大部分用于生产积累和扩大再生产。

随着福新五厂不断壮大，运输面粉所需要的布袋也与日俱增。如果能有物美价廉的布袋供应，面粉厂的利润将会大幅度地增加。而实现这一目标的最好办法莫过于就近增设一个棉纺织厂，这样两个企业就能互相支撑，优势互补从而形成产业化的经营模式。但是，关于在武汉增开纱厂的议案，荣氏领导集团内部却产生了不同的意见。荣德生不同意在武汉设纱厂，"余力劝稍缓，财才两缺，不听，兄（荣宗敬）已允集股，创申新第四，余未加入"。③ 事实证明，荣德生的担心不无道理，创办申新四厂拟集资 50 万元，但实际收集的资本却距离这个目标很远，"实收资本仅285000 元，这样企业资金不敷甚巨。创办那一年单开办费便用去 79955两，占股金的 1/3，若加上购买资金、机器、建造厂房，即需 1062233 两银子"。④ 由于使用资金远远超过了创办时的实收资本，因此必须向外借款才能维持企业的正常运转。1922 年申新四厂刚刚创办，就欠下上海总公司 739506 两，欠福五 332396 两⑤，"之后又曾向日商东亚兴业银行借

① 上海社会科学院经济研究所编：《荣家企业史料》上册，上海人民出版社 1962 年版，第47 页。
② 同上书，第 75 页。
③ 同上书，第 86 页。
④ 《申新四厂历史资料卷》，武汉市档案馆藏，资料号：申四档案 113 - 0 - 956。
⑤ 同上。

款 350 万元，以申一、申二厂基抵押，以资营运，利息高达 115%"。[1]

负债经营模式不仅是申新四厂独有，也是整个荣家企业解决资金问题的主要方法，在借款过程中，"以甲厂作抵押借款购买乙厂，然后再以乙厂作抵押借款购买丙厂"。[2] 为了能筹集到更多的资金，荣宗敬还积极在上海的各个钱庄投入股份，"我搭上一万股子，就可以用他们十万、二十万的资金"。[3] 他还认为："厂子不管好坏，只要肯卖，我就要买，我能多买一支锭子，就像多了一支枪。"[4] 正因为整个荣家企业集团都有负债经营的传统，所以就不难理解申新四厂即使依靠借债也要坚持创办的做法。

背负着巨额债务的申新四厂在 1922 年投产后，在最初几年里经营状况却并非预期那样顺利（见表 1 - 7）。

表 1 -7	1922—1937 年申新四厂资本、利息与利润		单位：元
年份	资本额	全年支付利息	利润
1922	285000	239801	-71987
1923	285000	252481	-185347
1924	285000	290943	-106925
1925	285000	306257	38178
1926	285000	248120	-282009
1927	285000	317440	-408984
1928	285000	473344	189778
1929	285000	440520	214507
1930	285000	550323	-113090
1931	285000	603321	-129709
1932	285000	693116	255653
1933	—	535467	-551167

① 龚培卿：《李国伟和他所经营的企业》，中国人民政治协商会议武汉市委员会文史资料研究委员会编：《武汉工商经济史料》第二辑，1984 年，第 158 页。

② 尚方民：《近代实业家荣氏兄弟经营之道析》，《民国档案》1992 年第 2 期，第 86 页。

③ 上海社会科学院经济研究所编：《荣家企业史料》上册，上海人民出版社 1962 年版，第553 页。

④ 黄逸峰：《旧中国荣家资本家的发展》，黄逸平编：《中国近代经济史论文选集》，上海师范大学历史系 1979 年版，第 1414 页。

续表

年份	资本额	全年支付利息	利润
1934	1000000	430187	- 297398
1935	920000	637245	- 1223
1936	920000	682541	640598
1937	2200000	546646	1855557

说明：（1）资本额系根据历年会计报告。（2）全年支付利息与利润，以1927年以前单位为纹银两，折合银洋后各种报告上略有出入。（3）利润数字总公司汇总资料与厂方报告有时相符，有时出入甚大，又以历年亏损与账面相较又有不符，此项数字受资料限制，部分采公司汇总资料，部分采自厂方会计报告。

资料来源：《申新四厂历史资料》，武汉市档案馆藏，资料号：申四档案114 - 0 - 954。

由表1 - 7 可知，申新四厂开工三年已经亏损36.9万元，不但没有通过盈余来清偿开工时所欠下的债务，反而使原本就捉襟见肘的资金状况更加雪上加霜。即便如此，申新四厂却依然能坚持生产并不断地扩充设备，其中最主要的原因是有福新五厂的盈利支持。

福新五厂最初股本为30万元，但由于经营得法，产品畅销，之后每年获利颇丰，并且把所获盈余用于扩大再生产，"1921年将1920年盈余提出20万元，追加股金，合计50万元。1922年将1921年盈余提出15万元，追加股金，合计65万元。1923年又将1922年盈余提出10万元，追加股金，合计75万元。1926年5月增加股金至100万元"。[①] 依靠"滚雪球"式的扩大再生产，福新五厂规模越来越大，并于1925年建造新厂，伴随着所产面粉在国内外市场的不断扩大，福新五厂一直保持着比较稳定的盈余（见表1 - 8）。

表1 - 8   1924—1931年福新五厂历年盈余   单位：千元

厂名	1924 年	1925 年	1926 年	1928 年	1929 年	1930 年	1931 年
福新五厂	383.48	579.69	395.83	435.50	167.87	94.03	65.42

资料来源：上海社会科学院经济研究所编：《荣家企业史料》，上海人民出版社1980年版，第181、226、234页。

---

① 《申新四厂历史资料卷》，武汉市档案馆藏，资料号：申四档案113 - 0 - 956。

福新五厂和申新四厂自成系统，所以，当申新四厂出现资金问题时，福新五厂直接给申新四厂输血，使其在年年亏损情况下仍能开工生产。据申新四厂和福新五厂负责人李国伟回忆："我们汉口厂（申新四厂）具备着一个优越的经济条件，即是和福新汉口厂在同一领导之下推进业务，资金来源绝大部分同是荣家产业资本。福新五厂年年有利，申新四厂依赖福新财力常年挹注，虽在事业亏累之中，仍不断扩充生产设备，对外亦以福新关系，周转灵活。"[1] 申新四厂从福新五厂那里得到的借款量相当可观（见表1-9）。

表1-9　　　　　　　1927—1931年申新四厂对福五的欠款　　　单位：千元

时间	申新四厂借入资本额	其中借自福新五厂部分
1927年年底	2542.48	480.33
1928年年底	3274.95	1077.43
1929年年底	3223.43	1185.37
1930年年底	3900.78	1355.66
1931年年底	4930.71	2260.70

资料来源：上海社会科学院经济研究所编：《荣家企业史料》上册，上海人民出版社1980年版，第278页。

根据表1-9的内容计算可知，1927—1931年，申新四厂历年的借款中，福新五厂所占的比例分别是18.89%、32.9%、36.77%、34.75%、45.85%，除1927年略少外，其余每年的比例都占其借款总额1/3以上。在5年时间里，申新四厂每年从福新五厂所获得的借款都在百万元以上，最高年份甚至达到226万余元。福新五厂对申新四厂输入的资金，往往超过自己每年的盈利（见表1-10）。

福新五厂借给申新四厂的金额远远超过自身盈利，并且有日趋严重之势。福新五厂和申新四厂这种粉、纱联营模式受制于各自市场空间的不同，导致了畸形的发展，非但没有产生"1+1＞2"的企业集团的效果，反而造成了弱势一方拖累整个集团发展的"短板效应"。上海福新总部的

---

[1] 李国伟：《荣家企业纺织和制粉企业六十年概述》，中国人民政治协商会议全国委员会文史资料研究委员会编：《文史资料选辑》第七辑，中华书局1960年版，第37页。

表1-10　　1928—1931年福五借给申新四厂资金占历年盈利的比例

单位：千元

年份	福新五厂盈利	借给申新四厂部分	比例
1928	435.5	1077.43	1:02.5
1929	167.87	1185.37	1:07.1
1930	94.03	1355.66	1:14.4
1931	65.42	2260.70	1:34.6

资料来源：上海社会科学院经济研究所编：《荣家企业史料》，上海人民出版社1980年版，第226、234、278页。

一些保守股东都担心申新四厂会拖垮福新五厂，主张变卖申新四厂，从而甩掉这个包袱，以求得福新五厂更快更稳地发展。但李国伟却持相反意见，主张继续扶持申新四厂。他认为，那时日本帝国主义正在以纱布削价倾销方式来扰乱中国的棉纺织品市场，同时辅以资本输出，在汉口开设了泰安纱厂。虽然该厂只有两万多纱锭，但由于其生产效率高，出产的棉纱物美价廉，以武汉为中心向华中地区和西部地区扩散，成为日货向内地深入倾销的桥头堡。泰安纱厂与申新四厂毗连，见到申新四厂资金出现困难，以为有机可乘，于是图谋收购申新四厂。[1]"申新多数职工觉悟到这不仅是一厂一业的问题，而是关系着整个民族工业前途的问题"。[2]正因为申新四厂的存亡涉及了民族工业的发展问题，所以即使在其连年亏损时，荣家企业管理层也未曾放弃对它的扶持和资金输入。李国伟认为申新四厂连年亏损的原因是企业规模太小，必须要扩大规模，才能在市场上形成竞争力，这也是申新四厂在亏损的状态下依然依靠福新五厂"输血"不断扩大生产的原因。

申新四厂股本增加和规模扩大不是在全国棉纺织业都能发展的20世纪20年代，而是在1933年火灾之后。1933年的大火，申新四厂损失惨重，"除机房、公事房外，全部被毁"。[3]火灾之后，为了恢复生产，各股东被告知"筹填新股，以弥补前亏和解决以后营运款项等问题"。关于恢

[1]《申新四厂历史资料卷》，武汉市档案馆藏，资料号：申四档案113-0-956。
[2]李国伟：《荣家企业纺织和制粉企业六十年概述》，中国人民政治协商会议全国委员会文史资料研究委员会编：《文史资料选辑》第七辑，中华书局1960年版，第37页。
[3]《申新四厂历史资料卷》，武汉市档案馆藏，资料号：申四档案113-0-956。

复申新四厂问题是1934年福新五厂股东会议讨论的主要议题，由于24位1万元以下的小股东的退股，此前没有入股的荣德生终于表态同意在申新四厂投资，荣宗敬也在建厂投资的基础上，追加了投资，"其中荣宗敬增加42.2万元，股额共58.2万元，比创办期增加2.8倍，占总额的63.2%；荣德生入股28.4万元，占总额的30.9%。荣氏兄弟共占94.1%"。[1] 值得注意的是，荣氏兄弟所追加的股本中，有50万元是直接从福新五厂的活期存款中拨出，并以此来核销申新四厂在福新五厂的借款。可见，粉纱联营模式的构建，使同一企业集团内部资金的调拨就非常容易，能满足资金不足企业的用款需要，并且用款条件非常宽松，使用资金时既没有严格的还款时间，也不需要提供抵押品。

单纯从盈利目的看，申新四厂和福新五厂的"粉纱联营"模式在很长一段时间不甚成功，更多时候是福新五厂对申新四厂的帮扶和支援，这种情况一直持续到全面抗战爆发的前两年，在国内外一系列利好条件的刺激下，这两个企业才实现"双赢"，实现了丰厚的盈利。但是，不能忽视这种模式出现的重要意义，这种不同产品制造企业的联营，是实现企业多元化规模发展的第一步，申新四厂和福新五厂之间的资金流动尽管还处在单向流动层面，但随着分工的细致和市场的不断扩大，单个企业向集规模化和集团化的企业公司发展是必然趋势。

三　外部负债模式

裕华纱厂的内部负债模式和申新四厂在企业集团内寻求资金支持的办法在近代武汉棉纺织业发展过程中取得了一定成绩，在一定程度上解决了发展中资金不足的困扰。但必须看到，不论是内部负债或企业集团内部的资金调拨，这两种模式都需要一定的客观环境才能够实现，所以并不适合所有的纱厂。对武汉其他纱厂来说，一旦出现资金不足问题，向银行、外商或者本地其他商业机构寻求帮助是最常见的。

（一）银行资本的输入

近代中国民营工业企业由于自身积累不足，必须借助金融体系，依靠其提供的贷款等其他服务来保证发展过程中的资金供给，"至一切流通资

---

① 上海社会科学院经济研究所编：《荣家企业史料》上册，上海人民出版社1962年版，第397页。

本，则恃借贷以资周转"。① 福新五厂和申新四厂之间资金流动，属于企业集团内部之间的资金分配，总量并没有增加，为了获取更多的资金，除了招股集资的方式外，向包括钱庄、票号、银行在内的金融机构进行借贷就成了必不可少的过程。

荣家企业以经营钱庄起家，对金融运行程序非常熟悉。在扩展过程中向以日本东亚兴业会社、英商汇丰银行为代表的外资银行进行抵押贷款，在国内银行则与中国银行、上海商业银行来往密切。② 20 世纪 20 年代，申新四厂主要的借款对象以旧式的钱庄为主，如 1927 年分别向振泰庄和鼎盛庄借款 194175 两和 145631 两白银。进入 20 世纪 30 年代后，随着企业规模的不断扩大，钱庄的资金量又无法满足申新四厂的发展需求，从 1931 年起，申新四厂的主要金融合作机构是新式的银行（见表 1 - 11）。

表 1 - 11　　　　1931—1937 年申新四厂从金融机构借入资金情况　　　单位：元

年　份	1931	1932	1933	1934	1935	1936	1937
中国银行	110295	—	—	1300000	1300000	1000000	500000
中国银行营运借款	—	—	—	859616	1891599	1563091	414986
上海银行	—	—	—	—	—	59481	40000
省银行押汇借款	800000	—	—	—	10250	—	—
押汇借款	—	—	—	7295	351655	136729	445755

资料来源：《申四借入资金情况》，武汉市档案馆藏，资料号：申四档案 113 - 0 - 956。

由此观之，在向申新四厂提供贷款的银行中，中国银行与之合作时间最长，1927 年就为其提供了 291626 两的贷款，进入 20 世纪 30 年代后，更是加大了贷款力度。1933 年申新四厂灾后重建时所需的资金除了保险公司赔付的 140 万元外，"另向汉口中国银行借入基本借款与营运借款 210 余万元"。③ 重建后的申新四厂从中国银行取得的贷款量远远超过了本身的股本（见表 1 - 12）。

---

① 陈真编：《中国近代工业史资料》第四辑，生活·读书·新知三联书店 1961 年版，第 4 页。

② 许维雍、黄汉民：《荣家企业发展史》，人民出版社 1985 年版，第 86 页。

③ 上海社会科学院经济研究所编：《荣家企业史料》上册，上海人民出版社 1962 年版，第 397 页。

表 1 – 12　　　　1934—1937 年申新四厂从中国银行贷款与股本的对照　　单位：元

年份	股本	贷款金额	股本与贷款的比值
1934	1000000	1300000	1:01.3
1935	920000	1300000	1:01.4
1936	920000	1000000	1:01.1
1937	2200000	500000	4.4:1

资料来源：《申新四厂历史资料》，武汉市档案馆藏，资料号：申四档案 114 – 0 – 954；《申四借入资金情况》，武汉市档案馆藏，申四档案 113 – 0 – 956。

由表 1 – 12 可知，申新四厂重建之后所需资金大部分由中国银行提供，其提供贷款不但数量大，而且还款条件极为优厚，1933 年所借的 130 万元，分五年还清，一年半后还 10％，以后每半年还 15％。[1] 由于采取了分期还款的形式，申新四厂的还款压力就相对小得多，可以集中精力进行恢复生产。首次还款的时间在一年半后，这样就留给了企业足够的时间恢复生产，第一次还款 15％，数额较能接受，保证了申新四厂还能有足够剩余的资金继续生产。

纱厂银行借款方式一般有五种："一为厂基押款，二为商品押款，三为商品押汇，四为信用透支，五为储蓄存款。"[2] 武汉几家向银行借款的纱厂，多数用了厂基押款的方式。所谓厂基押款，"是纱厂以地基、栈房、厂房以及各种机器为担保品向银行取得放款的信用方式"。[3] 这种借款方式对于一般纱厂来说，不到万不得已，切勿随意使用，因为"凡已向银行取得厂基押款的纱厂，不独他的财产契据，必须交给银行收管，就是一切机器和其他财产也必一一点交银行派人管理，非得银行允许，纱厂对其财产不得移动拆卸，而银行所派之管理员常川驻厂，其薪给膳宿也得由纱厂负担，若纱厂不能按合同义务归还本息，则银行便对抵押品有拍卖的权利"。[4] 可见，采用了厂基抵押借款方式的纱厂，所抵押厂基及其他

---

① 上海社会科学院经济研究所编：《荣家企业史料》上册，上海人民出版社 1962 年版，第 396 页。

② 严中平：《中国棉纺织史稿》，科学出版社 1955 年版，第 242 页。

③ 同上书，第 243 页。

④ 严中平：《中国棉纺织史稿》，科学出版社 1955 年版，第 243 页。

物品的所有权已属于银行，纱厂本身对其只保留使用权和经营权。申新四厂在 1934 年曾以固定资产抵押借款的方式，向中国银行借款 82 多万元，规定一年还清，年利率为 8.5%。[①] 此后因为申新四厂还清了债务，故没有发生债权的转移问题。

通过上述分析可以看出，1922 年工厂创办到 1938 年西迁，申新四厂的财政基本处于一种不平衡的状态，波动性很大，很难有连续几年的盈余。所幸依托于"粉纱联营"模式能不断得到福新五厂的持续资金输入，再加上海总公司的资金流入，以及中国银行、上海银行等金融机构的贷款，经过十几年的经营，截至 1937 年，资金收支盈亏相抵，还结余 930812 元（见表 1 – 13）。

表 1 – 13　　　　　　　　申新四厂内迁前历年盈亏　　　　　　　单位：元

年份	部别	盈余	合计
1922	纱厂	– 71987. 69	– 71987. 69
1923	纱厂	– 185346. 59	– 185346. 85
1924	纱厂	– 106924. 86	– 106924. 86
1925	纱厂	38177. 73	38177. 73
1926	纱厂 布厂	– 247980. 59 – 7027. 94	– 255008. 53
1927	纱厂 布厂	– 362139. 82 – 46844. 50	– 408984. 32
1928	纱厂 布厂	167733. 83 22039. 09	189722. 92
1929	纱厂 布厂	190836. 50 23670. 40	214506. 90
1930	纱厂 布厂	– 82946. 34 – 30143. 40	– 113089. 74

① 《申新四厂厂基抵押借款明细录》，1934 年 6 月 30 日，武汉市档案馆藏，资料号：申四档案 113 – 0 – 608。

续表

年份	部别	盈余	合计
1931	纱厂 布厂	−283105.72 153396.97	−129708.75
1932	纱厂 布厂	377372.50 −121719.77	255652.73
1933	纱厂 布厂	−318839.74 −232327.13	−551166.87
1934	纱厂 布厂	−280069.78 −17328.66	−297398.44
1935	纱厂 布厂	3710.56 −4924.09	−1222.53
1936	纱厂 布厂 染厂	482199.24 15655.25 178.88	498033.37
1937	纱厂 布厂 染厂	1619585.40 217769.33 18202	1855556.73

资料来源:《申新四厂历史资料甲乙编》,武汉市档案馆藏,资料号:申四档案 113 - 0 - 954。

（二）外资对纱厂的接管

向银行借款门槛过高且手续烦琐,同时因为抵押风险过大,企业容易丧失自主权,故武汉各厂商采用这种借款方式不是太多。除申新四厂借助荣氏企业集团的关系向中国银行和上海银行进行过几次借款外,第一纱厂也曾向浙江兴业银行寻求过借贷帮助,但是,浙江兴业银行只是第一纱厂的第二债权人之一,在第一纱厂外债比例中"浙江兴业银行所占债额甚小"[1],其所欠债务最多的是安利英洋行。

民国时期武汉四大纱厂中第一纱厂虽创立最早并且规模最大,但其从开工之日起,就屡屡陷入资金不足困境,并因此数度停工,最终因无力清偿债务在抗战爆发前被英商安利英洋行接管。如前文所述,在机器购买问题上,安利英洋行贪图厚利,屡屡背信弃义,制造事端,给第一纱厂造成

---

[1] 严中平:《中国棉纺织史稿》,科学出版社 1955 年版,第 196 页。

了不小的损失。第一纱厂的厂房在 1916 年已经建筑成功，万事俱备只欠东风，只等机器运来投入生产，英商这一毫无职业道德的做法使第一纱厂1917 年开工的计划成为泡影，并造成了一连串不利反应，"股东认缴的半数股款，本已不敷用，向银行钱庄借贷的巨债，更无法偿还，李紫云的名誉和信用，也因此受到严重影响，其他发起人也连带受到很大的损失"。①

　　1921 年，第一纱厂在扩充南厂时又欠下安利英洋行机器价款折合纹银百余万两，原本幻想依靠开工后产品利润偿还，但由于市场情况剧变，企业经营状况恶化，引发 1924 年第一次停工。这次停工是第一纱厂发展过程中的分水岭，在此之前不管工厂是否盈亏，自主权都掌握在以李紫云为代表的民族资本家手里。但停工后，作为债权人的安利英洋行就开始了对第一纱厂的控制和改造，并一步步使企业产权发生了改变。从第一纱厂的角度来看，由于它是股份制公司，股东不能负无限责任，在资金链中断，工厂停工背景下，出现了"增资既无人投资，卖厂又无人买厂，出租又无人承租"的局面，这样就只有继续开工才是唯一出路，"遂决定由第一纱厂以其所有的全部厂房机器，提交安利英作抵押品，由安利英与浙江兴业银行另借款给第一纱厂复工，连同旧债和新债，合并借款纹银二百三十余万两，折合银币三百万元。同时调整资本，将以前应发未发的历年股息计银币七十万元，均转作股东的股份，确定资本总额为银币四百八十九万元"。② 通过进一步放款，安利英洋行获得了第一纱厂的机器抵押权，实现了对第一纱厂控制的第一步。复工的第一纱厂依然克服不了萧条的市场带来的诸多困难，"又值花贵纱贱，产品滞销，负债既多，加息更重，至一九二七年复陷入第二次的关厂停工"。③ 第一次停工就已经失去自主权的第一纱厂，只得接受由安利英接办的命运。根据双方达成的协议："由该行（安利英洋行）投入流动资金二百万元并派宋立峰为经理，所获盈利首先交还安利英债务，如有亏损则归第一纱厂负责，议定之后，即于一九二八年秋季复工。复工以后，所用机物料及原棉，均由安利英洋行供应"。④

　　安利英洋行对第一纱厂的接管，不同于当时国内普遍出现的以银行为

---

① 《汉口第一纱厂历史概况》，武汉市档案馆藏，资料号：第一纱厂档案 62 - 1 - 115。

② 同上。

③ 同上。

④ 同上。

代表的金融机构业对棉纺织业的直接经营。银行对工业的托管积极意义很多，"当大多数纱厂陷入经营困境之时，银行资本的及时介入，给这些濒临倒闭的企业注入了新鲜血液，有了起死回生的希望"。[①] 银行在成为纱厂的实际管理者后，为了不使贷出的资本成为呆账，一般会进一步加大对纱厂的资金注入，"经银行接办的纱厂，通过采取增拨流动资金、改进经营管理等措施，大部分的生产经营情况较前有所好转"。[②] 安利英洋行则是因为本身已有大量资金投入到第一纱厂，属于为了捞回自己利益的权益之策。接管之后，就全方位地控制第一纱厂并最大限度地榨取其价值。第一纱厂需要采购的所有机器设备和生产原料都必须通过安利英洋行，同时还要按当时社会上代办采购的最优惠的办法支付其不菲的佣金。[③] 在供应原材料的过程中，安利英洋行非但不去选择物美价廉的产品，反而用此契机加大对第一纱厂的盘剥，"该行竟任意提高物价，攫取暴利"。[④] 除此之外，"工厂的一切财物收支，都应通过由安利英洋行控制的浙江兴业银行，并应按通过该银行收支总额的1%付给该银行手续费；工厂对安利英洋行派到工厂的工作人员，应付给较优厚的工资，一般高于本厂原有职工工资的数倍"。[⑤] 这种杀鸡取卵、竭泽而渔的做法，使第一纱厂的亏损更加严重。到了1933年，第一纱厂亏损总数超过流动资金两倍以上，"在十年的时间里，又累计亏损约一千余万元"。[⑥] 无奈之下，第一纱厂只得陷入第三次关厂停工。此后，安利英洋行看到直接经营并没有取得预期效果，遂决定把对第一纱厂的控制从拥有经营权上升到直接取得产权，从过去因为债务关系的间接控制变成产权层面的直接控制。股份制企业中，产权的获得以股份的占有量为标准，安利英洋行的计划是"化债为股"，即把第一纱厂所欠的约300万两白银转为在该企业40%的股权。如果安利英这一想法实现，第一纱厂将彻底沦为国外资本的附庸，由于纱厂绝大部分股东的反对，第一纱厂的产权得以在法律层面上保持原状，"化债为股，安利英等债权并非本国人，恐怕要牵涉到法令问题"，"本案在国籍

---

① 李一翔：《近代中国金融业的转型与成长》，中国社会科学出版社2008年版，第129页。
② 同上。
③ 程子菊：《回忆解放前的武昌第一纱厂》，《湖北文史》2007年第1期。
④ 《汉口第一纱厂历史概况》，武汉市档案馆藏，资料号：第一纱厂档案62-1-115。
⑤ 程子菊：《回忆解放前的武昌第一纱厂》，《湖北文史》2007年第1期。
⑥ 同上。

上研究不但不能化债为股，并且安利英违背复工合同致使本公司受了几百万元的意外损失，根本上我们绝对不能承受他的债款"。[1]

产权虽未变更，但第一纱厂对安利英洋行的债务依然存在。到 1936 年 4 月，第一纱厂资本总额 560 万元，负债总额就高达 1000 万元，负债占资本总额的 179%。[2] 为了收回债务，英商以债权者的身份，把第一纱厂转租给由汉口商会会长黄文植、商界名人贺衡夫等人组建的复兴公司经营，"所订租约，并无固定租金，只规定获得盈利时，以 40% 代第一纱厂交还安利英债务，其余 60% 则归复兴公司股东所有"。[3] 安利英凭借对第一纱厂资产的抵押权，指派专人赴厂监督生产经营情况。复兴公司在经营第一纱厂数年时间盈利不菲，用企业盈余代第一纱厂清偿了 600 多万元的债务，到武汉会战爆发前夕，因为还差 260 多万元债务没有还清，第一纱厂的抵押权仍然在安利英手里，整个工厂留在武汉，没有西迁。

（三）被债权团控制的震寰纱厂

裕华纱厂得益于其内部负债模式和裕大华集团之间各企业之间资金互助，无论固定资本还是流动资金，一直较为充裕。申新四厂依靠福新五厂和上海总部的"输血"，也能维持工厂正常的运作。第一纱厂在资金问题上求助于银行资本和外来资本，因债务问题长期被洋行托管。震寰纱厂在债务问题上虽没有被银行资本或外商资本独占，但因为资金链条的断裂，也是经历了长达三年的漫长停工。

震寰纱厂是武汉民营四大纱厂中规模最小的一家，创建时全部股本是 122 万两白银，受汇率波动的巨大影响，购买机器设备时就耗费 144 万两，再加上之前筹备工厂花费的 80 余万两，就使固定资本达到了 220 万两[4]，这还不包括正式投产后为了购买原料、发放工资等日常营运所需要的流动资金。所以，震寰纱厂步了第一纱厂的后尘，未开工就得背负着欠安利英洋行的巨额债务才得以勉强支撑，"当时月息一分，三个月转息一次，年复一年，息上加息，一直压得震寰喘不过气来"。[5]

---

① 《商办汉口第一纺织股份有限公司临时股东大会记录》，1937 年 7 月 25 日，武汉市档案馆藏，资料号：第一纱厂档案 62 - 1 - 137。

② 严中平：《中国棉纺织史稿》，科学出版社 1955 年版，第 243 页。

③ 《汉口第一纱厂历史概况》，武汉市档案馆藏，资料号：第一纱厂档案 62 - 1 - 115。

④ 《震寰纱厂三十年略记》，武汉市档案馆藏，资料号：震寰档案 114 - 1 - 75。

⑤ 同上。

　　第一纱厂由于开办时间较早，虽遭遇外商拖延交付机器设备的困难，但在第一次世界大战结束的第二年即 1919 年还是领到了订购的全部机器，在投产后还能感受到第一次世界大战带给中国民营工业的一丝温暖，"因为世界大战结束不久，外国的棉纱布锭均没有大量的进口，因此，第一纱厂出产的纱布曾畅销一时"①。震寰纱厂则错过了这个机会，开工所需的机器设备一直拖到 1923 年 4 月才全部到齐，而西方列强经过第一次世界大战过后几年的恢复和发展，又重新回到对中国市场的争夺。震寰纱厂本是小厂，又因为外商的欺诈而背负了巨债，勉强延迟两年开工后则错过了发展的黄金时期，使得原本就使用紧张的资金情况更是雪上加霜。据统计，"震寰纱厂 1928—1933 年支付的利息，占生产总值的 6.7%，平均每件纱负息 13.3 元"②，受此巨债压迫的震寰纱厂最终因为资金链条中断在 1933 年陷入长达三年的停工泥潭。

　　震寰纱厂主要股东为刘子敬、刘逸行和刘季五三人，其中刘逸行和刘季五是亲生兄弟。创建时公开招股 12200 份，刘子敬占 4500 股，刘季五、刘逸行兄弟共占 6416 股，由此可见他们三人占去了总股份的 90%。③ 三人都是武汉地区的上层名流，刘子敬是武汉地区赫赫有名的富翁，"资金积累一度达八百万两银子左右"④，在创办震寰纱厂以前，还经营蛋厂、钱庄、保险公司和房地产等多种行业。刘逸行和刘季五兄弟早年都曾留学日本，回国后从事工商行业，兴办了钱庄、打包厂等工商企业，经济实力同样不容小觑。1928 年刘子敬逝世后，他的资金因债务关系分散到其他小股东之手，这样刘逸行和刘季五兄弟（以下简称刘氏兄弟）就基本控制了企业。刘氏兄弟一向资金充裕，震寰纱厂为什么还亏损得如此严重呢？为什么他们不把自己的资金当作增加的股本投入到震寰纱厂用来清偿外债呢？这要从他们对资金的使用情况分析。

　　刘逸行和从震寰纱厂取得的收益主要由利息和股息两部分构成，这两项基本收入较为固定，刘氏兄弟凭此能获得稳固收入，同时这也是刘氏兄

---

　　① 《汉口第一纱厂历史概况》，武汉市档案馆藏，资料号：第一纱厂档案 62 - 1 - 115。

　　② 湖北省地方志编纂委员会编：《湖北省志·工业》下册，湖北人民出版社 1995 年版，第 1422 页。

　　③ 《震寰纺织股份有限公司历史资料》，武汉市档案馆藏，资料号：震寰档案 114 - 1 - 75。

　　④ 董明藏：《大买办刘子敬的兴衰》，中国人民政治协商会议武汉市委员会文史资料研究委员会编：《武汉工商经济史料》第二辑，1984 年，第 181 页。

弟控制企业的手段。在纱厂经营困难时，刘氏兄弟就从自己创办的钱庄、打包厂等商业企业中拿出资金借贷给它，他们就能获得月息一分的高利。而如果把这笔钱以股本形式投入到纱厂去获得股息，其收益是年息一分。股息远远比不上利息收益，"但就利息一项论，每家刘家就能从纱厂所支付的息金 185000 千余两中得到总数的 81% 约 148000 千两"①，同时，与把资金借贷给他人相比，借给自己的工厂安全系数更高，并且可以通过贷款加强对企业的控制，"自开工以来到 1933 年停工这段时间，从未召开过一次股东大会，甚至违反公司法，当资本亏损 2/3 时，仍不召开股东大会，以便对企业命运加以讨论和决定，完全由刘家独断独行"。② 于是就出现了一种奇怪的现象，即使震寰纱厂连年亏本，刘氏兄弟也能依靠所有的债权取得大笔收益，这也是他们宁可让纱厂年年亏损也不愿意关停的原因。

刘氏兄弟对震寰纱厂的放款客观上避免了纱厂被其他金融资本吞并。第一纱厂所以被安利英洋行接管，原因不仅在于它的负债行为，还在于它的主要债权人是安利英洋行一家独大，其命运被操纵就被不足为奇了。反观震寰纱厂，它的债权人就相对较分散。尤其是在 1928 年刘子敬逝世后，他在震寰纱厂的股份转给了其他债权人，"其中有 880 股转与金城银行，990 股转与鼎丰钱庄"，此外，"纱厂还与大小 12 个银行、钱庄保持着经常的债务关系，比如金城、四明、上海盐业、武进等银行，怡生、经太、安裕等钱庄与震寰有债务关系"。③ 在所有债权人中，刘氏兄弟所持债权最多，这从 1933 年震寰纱厂停工后所组成的债权团的构成中可以看出，"1933 年债权团成立之初全部债权中，刘家兄弟共占了 70%—80%，其余 20% 左右的债权是分布于安利英洋行和一些银行、钱庄的，后来 1935 年由刘家代纱厂还清了该厂对洋行、银行和钱庄的债务后，全部债权就落到刘家手中了"。④

为了清偿债务，工厂必须尽早开工，而这又需要一定资金的注入。为此震寰纱厂也采取了一系列筹措资金的措施，在武汉本地金融资源利用殆尽的情况下，把目光瞄向了沿海金融机构，"推举谌、高两董事赴沪最少

① 《震寰纺织股份有限公司历史资料》，武汉市档案馆藏，资料号：震寰档案 114 - 1 - 75。
② 同上。
③ 同上。
④ 同上。

筹借现款三十万元以便定期复工",但由于 20 世纪 30 年代币制改革引发的银根吃紧,只借到十万元。无奈之下,"遂将困难情形呈请官厅设法救济,仍无成效"。① 震寰纱厂债务问题的解决不同于第一纱厂被债权方无条件地转租给本地商业资本,而是选择了同沿海工业资本常州大成纺织染公司合作的方式来谋求发展,力求走出困境。这样就出现了震寰纱厂、债权团、沿海工业资本三方博弈的现象,每一方都力图在这次合作中谋求利益最大化。

1936 年 7 月 8 日,震寰纱厂在决定同大成公司合作之前,首先就债务问题同债权团达成协议。作为债务方,震寰纱厂最关心债务清偿和利息的支付,对立面的债权团则希望通过债务进一步加强对震寰的控制,尽量攫取更多利润。在协议中,双方均作出让步,"甲方(震寰纱厂)愿以公司全部财产之证件交付乙方(债权团)为抵押品延长清偿期间","乙方接受抵押品后承认暂行停止自上年十二月一日以后之利息,俟偿清前欠本息后再议解决办法"。② 这样,震寰纱厂因为利息的暂免而得以有喘息的机会,债权团也如愿以偿取得了代表企业产权的公司所有证件。至于震寰公司是以出租或者转让工厂的方式继续经营,债权团并无特别要求,但是对其取得的收益做了详尽划分,"乙方先于甲方活动后所收之纯益中酌提 2/10 归甲方自用,余盖偿还乙方债务"。双方的妥协,为下一步大成公司租办震寰纱厂打下了基础。

震寰纱厂与常州大成纱厂的合作,实质反映了 20 世纪 30 年代沿海资本向内地流动这样一种趋势。大成纱厂的资本家刘国钧等人鉴于武汉在棉纺织销售方面重要的市场价值,1935 年准备在此地设立分厂,正好震寰纱厂急于复工,双方的合作自然是水到渠成,非常顺利。两厂经过协商,"股本定为 60 万元,大成占 60%,震寰占 40%,震寰股金 24 万元,完全以厂房机器交由大成向银行押解而来,合作期限定为 6 年,并更名为武昌大成纺织染第四厂"。③ 双方一直合作到 1938 年武汉会战爆发前夕,在此期间,由于全面抗战爆发,日纱和申纱输入锐减,工厂运转良好,经营状

---

① 《震寰纺织股份有限公司临时股东大会》,1936 年 7 月,武汉市档案馆藏,资料号:震寰档案 114 - 1 - 112。

② 《震寰纺织股份有限公司与债权团所立协议》,1936 年 7 月 8 日,武汉市档案馆藏,资料号:震寰档案 114 - 1 - 112。

③ 《震寰纺织股份有限公司历史资料》,武汉市档案馆藏,资料号:震寰档案 114 - 1 - 75。

况较有起色。震寰使用获得的盈余基本还清了银行的债务，但对债权团的欠款，却一直延续着，债权团也因此继续将保持对纱厂的控制。1938年震寰内迁前夕，债权团特意发函："贵公司全部机件接令转卸迁往内地……敝团固不生异议，但对于此项机件之担保，不能因之中断，自应继续存在……"①

第三节　工业发展中资金积累和分配关系

马克思认为："把剩余价值当作资本使用，或者说，把剩余价值再转化为资本，叫作资本积累。"② "积累就是资本以不断扩大的规模进行的再生产。"③ 企业的积累和消费相辅相成，有积累就必须有消费。"利润的积累和分配，在一个比较长的过程中是统一的，这一点对一切投资于企业的人并不难理解；但在比较短的时间内，二者却是有矛盾的。"④ 在利润一定情况下，如果提高积累的比例，势必会减少用于分配的利润，所以在企业的消费环节中，关于营业收入如何分配是不易平衡的。企业的员工和股东总希望加大分配，而企业的领导层为企业发展计总希望多积累、少分配。此外，在把握积累和企业扩大再生产关系上的差异，也造成了各纱厂不同的发展轨迹。

一　官利制度的利弊

近代中国股份制企业中广泛存在一种与西方股份制企业截然不同的分配方式，即官利制度。

官利制度是民国时期工矿企业财经制度中的一种收益分配方式，又称为官息、正息、股息等，是股份制企业对股东本金按照额定利率按期支付的息额。在西方企业，股东购买了企业股票分配的股息，应由该企业年利润多少决定，企业盈利多，股东分的股息就多；反之则减少。但中国的官利制度则对这种浮动性的股息分配法进行了改动，规定"不管是谁，只

---

① 《震寰纱厂与债权团往来函件》，1938年5月14日，武汉市档案馆藏，震寰档案 114 - 1 - 112。

② 马克思：《资本论》第一卷，人民出版社 2004 年版，第 668 页。

③ 同上书，第 671 页。

④ 赵靖主编：《中国经济管理思想史教程》，北京大学出版社 1993 年版，第 505 页。

要购买了企业的股票成为股东，就享有从该企业获取固定利率——官利的权利，而不管该企业的经营状况如何"。① 即使在工厂筹备期间尚未开工时，但只要股东交付了股金，就可以提取官利，这样就造成企业经常"以股本给官利"，甚至"借本已给官利"②，以至于出现"不论企业盈亏，概行按照规定息率根据各投资人对企业所提供资本额的大小，在年终时发给每一个股东，作为对股东的投资报酬，投资多，拿的官利也就多"。③

股息制度的存在有其必然性，武汉地区商业资本盛行，金融市场上高利贷资本占主导地位，即便是钱庄和银行等金融机构存放款利率也居高不下，1910 年汉口金融机关的放款利率是 9.6%，到 1933 年，武汉纱厂向银行借款利率仍然是最高为 12%，最低为 8%，"可以说当时投资家心目中实将经营纱厂和投放高利贷等量齐观：即是以母钱生子钱，根本无所谓纱厂。"④ 所以，在这种高利息的金融市场里，如果不对投资人诱之以利，很难想象他们会甘心情愿把资金投在陌生的工业领域。

官利制度在国内企业普遍存在，虽然它可以帮助企业在初始阶段迅速筹集所需资金，但对企业日后发展的羁绊也很严重。著名棉纺织企业家张謇结合自身办厂实践，曾深刻地披露了官利制度的弊端，"未开车前，专事工程，无从取利，即以股本给官利。自甲辰至丁未三月初，共付官利九万一千四百七十余两。开办费所谓九万六千五百四十余两，非纯费也，官利居多数也。开车以后，虽始营业，实则失利，乃借本以给官利。计自丁未三月初五至戊申年终，又付官利十二万三千七百九十余两。而两届之亏，十二万零五百五十余两，非真亏也，官利占多数也。凡始至今，股东官利，未损一毫，递迟发息，则又利上加利。"⑤

股息制度虽然可以吸引商业资本投资工业，但其本质仍属于"近代

---

①　朱荫贵：《引进与改革：近代中国企业官利制度分析》，《近代史研究》2001 年第 4 期，第 146 页。

②　张謇：《大生崇明分厂十年事略》，《张謇全集》第三卷，江苏古籍出版社 1994 年版，第 209 页。

③　《震寰纺织股份有限公司历史资料》，武汉市档案馆藏，资料号：震寰档案 114 - 1 - 75。

④　严中平：《中国棉纺织史稿》，科学出版社 1955 年版，第 243 页。

⑤　张謇：《大生崇明分厂十年事略》，《张謇全集》第三卷，江苏古籍出版社 1994 年版，第 209 页。

中国高利贷资本市场条件下的派生物"①，因各企业具体情况不同，在分配股息时，会有不同施行方案。裕华纱厂也是使用官利制募集资本，但在发放股息时，则坚持与企业的经营状况挂钩，如果企业没有盈利，就少发或者不发股息。据1934年7月20日的裕华公司董事会记录："今年营业不景气，自2月起，每月亏折数万（元），……本公司总计蚀本约15万元之谱，应提存单息金已经提取，剩余官息因尚有刷账如华兴里，华安轮船除净，只有几万元，经与荣老（徐荣廷）、松翁（张松樵）商酌，拟将债息（即存单息）照发，官息除刷账外，剩余之数，即拨入折旧项下，以固厂基"。② 由此不难看出，1934年由于裕华公司有所亏损，所以将官息存入公司旧账下，以此来壮大公司实力。同一时期武汉其他棉纺织企业在经营时则死守官利分配制度，一味照顾股东的利益，宁可借债也要发放股息，与之相比，裕华公司就务实得多，懂得在经营时有所为有所不为，善于处理积累和消费之间的关系。

震寰纱厂没有摆脱这一制度束缚，规定官利年息一分，并且不管企业每年盈利与否，一概执行，据震寰纺织有限公司第七届报告书记载，"……因工资继续加大，生产减少，营业仍无起色，加以两次工潮，无形之损耗与有形之借款约计银20万两，而各项捐款借款为数又甚巨，总计损失15万两以上。本届股息原不能发，而股东血本攸关又不能不兼筹并顾，爰为挹彼注此之计，勉将本届股息全发并补发第四届股息半数以副股东缺望……"③ 不从企业经营状况出发，只顾满足股东暂时利益盲目分配股息的做法，只能加速掏空震寰纱厂原本就不宽裕的资产。

二 自有资本的积累

裕华纱厂创立时恰逢北洋军阀混战，国内局势动荡不已。处在纷繁复杂的环境下，企业尤其注重自有资本的积累，以此来抵御随时出现的各种天灾人祸。裕华纱厂在发展过程中除了不断吸纳资金外，并且采取了以夯实企业自有资本为目标的"肥底子"方法，尤其注重自有资本的积累，"如公积金每年均按公司章程提足，一般多赚还要多提若干。计算成本

---

① 朱荫贵：《中国近代股份制企业研究》，上海财经大学出版社2008年版，第111页。

② 《裕华董监常会》，1934年7月20日，武汉市档案馆藏，资料号：裕华档案109-1-312。

③ 《震寰纺织股份有限公司第七届报告书》，1930年2月，武汉市档案馆藏，资料号：震寰档案114-1-94。

时，提高花价；计算库存时，则降低花价，以减少账面利润"。①

自有资本包含股本、公积金、保险和各种准备，裕华纱厂努力增加企业自有资本，尤其注重对保险金的提存和折旧的补充。由于企业的厂房、机器设备、货栈等不变资本成本极高，为了长远发展和应对可能出现的风险及损害，西方发达工业国家和上海等国内沿海地区的大型企业早已形成投保的习惯。对此，裕华纱厂亦深有体会，但是，因为"保额过大，保费匪轻。兹值生意艰难之会，每年出此巨款，殊觉难舍。故自开办以来，除最危险之处酌保小数外，其厂房、机器、货栈均未照保"。② 由于受制于财力的不足，裕华纱厂只能每月从营业盈余中提存小额资金作为自保，但是数量有限，倘若企业遭遇风险，只能是杯水车薪、无济于事。20世纪20年代的中国政治风云变化无常，时局异常动荡，自然灾害层出不穷。鉴于随时可能到来的危机，1926年9月28日，董事长苏汰余在裕华公司股东会上提出加大企业的保险额度，"拟于按月再提5000两，作为保险基金，积之既久，数目自巨，设遇火灾患，即以此款作赔，如能永久安全，保款仍属股东。"③ 如此一来，裕华公司抵御风险的能力大大增加，企业发展更有保障。

折旧基金是用来补偿固定资本磨损的基金，属于积累基金的一部分，它对企业的发展起到至关重要的作用。因为"固定资本中相当大的一部分，由于它们的性质，不可能一部分一部分地进行再生产。此外，在再生产一部分一部分地进行，使已经损坏的部分在较短时间内换新的地方，在这种补偿能够实行之前，必须根据生产部门的特殊性质，事先积累一笔或大或小的货币。"④ 纺织机器的寿命一般是20—30年，对固定资产的折旧影响到企业的扩大再生产和长远发展。在对待折旧问题上，裕华纱厂认为，"如果折旧过少，则公司根底不厚，将来机器朽坏，不无危险"。⑤ 由于裕华公司债的发行，"每月盈余项下提存（公司债）基金2万两"，导

---

① 黄师让：《裕大华企业四十年》，中国人民政治协商会议全国委员会文史资料研究委员会编：《文史资料选辑》第四十四辑，文史资料出版社1964年版，第22页。

② 《裕华纺织股份有限公司第六次股东会记事录》，1926年9月28日，武汉市档案馆藏，资料号：裕华档案109–1–310。

③ 同上。

④ 马克思：《资本论》第二卷，人民出版社2004年版，第202页。

⑤ 《裕华纺织股份有限公司第六次股东会记事录》，1926年9月28日，武汉市档案馆藏，资料号：裕华档案109–1–310。

致由于分配的盈余减少，进而影响到用于折旧的基金。为了保障企业的折旧费用，裕华公司董事会"拟于原有折旧之外，每月再提银 5000 两，拨入折旧户内。按月生息，以保公司根本。"① 折旧基金的提存，反映出裕华纱厂发展具有战略眼光，不但使企业资金运转更为稳定，对加速企业的扩大再生产也是效果显著。

　　没有发给股东的利息，裕华公司也不是存起来留作私用，而是用于公司长远建设。1935 年 7 月 20 日，苏汰余在裕华公司董事会上报告："以一年（1934 年 7 月至 1935 年 6 月）总结，除存单息洋 18 万元已提存外，官息结余只剩 8 万余元。除应将一年中添置零件洋 2 万余元支销外，下余结存 6 万余元，拟移作重筑高墙，以为防水之用，此为本厂安全起见，尚望各董事一致赞成也。所有结余官息，既已定有用途，官息自属无款发放。"② 由此可知，该年所以未给股东发放官息，皆因为这笔款项用于公司的防洪建设。武汉久为长江水患困扰，1931 年百年不遇的大水更是使棉纺织业损失惨重，裕华公司从长远发展考虑，加固厂房的防洪建设而动用股东应得的官息，自然也能得到他们的理解，毕竟股东的利益是和纱厂的发展休戚相关的。除严格控制股息的发放外，裕华纱厂把开设在各地分庄的盈余也不列入分配的范畴，例如当时设在重庆的分庄在 20 世纪 30 年代初期获利颇丰，但裕华公司却没有把这些盈余分给股东，"因为本公司有不少刷账及生财汽轮之应行刷出者"③，这样裕华公司又多了一笔可以积累的收益。

　　由于采取上述积累资金办法，裕华公司资金较为充裕，裕华纱厂资金积累数字有多少，学界从不同的角度对其进行了考察。刘佛丁先生认为，"从 1922—1937 年，裕大华共计盈利 1901 万元，而企业资本家通过自办保险公司、折旧生息以及隐藏利润、减少分配等手段尽量扩大积累，十余年间企业积累达 332 万元，占盈利总额的 17.4%"。④ 裕大华纺织资本集团史料编辑组根据裕华公司历年《营业报告书》数字，统计出裕华公司

　　① 《裕华纺织股份有限公司第六次股东会记事录》，1926 年 9 月 28 日，武汉市档案馆藏，资料号：裕华档案 109 - 1 -310。

　　② 《裕华董监常会》，1934 年 7 月 20 日，武汉市档案馆藏，资料号：裕华档案 109 - 1 - 312。

　　③ 《裕华董监常会》，1933 年 7 月 20 日，武汉市档案馆藏，资料号：裕华档案 109 - 1 - 309。

　　④ 刘佛丁：《试论我国民族资本企业的资本积累问题》，《南开学报》1982 年第 2 期。

从 1922 年创建到 1936 年共积累资本 213 万余元（见表 1 - 14），数据明显小于刘佛丁先生的 332 万元。其中原因包括《裕大华纺织资本集团史料》编辑组所得出的数字并没有把 1928 年裕华公司发行公司债时从公积和保险中抽走的 514897 元，以及所统计的年份截至 1936 年，比刘佛丁先生的 1937 年少了一年。

表 1 - 14　　　　　1922—1936 年裕华公司资本积累速度统计　　　　单位：元

年份	积累额	平均每年积累额
1922—1930	385847	42872
1931—1936	1751911	291985
合　计	2137758	142517

资料来源：《裕大华纺织资本集团史料》编辑组：《裕大华纺织资本集团史料》，湖北人民出版社 1984 年版，第 248 页，有改动。

编者注：①根据《营业报告书》整理。②原资料金额单位，1932 年为银两，按 0.7 元折成元。③积累包括公积、保险准备金和他们的利息。其中保险金到 1936 年全部合并公积。④1928 年裕华公司发行公司债时，从公积保险中抽走 514897 元，转作“公司债基金”。

裕华公司的自有资本包括股本、历年积累的公积金、折旧、保险基金、刷账准备以及设在其他地方的分庄盈余和盈余滚存。1931 年开始，公司自有资本呈递进式增长（见表 1 - 15）。以 1934 年为标志，在此之前的股本处于一个水平线，而从此年开始，股本有了小幅度的提升，并连续三年保持不变。准备金和其他的资金增长水平也相对有限，真正大幅度增长的是公司的积累，从 1931 年的 39 万余元增长到 1936 年的近 187 万元，增加了近 4 倍。公司积累资金的递进式增长保证了自有资本增长速度，反映了裕华公司稳健的经营风格，进而决定其资金准备较为充裕，为其技术的改造，机器的引进，以及员工福利的改善都打下了良好的基础。

不论提存保险金，还是增加折旧，裕华公司的出发点都是增加企业自有资本，通过加大企业积累力度，以稳固企业根基，从而得以更快更好地发展。

表 1 –15 　　　1931—1936 年裕华公司自有资本组成与增长速度统计

单位：元

项目	1931 年	1932 年	1933 年	1934 年	1935 年	1936 年
自有资本（元）	2953571	3216774	3454604	4460637	4785212	5137758
其中：股本	2228571	2228571	2228571	3000000	3000000	3000000
积累	393014	478560	668379	779347	872869	1869409
准备	312986	376819	485886	599649	798827	268349
其他	—	132124	71768	86641	113516	—
增长指数	100	108.91	116.96	151.02	162.01	173.95

编者注：①根据裕华纱厂资产负债表整理。②原资料 1932 年前金额单位为银两，按 0.7 比例折成元。③"准备"内包括自备保险和刷账准备。④"其他"内包括分庄盈余和盈余滚存。

资料来源：《裕大华纺织资本集团史料》编辑组：《裕大华纺织资本集团史料》，湖北人民出版社 1984 年版，第 247 页，有改动。

三　积累与扩大再生产

从裕华纱厂较为成功的经营模式可以看出，企业通过扩大积累从而逐步提高自身实力，实现规模化经营，可以提高市场占有率和竞争力，并进而带来更多的经济效益。从资金积累到扩大规模需要一个过程，工厂扩充时机的选择也要经过科学的计划和论证。所以扩大规模的发展模式并不是适用于所用企业，第一纱厂和震寰纱厂因不切实际扩大规模而进一步滑向衰退的深渊。

第一纱厂在开工最初两年内的盈利刺激了其进一步发展的欲望。很多股东都是武汉本地商人，对利润的不断追逐促使他们想进一步扩大工厂的规模。1922 年第一纱厂召开股东大会，"一面收足股本银币三百万元，一面将一九一九至一九二二年所获得的纯益红利计银币一百二十万元全部扩充股本"。[①] 利用这笔资金，第一纱厂在原有北厂的基础上，建成了南厂。工厂的扩大，需要更多的机器设备与之相配套，第一纱厂已无能力筹措到更多的资金，就以其全部固定资产做抵押，向安利英洋行贷款约白银 200 万两，并且再次委托该行代为订购纱锭等机器设备。[②]

第一纱厂的这次扩充行为，为其日后一连串危机埋下了隐患。首先，

① 《汉口第一纱厂历史概况》，武汉市档案馆藏，资料号：第一纱厂档案 62 – 1 – 115。

② 程子菊：《回忆解放前的武昌第一纱厂》，《湖北文史》2007 年第 1 期。

第一纱厂只看到了眼前工厂盈利的暂时现象,却忽视了当时国内外市场形势正在发生变化,南厂开工后,就遇到了严峻的形势,"国内纱布市场的有利形势,已在逐步地逆转。这时各资本主义国家,经过了战后数年的工业改组,商品生产扩大,互相竞争夺取国际市场","这时的第一纱厂,虽然是武汉唯一的大厂,因为产品滞销,价值跌落,资金不够周转,经济危机就一天一天地加深了"。① 第一纱厂的这次扩充不但没有产生预期盈利,反而背上了巨大的财务包袱。其次,由于中国机械工业的落后,工厂扩充后所需要的机器设备仍需要向西方国家购买。购买方式主要有两种,一是直接与外国厂商订购;二是委托在华洋行订购。② 直接与国外厂家联系虽然可以避免洋行的欺诈和其他的剥削,但这种方式对于刚刚在国内工业舞台崭露头角,并且处于内地的武汉第一纱厂是不现实的,这样就只能委托在华洋行代理的形式。问题的关键在于安利英洋行在之前就曾欺诈过第一纱厂,第一纱厂在购买南厂机器设备时为什么仍然要有求于安利英合作呢?这是因为安利英洋行在20世纪20年代基本垄断了武汉地区机器进口业务,甚至汉阳兵工厂这样的官办大型企业都要依靠安利英为自己代理所需机器,同时期的民营企业在机器引进方面毫无任何经验,除此一家外,短时期内尚无更好的选择。第一纱厂南厂机器的订购,又一次受到安利英洋行的盘剥。英商知道第一纱厂不熟悉机器性能的,就偷梁换柱把美国制造的萨克洛威尔牌布机冒充为英国产布机运到工厂。这批美国造布机质量很差,完全不能用于生产。第一纱厂发现问题后随即向英商交涉。英商却百般狡辩,说工厂未按规定时间反映机器问题,他们不能解决,第一纱厂花费巨资购买的这批布机如废铁一般搁置在工厂仓库里,"结果既增加了工厂的保管费用,又积压了工厂的资金"。③ 第一纱厂建设南厂之初,资金就不甚充裕,但由于被最初几年盈利刺激,以为棉纱的平均利润可以一直保持在稳定的水平,幻想依靠未来的盈利来偿还修建厂房和购买机器的欠款,未曾料想扩建后的南厂,不仅未给工厂带来更多经济效益,反而逐年亏损,"在1921年起的三年内,累计亏损超过1000万元"。④

　　因为盲目扩充而导致负债累累、资金供给不足的还有震寰纱厂。震寰

---

① 《汉口第一纱厂历史概况》,武汉市档案馆藏,资料号:第一纱厂档案62-1-115。
② 王玉英:《中国近代棉纺织业的技术引进与企业发展》,《厦门科技》2003年第6期。
③ 程子菊:《回忆解放前的武昌第一纱厂》,《湖北文史》2007年第1期。
④ 同上。

纱厂在筹建中就预算不足,从那时起,就打开了"借债"这个潘多拉魔盒。原本就先天不足的震寰纱厂在开工之初又遭遇到了棉纱布市场的萧条,企业规模较小,生产成本在同行业中居高不下,生存状况不容乐观。为了在市场上具有竞争力,震寰纱厂"决计增股,增设布厂,并借债扩充纱厂,企图通过扩充设备,增加生产,降低成本以求生存"①(见表1-16)。

表 1-16　　　　　　　　1923—1926 年震寰纱厂扩充情况

年份	扩充设备	资金来源
1923	增加纱锭 4000 枚	借债
1925	增加纱锭 1600 枚	借债
1926	增加布机 250 台	借债

资料来源:《震寰纺织股份有限公司历史资料》,武汉市档案馆藏,资料号:申四档案 114 - 1 -175。

震寰纱厂的此次增资扩充行为,非但没有走上良性发展路子,反而导致债台高筑,尤其是布厂更是增加了公司的亏损额,"至 1926 年,纱布两厂财产约值银两 190 万两以上,而股本银仅 122 万两,可见固定资本已负巨债,每年所需息金 8 万余量,再加上流通资本每年负债之息金约计银18.5 万余两"。②

四　棉纺织业发展中的"武汉模式"

通过对裕华纱厂、申新四厂、震寰纱厂、第一纱厂这四家纱厂的具体分析可知,但凡资金较为宽裕的企业,都善于处理商业资本和工业资本的关系,比较重视企业的资金积累环节,在公积、保险的提存方面做得相对完善,并且能正确把握企业积累和消费之间的关系,审时度势,既满足了企业的消费需要,又能在最大限度上为企业的长远发展夯实基础。而资金入不敷出的企业在这些方面就相形见绌,尤其在借债问题上的失误,更是让企业从一开始就陷入了一个巨大的"黑洞"中。企业发展离不开资金的支持,对于创建于 1920 年左右的四家纱厂的融资而言,要么依靠自身

---

① 刘寿生、刘梅生:《震寰纱厂遭受帝国主义掠夺记》,中国人民政治协商会议全国委员会文史资料研究委员会编:《文史资料选辑》第四十四辑,文史资料出版社 1964 年版,第 77—78 页。

② 《震寰纺织股份有限公司历史资料》,武汉市档案馆藏,资料号:震寰档案 114 - 1 -75。

的稳扎稳打，步步为营式的滚动积累，逐步筹集资金；要么负债经营，抓住机遇，在短时间内取得飞跃。这两种方式都各有利弊，第一种稳定的融资方式适合裕华公司这样的大型纱厂，虽步伐稍慢但每一步都走得较稳。第二种具有风险性的融资方式则适合起步较晚、实力较弱的中小企业。在起点就落后的企业如果依然按部就班地走常规的道路筹措资金缓慢发展，虽风险很小，但企业很难做大做强。问题不在于企业选择哪种融资方式，而是在执行时是否在人才、技术、管理、营销等环节为资金的流动培育出一系列配套的机制，否则，即使像第一纱厂那样建厂规模在武汉最大的企业，依然落得工厂被接管的悲惨下场。

本书绪论部分曾就学术界有关"汉口模式"的观点提出了一些看法，结合本章分析可以看出，如果单就汉口一隅在清末时的繁荣而言，"汉口模式"大体符合情况。若把考察的范围扩大到整个武汉地区，时间顺延到民国时期，则发现汉口繁荣的商业非但没有加速城市的近代化进程，反而在无形中为工业资本的流动设置了很多人为的障碍。在第一次世界大战时期国内整个民族工业发展的大背景下，如果依然坚持依托商业的刺激来推动武汉近代化进程的话，无疑是刻舟求剑。基于此，笔者认为，实现武汉近代化的最大问题在于如何把商业资本向工业资本转化，而若要实现此种转化，在武汉地区大力发展棉纺织业是最有效的途径。靠近原料产地和产品消费市场的武汉地区在发展棉纺织业发面较之于沿海地区具有先天的地理优势，便利的交通条件更是内地其他城市所不能比的，同时作为华中地区最大的商业中心，武汉地区商业资本也较为雄厚。但是，上述种种优势条件并不是武汉当地每家纱厂都能利用，通过对四大纱厂资金运行状况分析可以看出，在这方面做得最好的是裕华纱厂，其在经营中把握住了武汉在发展棉纺织业中的区位优势，所取得的成功是具有典型性的。它一方面脱胎于传统的商号，创始人徐荣廷也是旧式商人，创始的股东中来自本地棉纱商号的也为数不少，创业之初商业资本是做出了很大贡献的；另一方面在具体经营过程中利用商业资本而不依赖商业资本，并合理处理了商业资本和工业资本的关系，尽量摆脱传统商业经营模式的束缚，从而得到更大的发展，由此推之，这条道路也应该是民国时期整个武汉棉纺织业发展的主要模式，但遗憾的是，这种"以商促工"的发展模式在近代武汉地区并没有大规模出现，除去传统商业的消极影响外，武汉当地政府对此缺少规划和工业发展配套设施的建设不足是主要原因，仅以银行资本对工业资本的扶助来看，即便是裕华公司这样经营业绩不错的纱厂都很难从银行中取得贷款，更不用说其他中小纱厂了。由于政府在武汉近代化进程中的不作为，棉纺织业发展大多依靠民间商业资本，导致各家纱厂股东来源非常广泛，参股投资的门槛相对较低。另外，由于缺少政府层面的更多支持，武汉本地的商人群体在投资工业时普遍缺乏安全感，他们一般都不只投资一家企业，希望以这种方式实现经营过程中的旱涝保收、东方不亮西方亮。以曾任汉口总商会会长的周星棠为例，"他的基本企业除钱庄外，在抗日战争前还投资于工矿企业，如石家庄大兴纱厂董事长、汉口第一纺织公司董事长、庆华颜料厂董事长，及豫丰纱厂、中兴煤矿公司董事"。[①] "武汉模式" 不单在资金运行上有鲜明的特点，在技术、管理和市场领域，都有别于 "汉口模式" 和其他城市的发展套路。

第四节　小结

传统的商业资本在20世纪20年代初期曾大规模流入武汉棉纺织业，虽然在资金集聚方面为棉纺织业发展做出了一定贡献，但其投机性和不稳定性成为武汉棉纺织业发展的羁绊。传统商业资本经营工业的盲目和随意、债务问题上的不当处理、积累和消费关系的不平衡使得资金问题成为制约武汉棉纺织业发展的关键问题。

在资金筹集和运转方面，近代中国在发展民营工业时，"资本的一般形态是商人资本而不是产业资本，是商业支配着产业，不是产业支配着商业"。[②] 在商业繁盛的武汉地区，商业资本占了一个很高的比例，商业资本的产业资本化的情况尤其突出。在这些新旧转型中的商人眼里，投资纱厂不过是投资商业的另外一种形式，凭借着官息制度，也可以坐享其成，手里的股票与其是说代表企业所有权的凭证，倒不如说是股东手里的收益稳定的有价债券。所以，民国时期纺织工业界重商轻工的经营作风在武汉各家纱厂表现尤甚，大部分纱厂醉心于工业生产原料和产品的投机，而对改进生产技术、提高企业管理水平和市场调研缺乏足够认识。

---

① 陈真、姚洛合编：《中国近代工业史资料》第一辑，生活·读书·新知三联书店1957年版，第446页。

② 严中平：《中国棉纺织史稿》，科学出版社1955年版，第157页。

　　缺乏现代企业家精神的商人往往是为了早日取得盈利，不等股本收齐就仓促开工，在没有经过周密规划计算情况下，用来购买机器、营造厂房的固定资本就已经超过股本总额，至于流动资本，就只能靠借债度日了。同样是借债，裕华纱厂通过发行公司债和吸收企业内部存款的内部负债模式既避免了外部力量对企业的控制，同时还能充分挖掘企业内部的资金潜力，调动企业上至领导阶层下至普通员工的积极性。申新四厂受益于粉纱联营的模式以及和上海总公司及沿海金融资本的密切联系，在自身发展屡屡受挫的环境下，依靠外部资金的输入仍然获得了一定的发展，体现了金融资本和工业资本、沿海资本和内地资本之间的互动关系。第一纱厂、震寰纱厂的资金运行则体现了外国资本和银行资本对民营工业的控制，债权方沙逊公司与安利洋行在对第一纱厂放款过程中，不但取得了高额利息收入，还利用厂基押款的借贷方式，逐步取得对企业的控制权。

　　受商业经营模式的影响，一向资本不甚宽裕的国内民族纱厂在企业的资金积累和消费问题上总是出现各种偏差，当时国内多数纱厂"开厂后若是赚了钱，不是分了，就是尽量增加锭子，全不注意基础的稳固与设备的完全"。① 无论是一味地满足股东消费需要的分配，还是不考虑企业自身实力的盲目扩大再生产，这两种做法都反映出国内纱厂对积累的不重视，以至于在运营过程中，经常出现资金周转困难的情况。在盈余分配方面，武汉各纱厂采取了不同的做法，裕华纱厂采取稳健的措施，注重企业内部折旧、保险等基金的积累，严格控制企业的分配。其他几家纱厂则消费过多、积累不够，所不同的是申新四厂主要是把盈余用在了购买机器设备方面，而第一纱厂和震寰纱厂则更关注盈余是以何种方式分配到各股东手里。对待盈余的不同分配方式，反映出武汉各纱厂经营理念的差异，裕华纱厂在资金使用问题上摸索出来的一整套做法，为构建武汉棉纺织业发展中的"武汉模式"奠定了基础，并且对技术引进、管理体制的演进和市场的开拓等方面也产生了深远的影响。

---

　　① 陈真、姚洛合编：《中国近代工业史资料》第四辑，生活·读书·新知三联书店1957年版，第294页。

第二章　技术引进及成效

民国时期武汉棉纺织业发展过程也是现代科学技术不断被引入、内化和吸收的过程。作为科学技术物质载体，工业生产环节使用机器设备的引进和内化程度是衡量技术进步的一个重要指标。武汉棉纺织业技术的发展呈现出二元化趋势，部分纱厂的科技含量不断提升、生产工具机械化程度逐步加深、生产工艺日趋改进、生产流程慢慢合理化、技术结构发展也更加平衡，但大部分纱厂受制于资金困难、环境恶劣等其他因素，在技术进步方面成效不太显著，即使在某些方面引入了先进的技术和设备，但也没能发挥出预期的效果。如何引入适合自身发展的先进技术并使其和棉纺织业发展的具体实际相适应，是武汉工业资本家、地方政府和先进知识分子不断思考的问题，而先进的科学技术对工业增产速度的贡献率如何是本章重点探讨的问题。

第一节　技术引进方式

按照技术差距理论，"已经完成技术创新的国家，不仅取得了技术上的优势，而且凭借其技术上的优势而在一定时期内，在某种产品的生产上取得了垄断地位，从而形成了与未进行技术创新的其他国家的技术差距，并且导致了该技术产品的国际贸易"。[1] 在具体技术产品的贸易方面，由于"技术引进的实体是机器设备的引进"[2]，加之当时中国机械制造业极度落后，所以生产过程所需要的机器设备是最先被提到引进议程的。

技术引进的主体可以是政府、企业或者科研机构，但在 1915—1938

---

① 汪星明：《技术引进：理论·战略·机制》，中国人民大学出版社 1999 年版，第 39 页。
② 王玉英：《中国近代棉纺织业的技术引进与企业发展》，《厦门科技》2003 年第 6 期。

年这段时期内，由于国内政治形势动荡、政局更迭频繁，政府在技术引进方面往往只停留在制定法规政策层面，科研机构由于自身基础的薄弱也无力承担这一重任。所以武汉地区棉纺织业技术引进的任务更多的时候是由裕华纱厂、申新四厂等大型棉纺织企业来承担，并主要通过以下几个方式来完成技术的引进。

一　在华洋行代理

武汉棉纺业大部分工业资本由商业资本转化而来，工业资本家往往还兼有商人、买办等多种身份，他们对工业技术领域了解有限，在选择和引进技术设备方面毫无任何经验，所以必须通过中间人才能完成引进工作。从地理位置上看，武汉地处内地，开埠较晚，与外国企业公司直接打交道的时间还不是很长，在对外交往和信息传递方面不如沿海地区那样便利，所以主要通过在华洋行来了解国外先进的机器设备并与其生产厂家联系，才得以完成技术选择。

第一纱厂和震寰纱厂都是委托安利英洋行订购，前文已有论述，它们并没有选择到合适、可靠的洋行。从中也可以看出委托洋行代理存在着很大的风险，尤其当购买方缺乏工业机械知识、不熟悉国际行情时，是容易受各种制度层面或非制度层面的损害。所谓制度层面的损害，即指代理洋行利用中方对国际交易的不了解，抓住合同的漏洞对其进行欺诈，并且整个行为依然符合合同内容和法律的规定，例如安利英洋行利用合同期内汇率的变动从震寰纱厂牟取了暴利。而非制度的损害则表现为类似于安利英洋行那样明目张胆地违背职业操守去损害买方利益，将第一纱厂订购的机器设备转卖给其他厂家。武汉本土工业资本家对安利英洋行的依赖，使其由原来中介的角色，俨然变成了凌驾于各技术引进企业的指挥者。安利英利用各种机会，派人对有困难的企业直接指挥，并完全垄断了其技术引进的渠道。在接管第一纱厂期间，派外国人斯推特（W. Stead）担任车间机器工程师，并完全控制了安利英的原料供给和产品销售。

安利英洋行影响之大，以至于裕华纱厂的部分机器设备也曾委托安利英洋行代为办理，1923 年，裕华纱厂纱机 3 万锭开工后，因生产需要，经理张松樵另向安利英赊购纱机一万锭。[①] 洋行为了扩大业务，多在武汉

---

① 《裕大华纺织资本家团史料》编辑组：《裕大华纺织资本集团史料》，湖北人民出版社1984 年版，第 42 页。

本地和全国有影响的工商业期刊和报纸等媒体上刊登广告，及时宣传介绍国外最先进的机器设备和生产工艺，并提供机械的样本供有意购买的厂家参考。《纺织周刊》1931 年第 1 期就刊登了诸如此类的推销棉纺织机器设备的广告，以海京洋行为例，其在此期杂志上为美国维定纺织机做推销，"敝行经理美国维定纺织机器。该厂在美国创办已百有余年，在中国售出之机器，前后共有十六万锭之多，如南通大生、青岛华新、上海丰田及大丰等纱厂，均采用维定纺机。其出数之高，品质之优，迥非他机所可同日而语"。在介绍完生产厂家的雄厚实力和在国内外的影响力后，广告上同时附有该款纺机的图片，使读者有更为直观的认识，同时对机器性能和优越性做了详尽介绍，"其特点在龙骨部分分为两段，互相上下常保平衡动作，背后不用秤锤，因此得零件减少，清理容易，调牙便利，马力节省，及烂纱减少……"①

　　在付款方式上，为了招揽客户，代理洋行一般都接受分期付款方式，使企业在资金不足情况下满足对先进技术的需求。裕华纱厂 1923 年采购的一万锭纱机，就采用了这种股款方式，"付款办法系以此赊来一万锭装齐开车后所赚盈余存积起来，按期付给安利英之机款。约两年余即已付清"。② 1930 年 10 月裕华公司董事会讨论再次扩充设备时，亦是如此，"现拟添纺纱机 1 万锭，即用本厂脚花以为原料，预计销场必好。本厂原有黑油机一部，再添 2 部以及机器各项，自可向洋行分期订购。一致决议照办"。③ 分期付款虽然可以让资金不足的纱厂以赊购方式取得机器的使用权，但是也埋下了负债经营的隐患。前文所述的几家负债较重的武汉纱厂，基本上都是从购买机器设备时就已经欠下了洋行的债务。

　　安利英洋行与武汉每家纱厂都有业务往来，申新四厂在 1933 年火灾后重建时，向安利英购发拉脱纺纱机 20000 锭、3000 千瓦发电机及锅炉全套。④ 安利英洋行为其代购的这批机器，即使同国外纱厂的技术水平相

---

　　① 《海京洋行广告》，《纺织之友》1931 年第 1 期。

　　② 《裕大华纺织资本家团史料》编辑组：《裕大华纺织资本集团史料》，湖北人民出版社 1984 年版，第 42 页。

　　③ 《裕华董监常会》，1930 年 10 月 20 日，武汉市档案馆藏，资料号：裕华档案 109 - 1 - 309。

　　④ 《申新四厂历史资料卷》，武汉市档案馆藏，资料号：申四档案 113 - 0 - 956。

比，也毫不逊色，"新添英机发来脱二万余锭，系最新式者"。① 申新四厂是上海荣家企业集团在汉口开设的分厂，其对外联系的渠道更为多样化，所以除了与安利英洋行进行机器设备进口的交易之外，更多的还是委托本厂设在上海的办事处订购纺织机等其他设备②，或者是与沿海海京洋行、利华公司、华东贸易公司等建立技术引进关系。③ 得益于技术引进渠道的多样性，申新四厂的选择面更为宽广，可以从众多推销机器的洋行中，选择自己受益最大的一家，从而在机器质量、价格和付款方式上有了更大的选择余地，"申四在创办时先向英国（通过祥兴洋行代订），订购'道白生'纱机，因英国要求加价，取消合同。又通过美商慎昌洋行改向美国订购沙可罗威尔纱机和通过日商三井洋行购买日本丰田布机、动力及其他机器设备。"④ 在纱厂发展扩充阶段，申新四厂在采购机器时，同样是把自主权掌握在自己手里，每次采购时，首先向不止一家洋行询盘，1937年在引进印花机器时，就同时向华东贸易公司和利华贸易公司发盘。在给华东贸易公司的发盘中写道，"兹因敝厂于最短期内举办印花厂，望台端将日本最近所出四色或六色之印花机器详细说明及图样寄示以便采购……"⑤，同时在给利华贸易公司的发盘中也是类似内容，"现敝厂在最短期间举办印花厂。贵公司去向估计单殊嫌略而不详。兹再请将四色及六色印花机之详细说明及图样寄示以便采购……"⑥ 通过这种方式，申新四厂可以在比较中选择性价比较高的机器设备。这几家洋行在与申新业务往来中，从培养长远贸易关系角度出发，在代购机器过程中尽量维护购买方利益，华东贸易公司在给申新四厂的信函中写道："嘱报大阪机械制作所之 Top grinding machine 价格，亦别附呈报价单，至请台核准。此机因钢铁腾贵关系较去年已稍高三成。敝公司又向大阪机械工作所（OKK）询问及其价格稍微便宜。该厂亦为一流大厂，所制机件当然照大阪制作所同

① 《申新纺织公司各厂情况调查报告》，1934 年，武汉市档案馆藏，资料号：申四档案 113 - 0 - 608。

② 《申新四厂关于委托本厂上海办事处向英国机械厂订购机器设备的合同》，申四档案 113 - 0 - 1130，武汉市档案馆藏，资料号：申四档案 113 - 0 - 608。

③ 《申新四厂与英商安利英洋行签订的合同》，武汉市档案馆藏，资料号：申四档案 113 - 0 - 1151。

④ 《申新四厂历史资料卷》，武汉市档案馆藏，资料号：申四档案 113 - 0 - 956。

⑤ 《申四致华东贸易公司函件》，1937 年 5 月 6 日，武汉市档案馆藏，资料号：申四档案 113 - 0 - 590。

⑥ 同上。

等。往昔大华厂所购者亦系 OKK 制品，据甚适宜云，故并附 OKK 之报价一份以供比较，请酌夺赐购为幸"。① 从中可以看出，华东贸易公司按照申新四厂要求，提供了大阪机械制作所出品的价格，并在此基础上，告知申新四厂此类出品价格上涨。为了申新四厂的利益着想，又特意向其推荐了性价比更高的大阪机械工作所的产品。一个合格的代理洋行不但负责机器设备的引进，对于售后服务同样要积极承担一定的责任，尤其要在机器使用方和生产方之间充当好桥梁作用，对于机器使用过程中出现的问题要及时向生产厂家反映，华东贸易公司在这一点上做得也较为完善，"前次装车之锭子经检查后缺点甚多，有四千三只不能应用，并缺少十只，深觉抱歉，并已向原制造厂严重交涉，即日由该厂换补锭子六千只，寄呈是也。至于第二批之货，亦经再三叮嘱，该厂务必格外注意……"② 这些营销中的细节，表面看受益的是购买方申新四厂，实则是"双赢"结果，代理洋行细致入微的服务，无形中拉近了同机器引进方的距离，得到他们更深的信任，为以后更大规模的合作打下了坚实的基础。

　　由于和这些贸易公司和洋行建立了长久贸易伙伴关系，申新四厂不但能及时引进到先进的机器设备，还能利用他们和国外厂家的关系，为自己出国考察学习先进技术提供方便，利华贸易公司就多次表示愿意为申新四厂赴日考察人员提供尽可能多的服务，"贵厂欲派员赴日选购机器，则到沪后敝公司可做书介绍，嘱在日职员到神户码头迎接并可充临时译员"。③ 1936 年，申新四厂厂长章剑慧就曾借助华东贸易公司在日本的关系，成功去日本对先进的技术设备和生产流程进行了详尽的考察研究，"关于参观日本纺织厂及纺织机械制造厂事，嘱为介绍，无弗效劳，参观机械制造工厂均甚容易。至于纺织厂虽有技术上关系多有严禁开放者，然敝公司自当特别设法必可通融，请阁下安心莅东"。④ 从华东贸易公司给申新四厂厂长章剑慧的信函中可以看出，正是凭借华东贸易公司在日本与各机器制

---

①　《华东贸易公司致申四函件》，1937 年 3 月 20 日，武汉市档案馆藏，资料号：申四档案 113 - 0 - 590。

②　《华东贸易公司致申四函件》，1937 年 3 月 3 日，武汉市档案馆藏，资料号：申四档案 113 - 0 - 590。

③　《利华贸易公司致申四函件》，1936 年 3 月 23 日，武汉市档案馆藏，资料号：申四档案 113 - 0 - 590。

④　《华东贸易公司致申四函件》，1936 年 6 月 30 日，武汉市档案馆藏，资料号：申四档案 113 - 0 - 590。

造厂、纺织厂的良好关系，申新四厂东渡日本考察的一批人员才能有此良机见识到一流的机器设备、学习到当时较为先进的棉纺织技术。

二　派人出国引进技术

洋行对技术引进的垄断使武汉纱厂购买的机器不但价格上远远高于国际市场平均价，质量上也难有保证，据申新四厂的张械泉回忆："申四创办时订购一批美国纱机到达汉口，开始安装时方觉美国机器厂完全投机性质，不顾国际声誉，粗制滥造"①，无形中增加了引进企业的财政负担。良莠不齐的洋行在交易过程中的欺诈等不诚信行为也让武汉一些有实力的纱厂尝试着向沿海工业企业学习，以"走出去"的方式，直接派遣人员出国考察并引进机器设备。武汉地区各大纱厂中，裕华纱厂是最早进行尝试的。1929 年，"为了提高技术，发展生产，并考虑到日本纱厂生产技术比较先进，及日厂生产之'世乐鸟'细布又为鄂厂在市场之对手等原因，遂确定选派一部分工程技术人员赴日本纱厂实习，计分两批前往"。② 经理张松樵采取循序渐进的方式，首先派人参观日本在上海和青岛的纱厂，"认为他们的清洁、机器好，生产效率高"。在有了初步认识后，先后派纱厂负责人汪文竹、许伯馨等人分批直接去日本国内纱厂参观。他们在日本的大阪、长畸、横滨、西京、名古屋、神户、东京等地参观了 3 个月，并由日本学会介绍到仙台丰旭纺织厂实习一年回国，"汪学纺纱，许学织布，均参加安装机器及一切生产活动。日厂对于清花、浆纱对外不传的两部分，汪等也实习了，浆纱机还绘成了图纸"。③ 通过近一年实践学习，裕华纱厂去日本考察的这批人员体验到先进技术带来的冲击，并在一定程度上学到了日本纱厂促进技术进步的一些方法，"如功效高、值班工人日厂比裕华纱厂少 2/3；技术好，日厂纱机平车工作平了又平，而裕华纱厂则怕平车影响产量；重视实验室工作"。④ 受此影响，回国后汪文竹等人很快就有了提升本国技术水平的迫切要求，"我们回汉后，写了两本材料向董事会报告，苏汰余叫我们改良，但研究结果，不能马上实习。因为我们的管理水平、工人技术水平、文化水平都非常低，不是一下可以提高

---

① 《申新四厂历史资料卷》，武汉市档案馆藏，资料号：申四档案 113 - 0 - 956。
② 黄师让：《裕大华企业四十年》，中国人民政治协商会议全国委员会文史资料研究委员会编：《文史资料选辑》第四十四辑，文史资料出版社 1964 年版，第 24 页。
③ 同上。
④ 同上书，第 25 页。

的，只能逐步改，不能大改。"[1]

　　除裕华纱厂外，武汉申新四厂也利用各种机会走出国门选择自己发展需要的技术。1931 年 4 月，负责人李国伟参加了总公司组织的赴日经济考察团。借助这个机会，李国伟认真学习了日本纱厂使用新设备和新技术的情况，并以此为契机，"陆续购入换梭式、换纡式自动布机 12 台，为建立自动布机车间做准备"。[2] 这次出国引进的机器设备，提升了申新四厂布厂的技术水平，1926 年开工的布厂最初只有布机 273 台，"系日本丰田厂所制"，后来又在 1929 年添购英国出产的 Whiheason 牌布机 137 台，日本布机和英国布机相比，"前者成绩较后者次之"[3]，所以对占多数的日本布机的技术提升是申新四厂一直努力的方向，李国伟出国引进的这 12 台自动布机，虽数量不多，但由于是最新式的，且属于自动化设备，在生产效率上较之以前还是提升了不少。

　　直接出国考察选择自己需要机器设备的技术引进方式虽然花费较多，但避免了中介洋行的欺诈，能选择代表先进生产力的技术产品。同时，通过走出去，能切实感受到先进工业国所带来的技术冲击以及他们工业发展速度和发展规模的震撼，回国后能更加理性和充满热情地发展属于自己的产业。但是，必须看到，囿于条件的限制，武汉地区其他工厂企业很难像裕华纱厂、申新四厂那样有如此的财力和机会直接走出国门进行技术选择和引进。

三　国外厂家推销

　　第一次世界大战后中国出现的民族工业发展的热潮也引起了国外机器生产厂家关注。他们为了更加高效地打开中国市场，采取各种手段推销自己的机器设备。广告宣传是用得最多的方法，并呈现下面特征：

　　首先是覆盖面广，国内相关的专业报纸、期刊皆是国外机器制造公司宣传各自产品和工艺技术的平台，诸如《申报》、《大公报》、《工业》、《工业中心》、《纺织周刊》等报纸刊物上，每期都留出很多版面刊登机器设备和生产技术的广告。武汉本地创办的《湖北实业月刊》、《汉口商业

---

　　① 《裕大华纺织资本家团史料》编辑组：《裕大华纺织资本集团史料》，湖北人民出版社 1984 年版，第 76 页。

　　② 龚培卿：《李国伟和他所就经营的企业》，中国人民政治协商会议武汉市委员会文史资料研究委员会编：《武汉工商经济史料》第二辑，1984 年，第 160 页。

　　③ 《布厂机械概况》，1934 年，武汉市档案馆藏，档案号：申四档案 113 - 0 - 608。

月刊》、《经济评论》、《银行杂志》等杂志在宣传技术设备方面也是不遗余力。使用广告宣传的厂家来源广泛，其中占主体的是纺织机器制造业较为发达的英国、美国、德国、瑞士和日本等国的机器制造厂。世界著名纺织机器品牌的广告在期刊上比比皆是，如英国的勃拉特、好华德、爱萨礼斯、道白生、赫直林登、脱韦特、卜落克司，美国的维定、沙克洛、文素。宣传的机器设备也样式繁多，纺纱机、织布机、印花机、清花机、马达、发电机等设备，应有尽有。广告里很多产品都是当时纺织界的最新发明，如较为先进的大牵伸细纱机。大牵伸属于细纱机一种，它的发展经历了一个漫长过程。最初西方国家的纱厂用机器纺纱时，一般都要经过很多次粗纱过程，人们就想使用多倍的牵伸来减少粗纱工程，但牵伸次数过多时，所纺的棉纱往往条干不均。这个纺纱技术的难题在 20 世纪初被西班牙棉纺专家攻克，"今数年来，始于细纱机用大牵伸之配置，经多种之试验研究，始克成功，适合实用"。大牵伸细纱机在纱厂中的应用，可以带来很多益处，"粗纱机固可减少，而对于厂房之建筑，地基之购置动力之设备，工作之人数，下脚花之产生，与夫物料之消耗，均可因之减省。厂方不动资产亦可减轻。至若生产费用，为之减少，更觉可观也"。① 这种先进的纺纱技术，借助于广告，很快为国内棉纱业熟知。

其次是持续时间长，国外机器制造厂在刊物上的广告一般都会延续很长时间。瑞士立达纺纱机厂生产的大牵伸，在国内纺织界赫赫有名的《纺织周刊》上进行广告宣传，从 1932 年第 19 期一直持续到本年的第 49 期，每期都是在刊物封面目录下面最醒目的位置，以图文并茂的方式，向读者介绍自己的产品，广告语只一句"大牵伸之鼻祖"②，就已经显示出其实力的雄厚和历史的悠久。

最后是形式多样，不但有在公共媒介上的宣传造势，为了提高营销的效率，使宣传工作更有针对性，国外厂家往往把机器广告送到各家工厂，并且注重宣传策略，以当时在世界机器制造领域著名的拔柏葛公司为例，这是家生产锅炉、加热器以及锅炉房相关设备的大型英国工厂，在向武汉各纱厂推销自己产品时，不是简单地吹嘘夸耀自己技术水平的高超和设备的先进，而是采取迂回战术，从生产环节技术层面的问题讲起，"近年以

---

① 张昂干：《大牵伸细纱机之管见》，《纺织之友》1931 年第 1 期，第 136 页。
② 《立达大牵伸广告》，《纺织周刊》1932 年第 19 期。

来，中国实业日渐发达，而各项实业竞争亦由弱而强几步欧美工厂之后尘
矣，故能否改轻成本即为实业成败之关键。而成本中之最大部分即原料、
人工及煤三项，而三者之中尤以煤为最易浪费之品，每为各厂所忽视，故
同是一厂用煤吨数可相差至1/4，可不慎哉"。① 这种广告营销艺术抓住了
买方心理，使其自然想到自己工厂是否存在上述问题，然后就有兴趣关注
广告后面的内容。广告里面自然少不了对本公司的介绍，内容无非是显示
自己雄厚的科技实力、产品优良的性能和极高的市场占有率，"敝公司在
英国成立五十余年以来，专制拔柏葛水管锅炉、蒸汽加热器、自动加煤机
及一切锅炉房内附属用品，对于用煤问题深加研究，是以全球上凡办实业
者莫不采用拔柏葛水管锅炉。其特点乃在能烧他项锅炉所不能烧之廉价次
等煤屑，且有特别炉以烧各种烟煤屑，或白煤屑，或竹头木屑，或壳糠麸
皮及一切能烧之料，化无用为有用，成本因而减轻，并有蒸汽加热器以增
热度、自动加煤机以代人力、化净炉水器以消除水中硬质、抽风机以增
高、烟囱抽力等附属用品。是以十余年以来在中国各厂已装用水管锅炉有
一千余具之多"。售后服务周到，"敝公司内常有工程专家对于各项工程
烧煤、生汽问题素有研究，如承垂询，定当详细规划……"②

　　对于比较熟悉的企业，国外机器公司通过派出技术人员去买方工厂考
察，经过调查分析，为其量身定做适合买方所需的机器设备和生产工艺。
裕华纱厂就使用过这种模式，"今年机器日新月异，本厂如不改造，不免
落伍。今初步更改大牵伸。近日本利华机器公司派工程师至本厂考察月
余，拟出三种计划……"③ 所以，一般来说，一旦纱厂选择了某个机器生
产厂家引进了他们的技术设备，以后机器运转过程中出现的任何问题都必
须由生产厂家解决，这无形中加强了国内纱厂对外国厂家的技术依赖。

　　20 世纪 20 年代由于中国国内市场数量猛增，导致机器需求数量激
增。国内重工业的落后造成此市场空白完全沦为外国机器公司角逐之地。
1929 年世界危机的影响以及国外棉纺织业的饱和，使得更多的机器公司
把目光瞄准了中国棉纺织机器市场。处于买方市场的中国各纱厂，自然有
了更多的选择，为此国外各机器公司彼此间互相竞争，通过各种手段，来

---

　　① 《拔柏葛公司推销产品信函》，1934 年 2 月，武汉市档案馆藏，档案号：申四档案 113 -
0 - 1151。

　　② 同上。

　　③ 《裕华董事会》，1936 年 2 月 20 日，武汉市档案馆藏，档案号：裕华档案 109 - 1 - 312。

推销自己的产品。日本的大阪机械贸易合资会社在销售机器时注意把握中国纱市的变化，从中觅得商机。1936 年，中国棉纺织业有复苏迹象，大阪机械贸易合资会社判断武汉各纱厂必然会增大投资提高产量，购买机器是断不可少的，于是马上致函申新四厂推销自己库存的英国制造的纱厂生产设备，并在信中为申新四厂算了一笔经济账，展示了订购的收益，"至少算每天可制六十包，而每包可获净利三十元，每月二十八日操车可获每月五万元之净利，按之算出每年可得六十万元之巨利。如此观来定机械迄到货已业可以收六十万元之净利，则约半年之操业可以偿还机费……"①

从上述分析可以看出，在华洋行的代理、派人出国考察引进以及国外厂家直接推销是武汉棉纺织企业技术引进先进技术和设备的主要手段。20世纪 30 年代后，随着对外交往的不断加强，沿海地区华人创办的贸易公司实力不断壮大，也开始涉足技术引进的业务。与此同时，国内民族机器生产厂家也有了一定发展，它们引入国外生产线后，有能力生产出国外某些机器设备的替代产品，在一定程度上满足了武汉不同棉纺织企业的生产需求。

第二节 技术内化

如果只是一味追求先进技术的引进而不与武汉纱厂生产过程中的实际情况相结合，非但不能提高生产效率，还会造成不必要的资金和技术浪费。所以，武汉棉纺织业必须对引入的技术进行内化和吸收，"一方面应通过社会整合，使技术与其生存的自然和社会环境相适应，使技术性格与技术风土相适应，使技术成为符合社会要求的社会角色；另一方面，通过社会调试使技术被社会所认同，被公众所接受，成为社会的相容技术"。②只有这样，才能最大限度地发挥先进技术的优势，达到技术引进的目的。武汉棉纺织业的发展背景和环境不同于沿海地区，在技术的内化和吸收上，尤其要注重所处环境的特殊性，力争实现先进技术的本土化，而不能

① 《大阪机械贸易合资会社致申四函件》，1936 年 11 月 20 日，武汉市档案馆藏，档案号：申四档案 113 - 0 - 590。

② 陈凡：《技术社会化引论：一种对技术的社会学研究》，中国人民大学出版社 1995 年版，第 5 页。

照搬沿海地区的技术内化模式。

一　引进技术与经济社会环境相适应

武汉各企业引进先进技术都是为了提高劳动生产率，降低生产成本，使产品在市场上更具竞争性。民国时期是中国社会新旧更替、加速转型时期，引进的技术不但要满足企业生产力发展需要，还必须和社会风气的变迁和法律法规政策变化相契合。

1929 年南京国民政府颁布的《工厂法》对使用童工和工人劳动时间做出了规定。在使用童工方面，"第五条，凡未满十四岁之男女，工厂不得雇用为工厂工人。十二岁以上未满十四岁男女，在本法公布前已于工厂工作者，本法实行时得由主管官署核准其年限"。"第六条，男女工人在十四岁以上未满十六岁者为童工，童工只准从事轻便工作。""第十一条，童工每日之工作时间不得超过八小时"。"第十二条，童工不得在午后七时至翌晨六时之时间内工作"。[1] 这几项关于使用童工的法律条文，使武汉棉纺织业意识到要加速工厂机械化进程，改变靠使用童工来减少生产成本、延长劳动时间、加大劳动强度的生产方式。裕华纱厂最早意识到这个问题，"况工厂法不久要实行，每班只准做八个钟头。童工、女工还绝对不准做深夜工。如不趁早设法补救，岂不缴用还要加重吗？"[2] 在具体改进措施上裕华纱厂借鉴了日本纱厂做法，"查日本工厂在工厂法未实施以前，因有长久之犹豫期间，故各工厂皆得从容准备加添纱锭布机不少，所以去年该国实行工厂法，废除深夜工，各厂出数并不减少。本厂今欲未雨绸缪，亦唯有加增机器一法。在董事会之意不加织布机，只添纺纱机二万枚，购买最新式之大牵伸。"[3] 通过增加机器，裕华纱厂机械化程度进一步提高，生产效率提高后，无须靠单纯延长劳动时间的方式来完成生产任务。新式机器大牵伸的引进和投入使用，可以减少工人尤其是童工的使用数量。在工人运动勃兴、工人日益重视保护自己合法权益的大背景下，国民政府为了缓和劳资矛盾，通过劳动立法的方式在国内营造出关注劳工问题的气氛。要做到不违背相关的法律条文，并且还能保证企业的产量，武汉各纱厂就必须加快先进技术的引进速度，提高生产效率，从而才能在不

---

① 《工厂法及施行条例》，《纺织之友》1931 年第 1 期，第 229 页。

② 《裕华股东会纪录》，1930 年 12 月 7 日，武汉市档案馆藏，档案号：裕华档案 109 - 1 - 310。

③ 同上。

增加工人劳动强度的前提下，保证企业生产规模的不断扩大。

20 世纪 30 年代，南京政府提倡的"新生活运动"，使社会风气更加开化。有条件的国民不仅仅满足于温饱水平，对潮流的追求和对时尚的渴望，刺激了部分地区对纺织品的消费需求。各地市场对布匹的需求日增，"又查近来布匹陡行，因各地提倡新生活，出路陡增，本厂所出各牌粗细布供不敷求，以目前售价，其利润亦比售纱为优，因时制宜实有添置布机必要。"于是，裕华纱厂以市场为导向，在这段时间内引进的设备以布机为主，以此来满足市场需求，"本公司现已订购自动织布机 512 台，以应需要"。① 通过布机的大量引进，裕华纱厂由过于偏重纺纱的生产套路，逐步过渡到纺纱织布一体化的多元生产模式，工厂内部的技术形式也更加多样化。

二 引进技术与纱厂发展同步

有学者认为："'石磨＋蒸汽机'技术模式的出现是近代中国特殊时代的产物。"② 这说明在技术引进时不能走单纯的"移植型"道路，要注意先进技术和自身工业基础的良好嫁接。第一纱厂和震寰纱厂在不考虑自己承受能力的情况下，盲目引进先进机器设备扩大自己的规模，技术引进和生产力提高之间并没有有机地联系在一起，结果既没有发挥先进技术的优势，也使自己财政负担加重，加速了企业的衰败。

民国时期武汉工业在科技层面的落后状态决定其生产各个环节和步骤都需要引进西方设备和工艺。由于各个企业实力大小各异，毕其功于一役型的一下子引进所有设备就超出了各自的承受力，这就要求企业根据各自的特点切实选择自己需要的技术。即便是裕华纱厂这样资金相对充裕的企业，也只是有针对性、有步骤地选择自己最需要的技术，"本厂今后应行之改进计划，除应设法抽换钢丝布以外，他如改换大牵伸以减少人工，改换高压电机以节省用煤，皆有积极办理必要。唯同时改进，需要六七（十）万元，回顾力量，实有不逮。现拟步步为营，徐徐前进，先换大牵

---

① 《裕华股东会纪录》，1937 年 6 月 6 日，武汉市档案馆藏，档案号：裕华档案 109 - 1 - 310。

② 彭南生：《传统工业的发展与中国近代工业化道路的选择》，《华中师范大学学报》（人文社会科学版）2002 年第 2 期。

伸机，今已换二三十部，此后当陆续调换"。① 这里提到的大牵伸，是"纺织机器中细纱机构造的主要部分，即将纱机的牵伸部分加重，速度加快，使棉纱拉长倍数也随之增加"。② 较之普通的细纱机，使用大牵伸细纱机生产出来的棉纱具有出数增多、拉力加强、条干光匀和纤维切断减少等优点。在大牵伸和高压电机的问题上，裕华纱厂在综合了自身经济条件后，因为大牵伸"可加纱锭 8 千枚，不加房屋，不加马力，将来生产成本可亦减轻也"③，遂决定暂时先使用大牵伸，至于高压电机问题，因为引进费用不菲，引进后虽然确实可以节省用煤，但"乃因目下搭烧柴煤尚有划算，故原动力可以缓议"。④ 大牵伸的引入在生产率方面，并没有体现出立竿见影的效果，"1934 年以前，我们就在一两部车上试改大牵伸，结果证明了可以改，但质量不好，原因是细纱罗拉不好，加之，本厂仿制的零件不合标准，曾写信给安利英洋行，他们寄来了一部大牵伸。"⑤ 出现这种现象的原因是机器设备内化问题没有解决，先进机器不加改造直接移植过来往往会出现水土不服的问题，以至于先进的技术不能被及时消化和本土化。后来，裕华纱厂托人同生产大牵伸的日本大阪机械制造厂直接联系，该厂派一名工程师直接来武汉指导安装、调试机器，这才让先进的技术发挥出了其应有的作用。

大牵伸机器有"卡式"和"立达式"两种，至于选择哪一种则要根据自己实际情况和当前需要，既要节约成本，又要顾及经济效益。"卡式"机零件较为复杂，当时国内尚没有能力对其仿制，引入此种机器就意味着以后机器出现任何问题或者零部件的缺少都不能自行解决，"一旦零件不能进口，势必影响生产"⑥，始终摆脱不了机器生产厂家的束缚。并且由于"卡式"机性能良好，所以价格不菲。由于其结构复杂，操作

---

① 《裕华股东会纪录》，1935 年 9 月 22 日，武汉市档案馆藏，档案号：裕华档案 109 - 1 - 310。

② 张东刚、李东生：《近代中国民族棉纺织工业技术进步研究》，《经济评论》2007 年第 6 期。

③ 《裕华董监常会》，1935 年 8 月 20 日，武汉市档案馆藏，档案号：裕华档案 109 - 1 - 312。

④ 同上。

⑤ 《裕大华纺织资本家团史料》编辑组：《裕大华纺织资本集团史料》，湖北人民出版社 1984 年版，第 138 页。

⑥ 黄师让：《裕大华企业四十年》，中国人民政治协商会议全国委员会文史资料研究委员会编：《文史资料选辑》第四十四辑，文史资料出版社 1964 年版，第 29 页。

起来也很麻烦，需要专门对员工进行一段时间的培训才能使用，当时全国对于"卡式"尚未广泛采用。至于"立达式"大牵伸，结构就简单得多，操作起来也非常方便，并且在保证经济效果和"卡式"机相差不大的前提下，改造费可节约半数左右。①

技术引进力度要与企业资金承受力和发展速度一致。以裕华纱厂为例，1931—1936 年，由于各种原因，企业营业状况不理想，虽计划购入新设备提高生产效率，但因为受制于资金短缺，始终未能实现。1937 年后，随着裕华纱厂营业状况的好转，企业不断发展壮大，对于技术的引进也有了新的需求，"本厂改换纺纱大牵伸，尤属刻不容缓，既可省人工，又可省物，且能腾出二三道粗纱机地位，增添纱锭万锭以资扩展。又查本厂原动力锅炉皆已陈旧，不时发生毛病，如添万枚纱锭，原动力尤难胜任，故现亦积极为新式电机及锅炉之筹划"。② 由此可见，技术引进是一个综合配套过程，营业的顺利引发了对引进大牵伸的需求，纱锭的增多要求动力设备有更高层次的提升。企业引进的技术为其带来良好收益，效益增多又刺激了对先进技术的进一步需求，技术的引进始终与企业的发展同步，使企业有能力消化和吸收引进的技术，给技术的内化提供了一个良好的外部环境，最终收益的还是企业本身。

企业在发展过程中并不总是一帆风顺，既有高速发展的黄金时期，又有连续数年停滞期和衰退期，申新四厂甚至还遭受了失火带来的灭顶之灾，"1933 年 3 月，申四失火，除栈房、公事房外，全部焚毁"。③ 重建申新四厂不但需要资金的注入，技术引进方面更是其中的关键，"扩建厂房，向安利应洋行订购泼拉脱纱机二万锭，三千千瓦发电机及锅炉全套"④，除此之外，"还将火后纱机向保险公司买回来，修配出二万锭，故火后计有四一、一三六锭"。⑤ 这个数字，远远超过了火灾之前的 29720 锭。灾后重建引入的机器设备不但数量上实现了大幅度的增长，在质量上

---

① 黄师让：《裕大华企业四十年》，中国人民政治协商会议全国委员会文史资料研究委员会编：《文史资料选辑》第四十四辑，文史资料出版社 1964 年版，第 29 页。

② 《裕华股东会纪录》，1937 年 6 月 6 日，武汉市档案馆藏，资料号：裕华档案 109 - 1 - 310。

③ 上海社会科学院经济研究所编：《荣家企业史料》上册，上海人民出版社 1980 年版，第 396 页。

④ 同上。

⑤ 同上书，第 397 页。

也较之以前实现了飞跃，"近如汉口四厂，去岁惨遭焚如，不终年而全部恢复。其机器纯为最新式之大牵伸机，不独华中无其伦，即华东亦鲜有其匹"。① 火灾之后的申新四厂机器设备损失殆尽，要想短时间恢复以前水平，必然不能走一般的发展轨迹，所以才会花大力气引进当时最先进的设备和技术，从而"死中求生"，实现了跨越式发展。

三 引进技术和生产原料相协调

以机器设备为主体的技术引进，要保证企业在生产过程中完成对生产原料最高效率的处理和加工。申新四厂在创建时订购的美国制造的萨克洛威纱机不适合对中国本土棉花的加工，"中国棉花纤维短，多尘多屑。清花机……失去除尘作用，细纱机又不宜短纤维棉花，因此纺出纱色次而多屑……终在原料方面，尽量挑选合用之棉花，并将清花机陆续掸换，纱牌方能立足"。② 说明东西方自然环境和社会环境的差异，造成西方先进机器如不加改造引进的话出现"水土不服"，最典型的就是机器和生产原料的不兼容。

以武汉地区棉纺织业使用的棉花为例，裕华纱厂主要使用的是国产棉花和印度棉花都属于短绒花，所以为适应原材料，裕华纱厂的机器罗拉间距离很短。申新四厂主要用两种棉花，"一种是土棉，统称粗绒，其纤维粗而硬，自然捻度少，但是颜色白，因为它的花朵是向下的，天雨时花的托盘不容易积水，所以不会发黄；一为洋种，统称细绒，其纤维细而软，自然捻度多，但是颜色白中带黄"。③ 武汉各纱厂为了抢占市场，过于追求纱支的颜色洁白，所以用粗绒和细绒混合拼纺。申新四厂的纺纱设备是产自美国的萨克劳威尔机，其工作性能比较适合细绒棉，处理粗细绒混合的棉花效率很低，"十六之纱每日总在一磅以下"。但是如果全部用细绒，"十六支纱产量就突然跃到一点二磅"④，总产量也相应增加，纱支强力也从七十余磅迅速增大到一百三十磅。由于粗绒和细绒的自然捻度、软硬程度等性质方面都存在很大差异，所以把它们混在一起，用专门处理细绒的

---

① 《申新第四纺织公司工务概论》，1934 年，武汉市档案馆藏，资料号：申四档案 113 - 0 - 608。

② 《申新四厂历史资料卷》，武汉市档案馆藏，资料号：申四档案 113 - 0 - 956。

③ 李国伟：《荣家经营纺织和制粉企业六十年概述》，中国人民政治协商会议全国委员会文史资料研究委员会编：《文史资料选辑》第七辑，中华书局 1960 年版，第 36 页。

④ 同上。

美国机器加工，效率低下不足为奇。在全面了解了机器的性能和产出情况后，申新四厂在原料选取方便，就全用细绒纺十六支纱，解决了机器和原材料相适应的问题。技术内化问题解决好以后，马上收到了效果，"后来申新汉口厂的棉纱极受各方欢迎，尤其是布厂用作经纱以后，增加了布的强度，又减少了废纱，因之减少了每批布的用纱量"。①

湖北棉花多为短绒，且含杂质过多，"有棉籽混杂其中，是故意散羼进去的，甚有整个用破布包一二十斤棉籽，放在棉花包中心，使买主不易发觉"。② 各厂在使用棉花时，首先要对其进行去杂。裕华纱厂引进的英国造纱机去杂设备不够，所以为了更好地发挥引进设备的效果，裕华纱厂在使用英国织机的同时，对其进行必要的改造，"同时则添置棉箱开棉机及棉箱给棉机，以利开棉，避免损伤纤维，造成棉结，对除去杂质及棉籽，也有一定好处"。③ 技术上的改进，往往能变废为宝，把看上去没什么价值或者价值不高的原材料得以重新利用。1935 年因为霜降的原因，山西棉花变成了颜色发黄的霜后花，并且含杂较多。但该棉花属于细绒棉纤维较好，如果要使用它们，必须在生产工艺上做些改进。所以裕华纱厂在生产技术上做了相应的变革，"注意速度不能太快，钢丝的距离要小一点，清花时尽量除杂，但减少打击数"。④ 经过技术处理，用霜黄花生产出的棉纺织品质量和白色棉花一样，并且成本更低。

依靠改造和添加机器设备来使技术与原材料相适应的模式在一段时间固然保障了产品质量，提高了机器效能，但从企业的长远发展看，原料质量问题不解决，会影响产品升级和更新换代。湖北棉花粗绒居多，"细绒最优者仅能纺 16 支纱，特别是相互杂交，棉种退化尤甚"。⑤ 所以，中国国内市场上 16 支纱以上的细纱市场，就被沿海纱厂和进口洋纱所瓜分，武汉各纱厂为了生产细纱，只得采购河南、陕西、河北等地的棉花，由此

①　李国伟：《荣家经营纺织和制粉企业六十年概述》，中国人民政治协商会议全国委员会文史资料研究委员会编：《文史资料选辑》第七辑，中华书局 1960 年版，第 36 页。

②　《申新四厂历史资料甲乙编》，武汉市档案馆藏，资料号：申四档案 113 - 0 - 953。

③　黄师让：《裕大华企业四十年》，中国人民政治协商会议全国委员会文史资料研究委员会编：《文史资料选辑》第四十四辑，文史资料出版社 1964 年版，第 29 页。

④　《裕大华纺织资本家团史料》编辑组：《裕大华纺织资本集团史料》，湖北人民出版社 1984 年版，第 170 页。

⑤　黄师让：《裕大华企业四十年》，中国人民政治协商会议全国委员会文史资料研究委员会编：《文史资料选辑》第四十四辑，文史资料出版社 1964 年版，第 30 页。

带来的运输费用无形中加重了生产成本。鉴于此，对湖北棉花的品种改良就提到了正式日程。1929 年，湖北建设厅长石蘅青建议，"以民办为主、官办协助的原则"，由政府出面联合各纱厂和科研机构共同商量对策研究湖北棉花品种的改良问题。于是，"由湖北纱厂联合会、武汉大学、进出口棉业工会及建设厅等单位，共同组成了湖北棉业改进委员会"。① 在企业方面，裕华公司董事长苏汰余以华商纱厂联合会湖北分会主席身份出任该会主任委员，申新四厂张槭泉任委员，负责业务。科研任务则由在当时国内闻名的武汉大学承担，先后派来杨显东和袁仲逵两位教授参加研究，负责技术的创新和提高，并设有固定的研究场所，在武昌徐家棚自设试验场。湖北棉业改进委员会的宗旨是"防止棉种退化，培育早熟良种，解决棉麦两熟的时间矛盾问题。经过几年工作，已培育出提早二十天成熟之优良棉种"。② 从中可以看出，虽然武汉各纱厂是技术引进和内化主体，本应由其承担技术升级，但由于棉纺织业的特殊性，主要原材料是农产品棉花，没有政府的出面，纱厂和农民之间很难建立起之间的联系。民国时期武汉地区整体科技水平不高，企业的专门人才更是匮乏，所以必须求助于科技人才较为集中的武汉大学等科研机构。

　　外省棉花中，除了陕西和河南的优质品种外，对于其他地方经过改良后品质优异的棉花，武汉纱厂也给予支持。河北省棉产改良会在给申新四厂的信函中写道："贵厂热心社会事业，对改良棉花品质，亦素具同情"③，从中可以看出申新四厂对棉花品质的重视程度。裕华纱厂同样对外省优秀棉种很有兴趣，20 世纪 30 年代，董事长苏汰余曾致信湖南棉业试验场，"贵场所育洋棉不知共有几种，各有产量若干……何时可以轧包运销？尚希详为示垂，并各检小样先期寄汉以资研究。"④ 武汉棉纺织业把对棉花品种的改良和技术引进结合在一起，既能充分发挥先进机器的效能，也实现了对生产原料最大限度的利用，最终可以实现生产成本的降低，为以后提高产品的市场竞争力打下了坚实的基础。

---

　　① 黄师让：《裕大华企业四十年》，中国人民政治协商会议全国委员会文史资料研究委员会编：《文史资料选辑》第四十四辑，文史资料出版社 1964 年版，第 30 页。

　　② 同上。

　　③ 《河北省棉产改良会邯郸指导区办事信函》，1937 年 9 月 5 日，武汉市档案馆藏，资料号：申四档案 113 - 0 - 170。

　　④ 《苏汰余致湖南棉业试验场函》，武汉市档案馆藏，资料号：裕华档案 109 - 1 - 49。

四 技术引进和软实力的营造

有研究者认为，技术人才是机器设备与知识信息完美结合并内化的实施者，属于技术领域内"软实力"的载体。[1] 引进的先进技术被企业消化和吸收过程中，技术部门负责人和直接操作机器设备员工的技术能力直接决定技术的科技效力和内化程度。

先进的现代设备能不能发挥作用首先和企业领导的个人技术素养密切相关。接触过先进技术并受过专业教育的企业领导者可以推进技术引进和内化，反之，则会阻碍企业技术结构升级。裕华纱厂的生产设备和生产工艺，在当时国内处于领先水平，但唯独在机器动力方面，在全国都已普遍使用马达为动力的环境下，由于总经理张松樵出生于旧式商人，未受过系统的工厂管理和科学技术教育，导致他认识有限，技术管理理念还停留在楚兴时代的蒸汽机阶段，由此带来的弊端是很多的，"以蒸汽机为动力带动天杆，再传动纱布机，在生产中不但煤耗多，震动大，而且飞轮绳子松了，车速下降，产量减低，绳子断了，在其传动之下的机器，必须全部停车，影响生产很大。这种传动方式，直延至抗战发生西迁重庆时才拆除"[2]。作为裕华纱厂的技术负责人，张松樵工作态度认真负责，但其纺织专业知识机构的落后，使得他在平时工作中仍以过去的经验为主，缺乏和周围技术人员的沟通和交流，这也直接导致裕华纱厂在技术内化方面速度稍慢，不能做到与时俱进，及时吸收和消化当时的先进技术，例如裕华纱厂细纱机 1922 年建厂开工时车速为每分钟 170—180 转，此后十余年内仍保持这个速度，直到 1936 年才略有提高（见表 2 - 1），而在此之前上海地区的罗拉转速已达到每分钟 220 转。

武汉另外一家大纱厂申新四厂在技术领导选择方面就比裕华纱厂略胜一筹。申新四厂实际负责人李国伟虽是知识分子出身，但对纺织技术和工业管理的知识却很生疏。为了加快工厂技术内化的速度，李国伟一方面刻苦钻研科学技术，"向美国万国函授学校纺织科订购整套纺织教材，由该校陆续寄来纤维、织物、纺织机械、机器传动和保全保养知识教材百数十

---

① 吴静：《试论抗战时期刘鸿生火柴企业的技术内化及其发展》，张忠民、陆兴龙、李一翔主编：《近代中国社会环境与企业发展》，上海社会科学院出版社 2008 年版，第 285 页。

② 黄师让：《裕大华企业四十年》，中国人民政治协商会议全国委员会文史资料研究委员会编：《文史资料选辑》第四十四辑，文史资料出版社 1964 年版，第 21 页。

表 2 - 1　　　　　裕华纱厂细纱机速度 1936 年与 1923 年比较

棉纱支数	前罗拉速度 R/M		备　注
	1923 年	1936 年	
10 支	—	190—210	三部大阪机械制造所新细纱机前罗拉在 1936 年 204 转/分
14 支	185—190	186—912	
16 支	170	178—186	
20 支	156—170	168—190	

资料来源：《裕大华纺织资本家团史料》编辑组：《裕大华纺织资本集团史料》湖北人民出版社 1984 年版，第 140 页。

册"[1]；另一方面，他大力提拔和重用技术人才，并在企业里建立起职工自主学习技术机制。武汉本地纺织技术人才有限，李国伟把目光盯在了机器棉纺业技术比较成熟的无锡地区，同时也是申新集团纱厂分布的重心。1923 年，李国伟从无锡引进了公益工商中学毕业生章剑慧、龚培卿两人，1924 年，引进了四川、湖南的纺织教授丁作霖、李春坡、郑家朴等七人来申新四厂工作。在纱厂厂长一职的人选上，李国伟主张专家治厂，聘请了国内著名的纺织专家肖松立担任厂长，并兼任总工程师。李国伟身先士卒，自己和后来进厂的中专生一起学习技术知识，并把理论和实践相结合，在车间停车时对照机器学习，最终掌握了纺织学的基本技术原理。长期在车间里的摸爬滚打，让李国伟在生产技术方面有很多新发现，前文述及的原棉搭配和棉纱产量之间的关系，就是他在具体下车间研究机器设备的过程中发现的。在李国伟带动下，纱厂营造了一种认真钻研技术的气氛。章剑慧是李国伟的表弟，但没有利用关系进办公室，而是选择学有所用，自愿进工厂车间，从实习生做起。为了完善自己纺织专业的知识结构，他设法进入美国万国函授学校纺织科学习，把学习、工作和新技术的实验和推广结合起来，以期提高纱厂的生产效率。章剑慧明白孤木不成林的道理，知道仅靠工厂的几个领导来推进企业的技术水平是不现实的，所以他每年都推荐无锡工商中学校友进厂工作。在担任厂长肖松立助手期间，辅佐有利，善于学习，为他在 1933 年继任厂长打下了良好基础。[2]

---

① 龚培卿：《李国伟和他所就经营的企业》，中国人民政治协商会议武汉市委员会文史资料研究委员会编：《武汉工商经济史料》第二辑，1984 年版，第 158 页。

② 陈可煜：《纺织界名人章剑慧》，《武汉文史资料》2007 年第 12 期。

民国时期武汉工人文化素质普遍不高，多是文盲和半文盲，要让他们熟练掌握引入的新技术，必须对他们进行技术培训。裕华纱厂的领导集体在最初经营楚兴公司时，由于武汉地区技术工人的缺乏，"技术工人大部分是应昌留下的，但人数不多，技术水平也很低，只能装拆和小修理"。[①]就着手对本厂招收的工人进行技术培训。公司副经理张松樵首先采取机匠带徒弟的方式来培养人才，并允许他们将自己的家属和朋友带进厂内学习。为了系统地培养更多的人才，总经理徐荣廷以张謇创办的南通纺校为样板，创办了楚兴纺织专科学校，"学生有60多人，分两班，原计划三年毕业，一年预科，两年专科"。[②]该校校长是曾在日本京都高等工艺学校系统学习过纺织技术的石凤翔，在学校开办的两年间，他为楚兴公司培养了60多名生产技术骨干。[③]楚兴学校后来因为学生闹事停办，但楚兴公司培养人才的体制却坚持了下来：

> 楚兴学校停办后，甲种工业学校也介绍了一批同学，我们都在楚兴公司布局实习。实习一年以后，徐荣廷把我们带到上海的厚生、桓生、鸿裕、统一、德大、怡和、内外棉等纱厂实习，石凤翔领导。民国9年中秋回楚兴公司。[④]

楚兴公司培养的大批技术员工和人才后来成为裕华纱厂技术内化实施者，由于受过专门的培训，他们在新理念的接受、新机器的操作、新技术的掌握方面都比其他企业的员工更容易上手。楚兴公司过渡到裕华纺织股份有限公司后，为了在竞争中立于不败之地，公司求贤若渴，广泛搜罗各种技术人才（见表2–2）。

---

① 《裕大华纺织资本家团史料》编辑组：《裕大华纺织资本集团史料》，湖北人民出版社1984年版，第15页。

② 同上。

③ 余禄章：《与蒋介石联姻的湖北著名纺织企业家石凤翔》，《武汉文史资料》1999年第2期，第23页。

④ 《裕大华纺织资本家团史料》编辑组：《裕大华纺织资本集团史料》，湖北人民出版社1984年版，第15页。

表 2 - 2　　　　　　　裕华纺织股份有限公司引进技术人员代表

姓　名	引进时间	担任职务	专业背景
雷锡璋	1933 年	保全科长	上海恒丰纺织学校
朱育芳	1934 年	工程师	—
祝士刚	1934 年	技术科长	留学日本专攻纺织

资料来源：黄师让：《裕大华企业四十年》，中国人民政治协商会议全国委员会文史资料研究委员会编：《文史资料选辑》第四十四辑，文史资料出版社 1964 年版，第 28 页。

　　除引进高级技术人员外，裕华公司为了让本厂职工接触先进生产工艺，还请来上海女工到工厂进行先进操作表演。为了吸引技术水平高的工人来厂工作，裕华公司特别注意提高工人的待遇，"比如发年赏，它总是比其他各厂高"。①

　　申新四厂在技术工人培训方面，以 1933 年的火灾为转折点，分前后两个阶段。1933 年之前，"四厂工人多鄂籍，其能力本较薄弱"。② 1933 年火灾之后的一段时期内，申新四厂技术工人极度缺乏，"本厂自经灾后，所有熟悉工友，悉数星散，或入他厂，或还乡里。此次开工，应募者寥寥；况优秀分子，早为他厂吸收，故来应募的，又多是老弱或能力低微之辈"。③ 灾前申新四厂进行技术工人培训，不免有各种阻力。灾后重建给其以重新洗牌的机会，并借此契机决定从根本上进行改革，"全部招募青年女工，积极培训"。对招募女工的培训效果颇佳，"对于各项标准工作法，都能了解，并且还有相当的能力"。④ 在对工人培训时，申新四厂还仿效申新三厂，广泛推广养成工制度。所谓养成工制度，即工厂通过考试招收年轻学员进行技术培训，并负责在培训期间食宿和其他开支，待培训完成，学员必须为工厂服务一段时间的制度。申新四厂在工厂火灾重建后，开始推行养成工制度，并有以下一些特点。

　　首先，对招收的工人进行严格筛选。养成工要满足一些基本条件，"年龄在十五岁至十八岁，天足，建发，身体健全，头脑清晰，略通文字

　　① 《震寰纺织股份有限公司历史资料》，武汉市档案馆藏，资料号：震寰档案 114 - 1 - 75。
　　② 上海社会科学院经济研究所编：《荣家企业史料》上册，上海人民出版社 1980 年版，第 336 页。
　　③ 同上书，第 570 页。
　　④ 同上书，第 571 页。

算法，而又未婚之年轻女子为合格"。① "要天足，选手指嫩而长的；对有传染病或是孕妇是拒收的"。② 符合这些条件的人员才能进入下一轮筛选，工厂通过她们填具的家庭状况介绍和志愿书，考察工人的社会背景和思想状况，同时对她们的身体状况和智力程度，也要做一番严格的检查，确保能招到较为优秀的技术工人。

其次，在养成期内对工人进行严格培训。申新四厂的养成期限为三个月，在这段时间内，"由厂供给宿食及日常用具、制服等项。第一月，每名给津贴洋一元；第二月，给两元，第三月，给三元。"此项措施保证了工人的基本生活，让他们在这段时间能安心接受培训，提高技术水平。培训采用理论结合实践的方式，最初是理论居多，学习的内容是"标准工作法、纺学、公民、国语、常识、音乐、体育等科"。随着培训的深入，逐步增加工作实习的时间，"第一月授课三小时（每日上午下午或晚间），工作九小时；第二月授课二小时，工作十小时；第三月授课一小时，工作十一小时"。③ 为了保证培训效果，督促工人认真接受培训，三个月的培训期每月都要进行理论笔试和动手能力的实践考试，如果考试不能通过必须留级。

最后，养成工为工厂技术工人的供给提供了有效机制。经过培训的工人，必须要为申新四厂服务至少一年，才可以允许退工离厂，否则除了没收进厂时交的保证金外，还要赔偿在培训期内的所有费用。④

养成工完成培训，入厂正式工作后，申新四厂对他们要求更为严格，"养成工毕业后，派入日夜班工作，自工作之日起，每两个月内强迫增加工作能力若干，不可任令偷闲懒惰。"为了防止他们懈怠，工作后的养成工依然要面临考试的巨大压力，"每半月由各部执事先于精密考查成绩一次，如有进步，须使其有提高能率增得工资之机会"。对于表现出众，技术能力较高的养成工，厂方采取重点培养的方式，"工作成绩优良，能力较高者，应予爱护，加意培植，俾引起其兴趣，而励其上进"。⑤

---

① 上海社会科学院经济研究所编：《荣家企业史料》上册，上海人民出版社 1980 年版，第 571 页。

② 同上。

③ 同上书，第 571—572 页。

④ 同上书，第 571—572 页。

⑤ 《申新四厂第十二次工务会议记录》，1935 年 10 月 5 日，武汉市档案馆藏，资料号：申四档案 113 - 0 - 256。

　　从工厂技术水平增长角度看，招收门槛的提高，保障了工人的基本素质。通过接受与所在工厂技术环境一致的有针对性地培训，工人的职业素养和技术熟练程度普遍得到了提高，对加速技术内化程度是大有裨益的。所以，申新四厂的养成工制度办得卓有成效，同一期接受培训的养成工就有六班，"人数最多的时候，有七八百人。从第一批训练起，到现在第十批止，整整十个月，以养成的达一千多人。这种大规模的训练养成工，在国内尚是创举"。①

　　企业刚创建时，震寰纱厂尤其注意优秀技术工人培训和引进。民国之前，由于武汉纺织业基础并不算太发达，所以本地熟练工人储备有限，再加上第一纱厂、裕华纱厂等民营纱厂都在这个时间内创办，导致本来就不多的纺织工成了宝贵的稀缺资源。同时，武汉本地的妇女很多人受缠足的束缚，"她们工作缓慢，一般每人只能看一台布机或一百多个锭子"。② 为了解决技术工人不足的问题，震寰纱厂"不得不派员赴申苏一带招募优秀职工来鄂严格训练以增进工作效能，一方罗织纺织专家研究技术改进工程"。③ 第一纱厂在武汉民营纱厂中建厂最早，技术工人缺乏的问题更为明显。这样只能把目光投向棉纺织业较为发达的上海地区，"工厂专门派一个名叫徐凤传的人到上海去招募工人。而在上海招雇的技术工人，又都要求带家属同来。工厂迫于形势，只好同意这种要求。工厂在初期数年间，从上海招募的技术工人有数百名之多"。④

　　1936 年，武汉各纱厂对技术工人的争夺达到白热化。是年国内棉花丰收，纱价一路走高，农村的购买力也有复苏之象。武汉地区停工几年的第一纱厂和震寰纱厂通过租办的形式也得以复工，加入了对技术工人的争夺中，申新四厂对此感受颇深，"老布厂自第一、大成二厂复工后，优良女工陆续跳厂者，颇不乏人，而自新厂开设后，又复调出不少。今日所留者，多数为老弱小生之女工，如此情形，欲求出数优良，实非易事，应请

　　① 上海社会科学院经济研究所编：《荣家企业史料》上册，上海人民出版社 1980 年版，第 571 页。

　　② 《震寰纺织股份有限公司历史资料》，武汉市档案馆藏，资料号：震寰档案 114 - 1 - 75。

　　③ 《华中经济调查社工厂分厂调查表》，1936 年 4 月 28 日，武汉市档案馆藏，资料号：震寰档案 114 - 1 - 76。

　　④ 程子菊：《回忆解放前的武昌第一纱厂》，《湖北文史》2007 年第 1 期。

设法补救"。① 从中也可以看出，一方面武汉地区优秀技术工人的缺乏，另一方面各纱厂都把技术工人的拥有量当成企业能否稳步发展的一个重要指标。

培养软实力方面。武汉棉纺织业还注重同专业科研机构的交流和合作。申新四厂与国内以纺织为主的专业期刊建立了密切交流关系，一方面把本厂生产环节中的一些心得感悟发表到刊物上让国内同行共享，章剑慧等企业负责人把自己在实践中总结的技术应用方面的研究心得撰文在本厂期刊或者国内刊物上发表，"清花棉卷重量与气候变化关系问题，这个问题，现在大致已求得一准确答案，兄弟已撰成一文，刊在第四期《朝气》上面……现已定有一表格，在任何气候变化中，应得之棉卷标准重量，仅须向表上一查，即可求得，方法殊为简便……"② 另一方面也可以利用期刊及时刊发的有关生产技术的最新资讯，民国时期有关棉纺织的刊物数量丰富，诸如《纺织时报》、《纺织周刊》、《纺织年刊》等专业刊物在介绍棉纺织技术研究动态、推广新技术以及新机器方面都是不遗余力的。由于申新四厂在技术方面所取得的成绩，很多刊物都主动向其约稿，《染纺织周刊》就不时向申新四厂约稿："敝刊自出版以来，多承爱护，力加培植，使织物工业应用学术之荒芜园地顿现灿烂。敝刊之幸抑亦社会之福也。兹以迩来久未奉到……迅赐大作以疗渴望。"③

对于国内与棉纺织有关的各种技术学校教育研究机构，申新四厂不遗余力地支持。河南省立陕县高级棉科职业学校因教学需要不同棉花皮籽向申新四厂发函救助，申新四厂很快就做了回复："贵校为养成学生分级技术起见，特广征多地著名中外棉产以资练习……敝厂极乐于供给……"④

申新四厂在企业软实力的培养方面，不但注意提升员工的专业素养和技术能力，更重视对他们精神的灌输。1936 年，厂长章剑慧曾在纱厂内部的工务会上指出，"我们做事，无论其大小、轻重，若是一经着手，便

---

① 《申新四厂第三十三次工务会议记录》，1937 年 7 月 5 日，武汉市档案馆藏，资料号：申四档案 113 - 0 - 256。

② 《申新四厂第十三次工务会议记录》，1935 年 11 月 5 日，武汉市档案馆藏，资料号：申四档案 113 - 0 - 256。

③ 《染纺织周刊致章剑慧函件》，1938 年 3 月 18 日，武汉市档案馆藏，资料号：申四档案 113 - 0 - 170。

④ 《申新四厂致河南省立陕县高级棉科职业学校函件》，1937 年 11 月，武汉市档案馆藏，资料号：申四档案 113 - 0 - 170。

应精神灌注，切不可萎靡不振，因循敷衍，因为缺乏办事精神是中国人的通病，我们都属于中国的新青年，万不能被这种惰性所同化，希望各位今后于办事时必须拿出一种新的奋发的精神来，打破这种传统的习惯"。①在企业发展遇到困难时，申新四厂全体职员工苦干实干，朝气蓬勃，在1937 年企业经营状况良好时，很容易出现懈怠，"此年以来，纺织业环境逐渐好转，而我厂办事情形似均无以前努力，整齐严肃之纪律，奉公守法之精神，亦日渐崩溃"，章剑慧适时又拿出精神动员这一武器，分析严峻形势，给企业职员工敲响警钟，让他们重新振作起来，"好境为纺织厂不可多得之时期，但好景易逝，决不能长且进难退易。如果长此以往，因循玩忽，不求进步，将来黄金时代过去，势必循天演公例，沦为淘汰之列矣，深望勉之"。②

五　技术引进与内化成果的巩固

引进技术和设备完成内化过程不仅仅要求短时期内与周围环境相适应，如何保持和提升既有内化的水平是武汉各纱厂所要应对的问题，对机器设备的维护、保养和适时的技术提升是一个重要环节。

由于缺乏经验，武汉各纱厂普遍不重视对机器设备的维护，以裕华纱厂为例，"机械状态不良，钢丝针布使用十多年，早应报废，迄为更新"。③这些问题严重影响了产品的质量。从1934 年起，裕华纱厂开始重视机器设备的维护和保养工作。首先，对纱厂的机器设备及时更新换代，淘汰那些效率低、能耗高的设备，"把全厂164 部钢丝机、钢丝针陆续更新"，从而加快了企业机器折旧。其次，建立和规范机器定期检查制度，力争尽早发现生产过程中出现的技术问题。例如大、小平车和擦车制度、周期、磨钢丝周期，得益于此种检查制度的建立，裕华纱厂"增加钢丝道夫速度，使能适应后一工序需要"。检查制度的建立取得了良好的效果，"过去粗纱机经常发火烧车，有时一车失火，延至二三部。自建立大小平车、

---

① 《申新四厂第十八次工务会议记录》，1936 年4 月5 日，武汉市档案馆藏，资料号：申四档案113 - 0 - 256。

② 《申新四厂第三十三次工务会谈记录》，1937 年7 月5 日，武汉市档案馆藏，资料号：申四档案113 - 0 - 256。

③ 《裕大华纺织资本家团史料》编辑组：《裕大华纺织资本集团史料》，湖北人民出版社1984 年版，第139 页。

擦车制度，严格执行周期制度，完全消灭了这一不应有的现象"。① 再次，对生产过程中操作方面不合理之处进行调整，如"调整刺毛辊速度，对锡林采取定期慢磨，调整清花各机打手速度和风力及成卷时间（减少每英寸筵棉打击次数），调整清花各机距离，增加落杂，改善落棉。粗纱生产时调整了各道牵伸分配，更换了磨灭的锭子，修理了锭子套筒，把不合格钉帽删除更换"。② 最后，根据需要，纱厂对生产过程中的工序和相应机器设备进行了适当增加，例如增加磨钢丝盖板机两台，设计加装棉卷防粘装置，并条机增加 10 支、16 支罗拉加压重量（原来为 18 磅加至 22 磅）。③

　　申新四厂对机器设备的维护，是以工厂内部每月召开一次工务会议形式进行的。在会上工厂负责人和技术人员定期讨论生产过程中的技术等问题，"今天有一点值得向诸位报告的，是荣泉源先生的整理发拉特细纱机之成绩，现在该机经荣先生整理后，生产能力增加 5%，但此还系暂时现象，以兄弟观察，将来增加到 7%—10%，亦非难事"。④ 对简单技术问题，申新四厂内部通过自有技术人才基本可以解决，遇到比较棘手的技术障碍则需要向外籍专家求助，"本厂细纱锭子费油事，前已几经研究，而未见效果，最近'好华特'、'法拉特'厂之专家来厂考察后，所得结果为：a. 锭脚及锭胆内有油污，原有之用唧筒洗法不良；b. 锭子及筒发摆动"。⑤ 为了使工作目标更为明确，申新四厂把武汉其他纱厂生产过程中的技术指标在工务会上让技术人员讨论，使工作更有目的性，"前因武昌大成纺织厂，其布机之年龄已较本厂为老，然其出数同扯十二磅竟达六十码左右，而本厂最高纪录亦不过五十余码，成绩太差，希望诸同仁努力"。⑥

---

① 《裕大华纺织资本家团史料》编辑组：《裕大华纺织资本集团史料》，湖北人民出版社 1984 年版，第 139 页。

② 同上。

③ 同上。

④ 《申新四厂第十二次工务会议记录》，1935 年 10 月 5 日，武汉市档案馆藏，资料号：申四档案 113 - 0 - 256。

⑤ 同上。

⑥ 《申新四厂第三十二次工务会议记录》，1937 年 6 月 5 日，武汉市档案馆藏，资料号：申四档案 113 - 0 - 256。

申新四厂以制度化形式保障企业的技术维护和升级，效果显著，厂长章剑慧在 1936 年第十八次工务会上谈到技术维护的重要性，"记得兄弟在第十五次工务会议时曾经提出三个今年的工作方针，其中一个是尽量发挥机械能力。现在我们应该仍旧依照这个方针努力，使我们实际生产能力与机械最高能力更形接近"。按照他的计划，申新四厂不但注重新机器的引进，在挖掘现有技术能力方面，走在了武汉各纱厂的前列，"本厂最近又添纱锭四千，布机二百台，机器虽系旧物，但一经整理改良后，能力可与新机器无异，我们在这纺织业极度的不景气中，能有添锭添机之举，实在是万分可喜的！"[①]

第三节　技术引进绩效

引进的技术被武汉各棉纺织企业充分消化和吸收后，完成了先进技术本土化的过程。由于技术引进方式的差异和技术内化程度的不同，先进技术对各个企业发展的贡献程度是不同的，以裕华纱厂、申新四厂等纱厂为中心分析他们的技术引进的绩效，可以看出技术引进在武汉棉纺织业发展中所起的作用。

一　纱锭与产量关系

纱锭是棉纺织企业中最基本的生产工具，纱锭的多少，可以直观地反映出企业的规模大小和生产能力。纺织大王荣宗这样形容纱锭的重要性，"我能多买一支锭子，就像多得一支枪"[②]。武汉各家纱厂都尽量增加纱锭的占有量，所以无论是在建厂之初机器设备的引进，还是在发展过程中的每一次扩大生产，都把增加纱锭作为技术引进的重点，李国伟认为，"纱厂至少要在 3 万锭以上，才有竞争力"[③]，所以武汉各家纱厂中，申新四厂在增加纱锭方面较为突出（见表 2 - 3）。

---

① 《申新四厂第十八次工务会议记录》，1936 年 4 月 5 日，武汉市档案馆藏，资料号：申四档案 113 - 0 - 256。

② 许维雍、黄汉民：《荣家企业发展史》，人民出版社 1985 年版，第 310 页。

③ 龚培卿：《李国伟和他所就经营的企业》，中国人民政治协商会议武汉市委员会文史资料研究委员会编：《武汉工商经济史料》第二辑，1984 年版，第 158 页。

表2-3 1922—1937年申新四厂生产力增长情况

年度	纱锭（锭）	布机（台）	动力（千瓦）	工人	产量				用棉（担）
					棉纱（件）	指数	棉布（疋）	指数	
1922	14720	—	—	1200	9196	100	—	—	33436
1923	14720	—	—	—	8350	90	—	—	30135
1924	14720	—	—	1200	8714	94.7	—	—	31312
1925	14720	273	1000	1200	12609	137	—	—	45806
1926	19136	273	—	—	9916	107.7	33376	100	36096
1927	19136	273	—	1200	8542	92.8	66880	200.2	32036
1928	19136	273	—	1800	17529	190.5	201523	603.3	65166
1929	29720	273	—	2000	15797	171.7	192877	577.4	58829
1930	29720	410	—	2660	19587	212.9	242579	726.2	73073
1931	29720	410	—	2953	20283	220.4	297831	891.7	76250
1932	29720	410	—	2953	24555	266.9	322881	966.7	89008
1933	41136	410	3000	—	6295	68.4	65028	194.7	22919
1934	41136	412	—	1770	7377	80.1	139567	417.8	25550
1935	41136	413	—	2000	29336	318.8	331393	922.2	106695
1936	50000	657	—	2460	37090	403.1	440912	1320.9	136200
1937	50000	875	—	—	39462	428.9	536438	1606.1	

资料来源：《申新四厂历史资料》，武汉市档案馆藏，资料号：申四档案113-0-956。

从表2-3可以看到，自创办之日起，申新四厂纱锭数量每隔几年就有一次明显增加，但奇怪的是纱锭增加的那个年份，棉纱产量总是较之上一年有明显下滑。1922—1925年，纱锭数量维持不变，保持在14720锭的水平，1926年纱锭增加到19136锭，棉纱产量非但没有提高，生产指数反而从137下降到107.7的水平。同样的现象出现在1929年和1933年。直到进入1936年后，纱锭的增加才带来了棉纱产量的提高。出现这种现象的原因其实并不难理解，上述的1926年、1929年和1933年，就申新四厂的发展环境而言，都非常恶劣。1926年北伐战争对武汉的冲击和其后随之而来的旷日持久的工人运动，给日常的工厂生产造成了极大冲击。1929年世界范围内经济危机的影响和国内政局的纷扰对申新四厂的干扰不小，1933年的火灾更是给申新四厂带来灭顶之灾。即使这几个年

份增加了纱锭，仍然抵不过外部不良环境带来的负面影响，只有到了
1936 年，国内农业丰收，政局也相对稳定，此年纱锭的增加才带来棉纱
产量的增加。另外，从表中还可以看出虽然每次引进纱锭的当年因为外部
环境恶劣棉纱产量有所减少，但紧随其后的几年内产量还是逐年攀升的，
这说明机器设备要发挥作用需要一定时间的适应期。

从中可以看出，对于民国时期武汉棉纺织企业的发展而言，技术的引
进、设备的更新和增加固然重要，但如何为企业的正常运行营造出稳定的
环境才是至关重要的。与申新四厂持续进步型的阶梯式增加纱锭不同，裕
华纱厂则在机器引入方面也保持了其一贯的稳健风格（见表 2-4）。

表 2-4 1922—1930 年裕华纱厂纱、布机增长速度与全国华商纱厂比较

年份	纱机（锭）				布机（台）			
	全国华商纱厂		裕华纱厂		全国华商纱厂		裕华纱厂	
	锭数	指数	锭数	指数	台数	指数	台数	指数
1922	1506634	100	30396	100	6767	100	400	100
1924	1750498	116.19	42216	138.89	9481	148.11	504	126
1925	1866232	123.87	42216	138.89	11121	164.34	504	126
1927	2018588	133.98	42216	138.89	12109	178.94	504	126
1930	2345074	155.65	42216	138.89	15718	232.27	504	126

资料来源：《裕大华纺织资本家团史料》编辑组：《裕大华纺织资本集团史料》，湖北人民出版社 1984 年版，第 43 页；严中平等编：《中国近代经济史统计资料选辑》，科学出版社 1955 年版，第 135 页。

在整个 20 世纪 20 年代，裕华纱厂只在建厂之初的 1924 年有增加纱
锭外，之后就是长达数年的维持现状。但是，即使这样，裕华纱厂在棉纱
出产方面，并不逊于其他各厂（见表 2-5）。

从三厂比较可以看出，棉纱年产量裕华纱厂最高，在生产指数的波动
方面，也基本保持一种较为平稳的走势。申新四厂的生产指数虽然增加了
一倍多，但其间动荡太大，经常是从一个发展高峰陷入持续几年的低潮，
这也和整个荣氏企业集团负债经营、过于冒险的经营模式有关。震寰纱厂
纱锭总数是最少的，故棉纱产量一般，生产指数除 1926 年和 1927 年因为
局势动荡而有所下降外，其余时间棉纱产量和纱锭增幅成正比，在稳步中
求发展。

表 2 - 5 1923—1930 年裕华纱厂、申新四厂、震寰纱厂
三厂棉纱产量比较

年份	裕华纱厂		申新四厂		震寰纱厂	
	纱产量（件）	指数（%）	纱产量（件）	指数（%）	纱产量（件）	指数（%）
1923	24192	100	8350	100	18771	100
1924	26800	110.78	8714	104.36	19861	105.81
1925	27050	111.81	12610	151.02	24087	128.32
1926	31900	131.86	9917	118.77	18721	99.73
1927	25000	103.34	8543	102.31	12333	65.7
1928	24750	102.31	17529	209.93	21024	112
1929	24750	102.31	15792	189.13	22697	120.92
1930	33520	146.82	19587	234.57	24606	131.09

资料来源：《裕大华纺织资本家团史料》编辑组：《裕大华纺织资本集团史料》，湖北人民出版社 1984 年版，第 79 页。

可以认为，纱锭的增加是棉纱产量增长的必要条件，但并不是唯一因素。增加的纱锭如果不能在一个正常的生产环境中得以应用，同样发挥不了作用。同时，纱锭的增加需要相应地配套技术服务，裕华纱厂在 1927 年准备增加纱锭扩大生产时曾指出，"如添万玫纱锭，原动力尤难胜任，故现在亦积极为新式电机及锅炉之筹划"。[①] 这样，就牵涉到核心技术引入后的成效问题。

二 核心技术的科技效力

引进先进技术初衷无非是使生产单位产品的时间减少，产量提高，从而达到提高生产效率、降低商品生产成本的目的，使产品在市场竞争中占有优势，最终实现更大盈利。增加纱锭虽然可以提高棉纺织业生产的机械化程度，但它仍然是以增大投入为特点的粗放型发展模式，与之相比，对核心技术的引进就属于集约型发展路线。就当时棉纺织技术发展水平而

———

① 《裕华股东会纪录》，1937 年 6 月 6 日，武汉市档案馆藏，资料号：裕华档案 109 - 1 - 310。

言，对大牵伸机器的购买和改良即属于核心技术的引进。

大牵伸在国内的推广最初是以专业期刊上的广告为平台的。在科技迅猛发展的 20 世纪，大牵伸的发明对于棉纺织业的影响是空前的，"十余年前，理想未成之大牵伸，至今果然达到完美结果，亦纺织界之福音也"。① 之所以如此推崇大牵伸，是因为其投入到生产领域后，不但可以节省一部分粗纱机，使纺出的棉纱纱支均匀、拉力更强，还能产生经济效益，"可减少建筑、机器、资本、马力、保管、地位、人工、灯光、皮带以及保险费等。大牵伸机使用后，全厂粗纱机可减少 40%，机器所占地位可小于 30%"。② 照此推算，假定一家纱厂原有粗纱机 70 台，供给普通细纱机 8 万锭。如果引入了大牵伸，在原有粗纱机不变的前提下，可直接增加细纱机 6 万锭，效率几乎翻番，由此可见大牵伸的引入对纱厂的重要意义。

即使在 20 世纪 30 年代，裕华纱厂在设备引进方面最突出的特色不是纱锭的增加，而是重视核心技术的引进和吸收。引入先进设备后，生产效率很快得到提高，以大牵伸的使用为例，"原来细纱机牵伸倍数只有七倍左右，改立达式大牵伸后，其牵伸倍数可达 11—12 倍"。③ 牵伸倍数的增加，引起了一系列的连锁反应。

首先，提高了产量。由于 1934 年裕华纱厂逐步使用了大牵伸，"废去三道粗砂，解决了粗砂供不上细纱的矛盾，产量有所提高，日产在 5 万磅以上，最高高出过 56000 磅"④（见表 2 - 6）。

其次，降低生产成本、提高工人劳动效率。粗纱生产由过去的三道改为二道，随之可以更换掉粗纱机 64 台。⑤ 由于机器的减少，操作这些机器的工人减少了约 200 人，动力及机物料也在一定程度上得到节约，从而实现了降低成本的目的。被裁掉的多是技术水平较低的工人，所以，纱厂工人的劳动效率得到显著提升（见表 2 - 7）。

---

①　唐孟雄：《论大牵伸》，《纺织之友》1931 年第 1 期。

②　同上。

③　《裕大华纺织资本家团史料》编辑组：《裕大华纺织资本集团史料》，湖北人民出版社 1984 年版，第 138 页。

④　同上书，第 140 页。

⑤　黄师让：《裕大华企业四十年》，中国人民政治协商会议全国委员会文史资料研究委员会编：《文史资料选辑》第四十四辑，文史资料出版社 1964 年版，第 29 页。

表 2 - 6　　　　　　　　　1933—1936 年裕华纱厂细纱产量

纱　支	每日（24 小时）每锭产量（磅）			备　注
	1933	1934	1936	
商品纱				
10 支	2.04	2.24	2.42	
14 支	1.2	1.45	1.602	
16 支	1.12	1.25	1.27	
20 支	—	0.94	1.042	1923 年平均支数为 16 支，每 24 小时 平均锭产量为一磅
自用纱				
12 支纱	1.36	1.58	1.65	
14 支纱	1.06	1.2	1.22	
20 支纱	0.8	0.85	0.928	
21 支纱	0.64	0.7	0.71	
21 支纱	0.76	0.8	0.874	
22 支纱	0.6	0.64	0.646	

说明：表中各年锭产量不是平均数字，是该年某一月的数字。1933 年系 6 月平均数。1934 年系 8 月平均数。1936 年系 3 月平均数。

资料来源：《裕大华纺织资本家团史料》编辑组：《裕大华纺织资本集团史料》，湖北人民出版社 1984 年版，第 141 页。

表 2 - 7　　　　　　1923—1936 年裕华纱厂工人看车数量变化

部门	1923 年看台数	1934 年看台数	1936 年看台数	备注
粗纱	3 人看 2 台	2 人看 3 台	1 人看 1 台	
细纱	3 人看 1 台	2 人看 1 台（少数 3 人看 2 台）	1 人看 1 台	
钢丝	1 人看 7 部	1 人看 12 部	1 人看 14 部	1936 年平均每人 看 380—390 枚 纱锭
并条	1 人看 4—5 个眼	1 人看 7 个眼	1 人看 10 个眼	
落纱	10 人看 7 台	10 人看 14 台	10 人看 20 台	
织布	1 人看 1 台（少数 2 人看 1 台）	1 人看 2 台	1 人看 2—3 台	

资料来源：《裕大华纺织资本集团史料》编辑组：《裕大华纺织资本集团史料》，湖北人民出版社 1984 年版，第 182 页。

　　最后，产品结构升级、质量提高。粗纱机减少后空出的厂房可以腾出来专门生产细纱，所以裕华纱厂的细纱机由原来的 42800 锭增加到 50000锭，改变了以前粗纱生产比重过高的格局，优化了产品的结构，"纱支色泽、条杆亦好，质量也就提高了"。[①] 大牵伸的引进，一举而收到了降低生产成本、优化生产结构、提高产品质量三方面的效果。[②]

　　从上文可知，引入大牵伸后的裕华纱厂在细纱生产方面，无论市场交易的商品纱，还是本企业集团内部消费的自用纱，产量都有显著提高。在使用先进核心技术方面，申新四厂得益于和上海总公司的密切往来，引进核心技术的时间和规模，都是武汉其他纱厂所不能比拟的。在纱厂使用动力方面，申新四厂是武汉棉纺织企业中较早对蒸汽引擎进行更换的，"过去都用蒸汽引擎，绳子传动，机器容易损坏，一律全停"。[③] 申新有实力完成动力设备的革新，完全受"粉纱联营"模式所赐，同一个企业集团系统内的福新五厂不仅在资金上对申新四厂给予扶持，在动力等机器设备方面，双方也是资源共享，"申、福两厂合购 1000 千瓦托平发电机一台，水管式锅炉两台。福新第二车间改用 500 匹同步马达传动。余电输送申新，使申新陆续增添的纱锭，可以改用马达单独传动"。[④] 在关键机器设备和动力机器引进方面，武汉各纱厂各有其特点（见表 2-8）。

　　从机器设备产地看，以英、美两国的产品居多，因为英国是近代棉纺织业的起源地，所以其出产的机器设备品质优良，在世界市场上占有率极高。申新四厂因为总部所在地上海地区日本纱厂甚多，申新系统各纱厂和日本棉纺织企业关系较为密切，日本机器较之英美产品价格较为低廉，所以对日本制造的机器产品也多有引进。震寰纱厂引进的德国柴油引擎，则因为德国机械工业向以发达著称，而且以付款时间长来吸引中国各纱厂。

---

　　① 黄师让：《裕大华企业四十年》，中国人民政治协商会议全国委员会文史资料研究委员会编：《文史资料选辑》第四十四辑，文史资料出版社 1964 年版，第 29 页。

　　② 《裕大华纺织资本家团史料》编辑组：《裕大华纺织资本集团史料》，湖北人民出版社1984 年版，第 138 页。

　　③ 龚培卿：《李国伟和他所就经营的企业》，中国人民政治协商会议武汉市委员会文史资料研究委员会编：《武汉工商经济史料》第二辑，1984 年版，第 158 页。

　　④ 龚培卿：《李国伟和他所经营的企业》，中国人民政治协商会议武汉市委员会文史资料研究委员会编：《武汉工商经济史料》第二辑，1984 年版，第 159 页。

表 2 - 8   武汉各大纱厂主要设备数量、来源及引进时间

所属公司	设备名称	数　　量	制造单位	年份
裕华纱厂	1740H. P. 蒸汽机	1 台	Cole Markan	1922
	75K. W. 发电机	2 台	[美] Westing House	1922
	头道粗纱机	80 台（每台 80 锭）	[英] Asa Lees	1922、1924
	二道粗纱机	33 台（每台 124 锭）	[英] Asa Lees	1922、1924
	二道粗纱机	48 台（每台 160 锭）	[英] Asa Lees	1922、1924
	细纱机	94 台（每台 180 锭）	[英] Asa Lees	1922、1924
	细纱机	14 台（每台 464 锭）	[英] Asa Lees	1922、1924
	织布机	504 台	[英）G. Keighley	1922、1924
申新四厂	纱机	14720 锭	美国萨克洛威	1921
	布机	273 台	日本丰田	1925
	纱机	10584 锭	美国萨克洛威	1929
	纱机	20000 锭	英国拨拉脱	1933
	纱锭	修配旧纱锭 20000 锭	—	1936
震寰纱厂	蒸汽引擎	1 台	瑞士素尔逊	1921
	蒸汽发电机	1 台	美国魏司丁霍司	1921
	纱锭	26336 锭	英国阿萨利司	1921
	织布机	251 部	英国乔治克雷	1925
	柴油引擎	1 台	德国制造	1925
第一纱厂	纱锭	4.4 万枚	英国阿萨里斯	1918
	纱锭	4.4 万枚	美国萨克洛威	1921
	布机	1200 台	—	—
	2500H. P 卧式蒸汽透平机	2 部	—	—
	350H. P 直立柴油机	1 部	—	—

　　资料来源：《裕大华纺织资本家团史料》编辑组：《裕大华纺织资本集团史料》，湖北人民出版社 1984 年版，第 44 页；上海社会科学院经济研究所编：《荣家企业史料》上册，上海人民出版社 1980 年版，第 86、222、396、397 页；《申新第四纺织公司各厂情况调查报告》，武汉市档案馆藏，资料号：申四档案 113 - 0 - 608；《华中经济调查社工厂分厂调查表》，武汉市档案馆藏，资料号：震寰档案 114 - 1 - 76；程子菊：《回忆解放前的武昌第一纱厂》，《湖北文史》2007年第 1 期；《武昌第一纱厂的历史概况》，武汉市档案馆藏，资料号：第一纱厂档案 62 - 1 - 115。

　　从引进机器连续性看，除申新四厂外，其他三厂多是在建厂之初一次性引进，以后鲜有大规模的引进活动，这样就使纱厂不能紧跟世界棉纺织

业的发展潮流。申新四厂则较为关注世界工业技术潮流的变化，做到随着时代的演进，逐步更新机器设备。尤其是在 1933 年火灾之后，开辟了武汉纱厂技术引进的先河，引入当时世界最新式的英国拨拉脱厂出品的大牵伸机，国内棉纺织业对此皆称赞"如国内大量使用大牵伸机者，实以该公司为嚆矢"。[①] 与其相比，裕华纱厂在先进技术引进方面趋于保守，关于引进大牵伸的讨论虽从 1934 年就开始在股东大会上讨论，但直到 1936 年 2 月 20 日，才正式在董事会上通过，"近年机器日新月异，本厂如不改造，不免落伍。今初步更改大牵伸"。[②] 裕华纱厂尚且如此，其他经营状况不佳的第一纱厂和震寰纱厂等更是在技术进步方面举步维艰。

机器设备的多元化是武汉各纱厂的最大特点，每家纱厂的机器都成了"各国机器设备陈列馆"，国别不同，新旧混杂，既有蒸汽动力的，又有燃油或者电力动力。不同设备之间有时很难兼容，每种机器都不易发挥出其最大功能，直接造成了生产效率的低下。

三　技术人才的作用

武汉各纱厂在技术人才引进和培养方面以申新四厂的成绩最为突出。申新四厂在技术引进方面最大的优势在于形成了以李国伟为核心的技术人才群。李国伟本人对技术的钻研在工厂内部形成了钻研技术的良好风气，他在 1924 年对纺 16 支纱技术的改良效果立竿见影，原先 16 支纱总在一磅以下，经过新技术的改良，"就突然跃进到 1.2 磅"，"纱支强力也从 70 余磅增至 130 余磅"。[③] 企业领导人的个人气质，在企业发展模式的塑造方面至关重要，李国伟的沿海背景，使他在管理申新四厂的技术问题上，目光更多地投向海外，他本人也抓住任何机会，出国考察先进技术。1931 年，李国伟参加总公司组织的赴日经济考察团，借此机会，李国伟认真考察了日本老厂的改造和新技术、新设备的应用问题，这为他改造申新四厂打开了思路，回到武汉以后，"在着意老厂改造的同时，陆续购入换梭式、换纡式自动布机 12 台，为建立自动布机车间作准备"。[④] 李国伟始终

---

① 上海社会科学院经济研究所编：《荣家企业史料》上册，上海人民出版社 1980 年版，第 531 页。

② 《裕华董事会》，1936 年 2 月 20 日，武汉市档案馆藏，资料号：裕华档案 109 - 1 - 312。

③ 龚培卿：《李国伟和他所经营的企业》，中国人民政治协商会议武汉市委员会文史资料研究委员会编：《武汉工商经济史料》第二辑，1984 年版，第 159 页。

④ 龚培卿：《李国伟和他所经营的企业》，中国人民政治协商会议武汉市委员会文史资料研究委员会编：《武汉工商经济史料》第二辑，1984 年版，第 160 页。

把技术发展的目光聚集在西方先进工业国上，不仅纱机、粉机全部进口，而且机器修理亦依靠外国人开办的工厂。1927年申新四厂将清表机器零件交日本田中铁工厂翻造，认为造价低，便宜，每支可减少价钱一半以上。除机器进口与机器修理依靠洋人外，1930年准备聘用日人河野为布厂技师，因条件过高而作罢。①

申新四厂第一拨技术人才主要来自1924年李国伟从无锡公益工商中学引进的毕业生和聘请的纺织专科学校教师，他们的到来使纱厂产品质量和机器保全都有了显著的进步，他们在技术上做某些改进，提高劳动强度，仅16支纱每磅产量由0.9磅增加到1.2磅，超过1929年上海各厂1.1磅之生产量，而接近在华日厂1.2磅的产量。② 第二拨技术人才是1927年申新四厂短暂停工后，上海总公司总经理荣宗敬亲自带华栋臣、肖松立等人。肖松立是纺织界资深专家汪孚礼的学生，理论素养和实践能力都是出类拔萃的，对纺织技术很有研究，他担任总工程师后，不但提高了申新四厂的技术含量，还带起了包括章剑慧在内的一批青年技术人才。他到来之后，申新四厂1928年、1929年两年共盈利40余万元，其中缘由除包括这两年纱锭的增多外，肖松立功不可没。他一手带起来的章剑慧于1930年升为工程师，延续了钻研技术的作风，并特别注意生产技术的细节问题，如棉纱改用长织细绒棉花纺纱，拉力特强，获得市场信誉。经过改造后的"绿双喜牌"轻质细布，较裕华品每方寸经纬纱各减少10根，产量多成本低，价钱仅及裕华纱厂80%，因此销纱之广远超裕华纱厂之上。

裕华纱厂在1927年之后也加大了技术人员的引进力度，如上文述及的雷锡璋、朱育芳和南通学院纺织科毕业生刘国钧、张烈武、芮廷玉等人。但因为厂长肖厚生重用亲信、排除异己，技术人才大都不能得到重用，被排挤先后离去。所以技术人才在裕华纱厂中作用的发挥受到了很大的限制。关于武汉棉纺织业技术人才的具体情况，因资料的分散和残缺，历来没有一个较为完整的，从中国纺织学会上的会员名册上，可以将大体情况梳理（见表2-9）。

---

① 《申新四厂历史资料》，武汉市档案馆藏，资料号：申四档案113-0-956。
② 同上。

表 2 - 9　　　　　　　20 世纪 30 年代武汉棉纺织业技术人才统计

姓　名	籍贯	毕业学校	担任职务
朱仙舫	临川	东京高工	第一纱厂经理
石凤祥	孝感	京都高工	裕华纱厂总工程师
陆绍云	川沙	东京高工	大成第四厂厂长
荣绩旂	萍乡	北平工大	申新四厂布机部主任
汤宁	绍兴	杭州工专	申新四厂保全
张汉文	高阳	法国鲁贝高工	裕华毛厂工程师
汪文竹	江北	武昌文华大学	裕华纺织厂厂长
王子江	鄂城	日本东京高工纺织科	裕华纱厂技师兼总监工
许伯馨	汉阳	日本东京高工纺织科	裕华纱厂技师
桂澈	江宁	南京商业	震寰纱厂后纺部领班
黄子陵	宿迁	湖北纺纱官局机师班	裕华纱厂工务总监
过荫楠	无锡	无锡中学	武昌震寰布厂技术员
章剑慧	无锡	工商中学	申新四厂工程师
张械泉	无锡	—	申新四厂营业主任
瞿冠英	靖江	工商中学	申新四厂布厂保全主任
萧松立	常德	湖南工业	申新四厂工务主任
刘运霖	常德	湖南工业	申新四厂布厂技师

资料来源：《中国纺织学会会员录》,《纺织年刊》1931 年。

　　从表 2 - 9 可以看出，武汉纱厂的技术人才绝大部分来自江浙沿海地区，武汉或湖北本地人才数量很少。从受教育经历来看，除了申新四厂较有气候的工商中学派外，留学日本也是很多人的首选，这也从另一个角度反映出日本棉纺织技术在第一次世界大战期间的飞速发展，去日本留学较之去欧美诸国更为实际。从分布的工厂来看，申新四厂的人才数量最多，很多直接就是上海总部分配过来的，裕华纱厂由于经营状况良好，在稳步发展的同时，也较为注意人才的积累，至于其他各厂，在自身尚且不保的情况下，在技术进步上几乎很难有作为。

第四节 小结

在棉纺织技术层面，受制于武汉内向的城市性格特点，武汉各纱厂没有技术进步传统和技术竞争的外部环境，并缺乏有效的技术引进和内化机制，科技对棉纺织业发展的贡献率没有充分体现的空间。除申新四厂因和沿海地区往来密切、技术引进渠道较多外，其他各纱厂技术引进渠道单一、路径狭窄，只有在华外国洋行的代理、派人出国引进和国外厂家推销几种方式，造成的结果是武汉棉纺织业往往在对外技术贸易中，缺乏自主性和话语权。由于过分依赖在华洋行的代理，导致引进的机器设备往往名不副实，要么是以次充好，滥竽充数；要么是机器的性能和纱厂的实际生产条件和环境不兼容，造成资金和技术的浪费。

在先进技术的消化和吸收方面，各纱厂虽竭力做到引进技术与经济社会变迁、企业发展、生产原料的选用相一致，但因为技术人才匮乏，先进技术在武汉棉纺织业中的效能未得到充分发挥。所以，如何在企业内部为技术的内化营造出与之协调的软实力环境是武汉棉纺织业技术基本的关键。棉纺织技术的复杂性要求要有一定数量的技术人员从事技术的研发工作，"纺织机械，至为复杂，欲明原理，已非易事，更进而运用如意，使其能率得以充分发挥，则尤非先具有相当之学识，再竭数年之心力而研究之，殊难达坐言起行之目的也"。[1] 武汉由于缺乏专门的棉纺织人才，就必须依托沿海地区技术人才的输入。从在车间直接从事生产劳动的技术工人到受过专业教育的技术领导人员，几乎每个纱厂都是直接从沿海工业发达地区引进，这样虽能缩短人才培养的跨度，降低培养人才的成本，但引入的技术人才却经常因为和企业整体环境不能有机结合而使其效能发挥大打折扣。

马克思认为："生产方式的变革，在工场手工业中以劳动力为起点，在大工业中以劳动资料为起点。"[2] 作为机器工业的劳动资料，机器设备是科学技术的物化形态。从引进设备的数量、质量和发挥的功效看，武汉

---

[1] 汪孚礼：《我国纱厂未上轨道之实例》，《纺织周刊》1931年第1卷第19期。

[2] 马克思：《资本论》第一卷，人民出版社2004年版，第427页。

棉纺织业在 1938 年之前的二十几年内，科学技术对其发展的贡献率处在一个较低的水平。造成这种结果的因素很多，除了上文分析的资金缺乏、人才储备不足外，武汉的地缘劣势和城市性格特点也是一个不容忽视的客观因素。尽管在传统商贸圈中武汉的地理位置得天独厚，但到了近代尤其是民国之后，武汉的战略地位已呈江河日下的趋势。在对外经济、科技交流方面，也是远远落在上海等沿海城市后面。同时，与上海相比，两个城市性格迥异。上海的对外开放程度在国内是最高的，外资在上海经济势力较强，给民营企业更大的发展压力，"民族资本企业在同外资企业的激烈竞争中，尤其感到需要通过提高企业的科技实力，增强自己的竞争能力，扩大国货的市场占有率。因此，上海市场的需求和竞争，对于促进企业的科技进步有着直接的刺激和推动作用"。① 与之相比，武汉的传统性更浓，商业的气息布满城市的每一个角落。本地的外资纱厂仅有汉口泰安纱厂一家，其带给民营纱厂的压力有限，相互之间也不可能有技术上的交流。所以武汉民营纱厂在发展过程中，更关注的是买贱卖贵式的商业经营作风以及对市场的开拓和商品的推销，在技术引进和提升力度上距离沿海棉纺织业仍然有较大的差距。

　　总之，民国时期武汉主要纱厂在技术引进和应用方面从最初依靠洋行代理的间接引进逐步向与国外机器生产厂家进行技术贸易式的直接引进方式过渡。技术引进的内容方面多以机器设备为主，对技术人才、核心生产技术和生产工艺等技术软件方面的引进重视不够，这就造成了各家企业对于先进技术只能是简单地移植或者模仿，或者对生产环节中的个别流程和工艺改造提升，在技术的自我升级和研发发明中，仍然是一片空白。

---

① 黄汉民、陆兴龙：《近代上海工业企业发展史论》，上海财经大学出版社 2000 年版，第159 页。

第三章　管理体制和治理结构演进

近代武汉棉纺织业管理体制经历了封建衙门官僚式管理、工头制管理及有条件的企业向以厂长—工程师为核心的西方"科学管理"模式过渡。直到 20 世纪 30 年代，武汉棉纺织业内部依然呈现出传统与现代两种管理模式并存的二元化格局。工头制之所以能在武汉棉纺织业的管理中保持着长久生命力，因为有其存在的土壤，它在武汉工业的发展过程中发挥过积极作用并产生过重要影响。新旧管理模式的转变不是一蹴而就的，西式的"科学管理"在武汉棉纺织业中的推广经历了反复和曲折，申新四厂在这方面转型较为成功，并在推动工人福利制度发展方面，进行了有益的尝试。

第一节　工头制的演变

近代武汉工业中的管理体制最初以清末张之洞创办的军事和民用工业中所使用的衙门式管理模式为代表。由于政企不分、职能混乱，这种管理模式"实际上把工厂变成了一种有机器轰鸣声伴奏的官场"[1]，里面充满旧式官场习气和腐朽作风，工头制也在其中大行其道。落后的管理模式是清末武汉官办工业衰落的重要原因。民国建立之后，利润的刺激和轰轰烈烈的"实业救国"思潮推动着武汉地区民营棉纺织业的发展，它们从一开始就避免重蹈官营工业的覆辙，摒弃政企不分的管理模式和陈腐落后的作风，但却无一例外地保留了工头制。

---

[1]　陈钧、任放：《世纪末的兴衰——张之洞与晚清湖北经济》，中国文史出版社 1991 年版，第 381 页。

一　工头制的作用

近代中国工业是从西方移植过来的，不论是最早的国外在华投资企业、洋务运动时兴起的官办企业还是后来的民营企业，在内部管理都无一例外采用工头制。工头制的历史最早上溯到英国早期资本主义时期，它是一种由工头负责招募工人并指挥工人在资本家工厂生产的一种劳动管理制度。近代中国工头制最早出现在在华外资工厂，由于国外资本家对中国劳动力市场不熟悉，就委托工头为其寻找劳动力。后来兴起的民族工业在引进西方先进技术的同时，也根据各自的情况，仿效工头制对工厂进行管理，并取得一定的效果，因为"工头制这种管理制度的内化形式，在初期能够紧密联系起以血缘、地缘关系为纽带的网络，使业主的权威覆盖整个网络，协调好各部门内部和部门之间的生产活动，节约了组织内部的内耗成本"。[①] 所以，工头制在早期对于工业的发展和企业的壮大，也曾发挥过积极作用。

裕华纱厂前身是楚兴公司，楚兴公司不但承租了湖北纱、布、丝、麻四局厂房设备，也把四局中的一些旧式管理制度继承下来，工头制即在其中。据史料记载："工人的招收和管理，从官办到应昌都是实行工头制，招工和派活都由工头负责，工资也由工头领，工头的权力很大，多报工人、冒领工资、克扣工钱。有时还不服从厂方的管理和调配。"[②] 工头制虽有种种弊端，但在楚兴发展初期，出于企业稳定等其他因素的综合考虑，暂时保留了这种较为落后的管理方式，并且为了加强对工人的控制，公司领导特意利用一些调皮的人作为工头，并大力提倡"恩威并重"。[③]

作为荣家企业在武汉的分厂，申新四厂在创立之初也仿效其他各厂，使用工头制，"工厂创办初期，还是沿袭着工头和粉师的陈旧制度，机器运转和工人进退由其把持"。[④] 申新四厂使用工头制有着各种复杂的原因。20 世纪 20 年代劳资矛盾较之以前，显得尤为突出。工头却能平衡二者之间的关系，在中间起居中调解的杠杆作用。所以，工人离不开工头，希望

---

① 李雅菁：《近代新式棉纺织企业工头制管理方式浅析》，《安徽史学》2007 年第 6 期。

② 《裕大华纺织资本集团史料》编辑组：《裕大华纺织资本集团史料》，湖北人民出版社1984 年版，第 17 页。

③ 黄师让：《裕大华企业四十年》，中国人民政治协商会议全国委员会文史资料研究委员会编：《文史资料选辑》第四十四辑，1963 年版，第 9 页。

④ 李国伟：《荣家经营纺织和制粉企业六十年概述》，中国人民政治协商会议全国委员会文史资料研究委员会编：《文史资料选辑》第七辑，中华书局 1960 年版，第 32 页。

利用工头的能力来获得工作机会，保证自己的基本生活。企业资本家也要倚重工头，利用他们监视、管理工人。从申新四厂工头的来源看，他们中的不少人是帮会首领、退伍军人和政府官员，借助他们的影响，申新四厂的资本家们可以和国民党的党、政、军建立起各层关系，从而为企业的发展营造起更多的"保护伞"。企业负责人李国伟业务能力的欠缺也是申新四厂维持工头制的一个重要原因。李国伟是土木专业出身，在纺织方面是外行，所以他不得不依赖工头，靠他们来装配和调试机器，从事技术方面的管理工作。1922 年申新开机时，李国伟为了削弱工头对工厂的控制，遂聘请上海马耀忠为总管，他干了一年就辞职了。工厂管理只能进一步依靠工头势力。同时期，武汉其他纱厂内部管理也是工头制占主导地位。

二 工头制的改革

随着时代不断推移，工头制的消极面也逐步暴露出来，"这种管理制是以经验和管理人员的主观判断为依据，没有计划、规范和程序，属于放任自流型的管理方式。更严重的是，工头制在管理实践过程中又逐渐和中国所固有的封建行会制度、行帮传统以及封建官场习气结合在一起，成为一种浓厚的封建主义色彩的管理制度。"[1] 在武汉棉纺织业，工头制直接导致两种恶果。对于纱厂的发展来说，这种落后的管理方式和企业现代组织形式以及治理结构不相符合，并且阻碍了科学技术的进步，使生产效率长期处于一个较低的水平，"由于工头老式管理，用棉量很高，棉纱单产很低，16 支只 0.9 磅，因为成本更高。纱厂连年大亏"。[2] 对于纱厂里人数最多的工人来说，工头制的存在，使他们所受到的压迫更为深重，"工人进厂得通过封建把头，打骂甚至开除出厂也都听命于把头"，"封建把头在厂内胡作非为，可以任意打骂、迫害，甚至侮辱、强奸女工，工人逢年过节要给把头、师傅送礼；如送鞋袜、点心或银洋。把头不做工，却拿双饷。"[3] 资本家对工头开始时是矛盾心理，既对工头在工厂内日益做大、尾大不掉不满，同时又不得不利用他们管理和控制工人，让资本家和工人之间有个缓冲的空间。但是随着工头制引起的生产效率低下导致企业利润

---

① 赵靖主编：《中国经济管理思想史教程》，北京大学出版社 1993 年版，第 524 页。

② 龚培卿：《李国伟和他所经营的企业》，中国人民政治协商会议武汉市委员会文史资料研究委员会编：《武汉工商经济史料》第二辑，1984 年，第 158 页。

③ 蔡树立：《抗日战争前汉口福新第五厂和申新第四厂的劳资关系和工人运动》，《武汉大学人文科学学报》1959 年第 4 期。

下降、经营出现问题时，资本家也开始逐步改革这个落后的管理方式。

早在楚兴时期，裕华纱厂以张松樵为代表的一些负责人就已感到工头制弊端越来越多，但又迫于大环境的影响，不能一下子把他们从企业中剥离，遂决定对工头进行改造。第一步是削权，将工头提拔为职员，纳入企业的管理结构中，属于管事的领导下。裕华纱厂完成这个步骤是通过加大薪水的方式来进行的，工头的工资以前是几吊钱，现在成为公司职员后上升到 30—60 元，所以自然很满意这种安排。第二步是改变用工制度，实现总管对工人的直接领导，减少中间的管理环节。工头之所以能控制工人，因为工人进厂工作是通过他们介绍进去的。改革后的管理制度，"工人进厂工作都经过总管"。[1] 第三步则是加强对工头权力的监督。发放工资时由工册处计算出每个工人的应得工资，然后直接拿到车间并监督工头发放到工人手里，这样工头就不能冒领和克扣工资了。虽然作为被改革的对象，工头自身的权力受到很大限制，但是他们也还是尝到了改革带给他们的好处，"而工头提拔为职员后，职位高了，工资多了，又可以分红，指在很愿意，而且很卖力"。[2]

申新四厂对工头制的改革紧跟荣氏企业步伐，1924 年，"与申三改革差不多时候，上海总公司派丁作霖、郑家朴、李春坡等人去汉口申四进行改革，也有成绩"。[3] 由于改革措施过于激进，工头的利益受到很大损害。改革派直接受到工头的暴力人身攻击，改革一度搁浅。1927 年申新四厂任用上海总公司调来的肖松立担任总工程师，进一步深化对工头制的改革，"肖松立系纺织界老前辈汪孚礼的学生，对纺织事业很有专长。整顿企业也不主张急进和树立小圈子，因此进厂后，职工无甚反感。"[4] 李国伟逐步使用自己绝对控制的专科毕业生管理车间，在一段时间，工头制和学生管理制并存，以循序渐进、较为平和的方式推行了西式管理方法。

震寰纱厂因为工头制引起的问题更为突出。到 20 世纪 30 年代时，"中国纺织工厂改用技师、取消工头保持之制已十年以上、然各厂重用工

① 《裕大华纺织资本集团史料》编辑组：《裕大华纺织资本集团史料》，湖北人民出版社 1984 年版，第 17 页。

② 同上。

③ 上海社会科学院经济研究所编：《荣家企业史料》上册，上海人民出版社 1980 年版，第 159 页。

④ 龚培卿：《李国伟和他所经营的企业》，中国人民政治协商会议武汉市委员会文史资料研究委员会编：《武汉工商经济史料》第二辑，1984 年版，第 160 页。

头者尚不绝迹、厂主岂无彻底觉悟者犹不鲜也"。① 震寰纱厂就属于上述仍坚持使用工头制的企业，"而武昌震寰纺织厂，却为流氓所把持，与创办人刘公逸行之初旨，适获其反，可不惜哉。"工头在震寰纱厂内经过十多年发展，形成一股能左右工厂方向的势力，"而工头之骄横放纵，尤不敢稍加约束，以致大好工厂，悉被彼辈所包办"。企业创办初期，工头制尚能发挥积极作用，有助于企业发展。但随着工头在厂内势力日渐壮大，其负面影响越来越多，"工资黑暗，物料混沌，工价既增，人数复多，而品质恶劣，机械损于无形，物料耗于下蟹，欲行改良，动辄得咎，地利失之交臂，盈亏委诸天命，过去十余年中，每年尚可盈余，甚至扩充布厂。而今二年来，乃见折蚀，谁实为之，执令致之"。② 已走到穷途末路的工头制，在震寰纱厂以更加极端的面目呈现出来，比以往任何时期更为野蛮，"工头们雄赳赳气昂昂地在车间里踱来踱去，怒目地监视着他的'奴隶'们的劳动，一不顺眼，就声色俱厉，棒打脚踢，习以为常。工人们为了即可怜的饭碗，也只好忍气吞声"。③ 因为 1933 年震寰纱厂的停工，全厂上下都以复工为中心任务，对工头制的改革无从谈起。除这三家纱厂外，第一纱厂的管理制度是"工头制兼行学生制"，并一直持续到 1949年④，由此可知推行工头制改革的艰难程度，所以，在长时间内工头制在武汉棉纺织业有着较强的生命力，真正对其造成冲击的是 20 世纪 20 年代在中国工业界流行的"科学管理法"。

第二节　"科学管理"的推广和实效

武汉棉纺织业如果离开成效管理体制，引进的科学技术也很难转化为生产力。申新总经理荣宗敬对此有着清醒的认识，"工厂管理不合科学方法，实最为重要。挽救之策，端在改良棉产，减轻捐税及运费，并励行科

---

① 《震寰纱厂重用工头之事》，《纺织周刊》1932 年第 2 卷第 38 期，第 1053 页。
② 同上。
③ 《震寰纺织股份有限公司历史资料》，武汉市档案馆藏，资料号：震寰档案 114 - 1 - 75。
④ 《武昌第一纱厂的历史概况》，武汉市档案馆藏，资料号：第一纱厂档案 62 - 1 - 115。

学管理数端"。① 从 20 世纪 20 年代开始，以"泰罗制"为代表的现代科学管理方式在沿海企业流行，"其主要理论可以归纳为时间研究原理、按件计酬原理、计划与作业分离原理、作业的科学方法原理、经营控制原理以及职能管理原理等"。②。由于"科学管理法"在提高生产效率方面的巨大作用，再加上传统工头制的弊端日益明显，在企业内部推行科学化管理模式成为上海等沿海地区纱厂为之努力的目标。这种崇尚科学管理的风潮对武汉棉纺织业也有所影响，各纱厂根据自己对科学管理的理解和实际情况，在管理人员的培训、原材料的采购、产品的制造和销售、工人的使用、工资的发放、劳资关系的调整、财务制度的完善等方面有选择地尝试科学管理法。

一　管理人员的整顿

武汉棉纺织企业中的经理阶层很少通过竞聘选拔出来，大多由企业创建者、大股东或者与这二者有密切关系的人担任。这种依靠裙带关系上位的工厂管理人员，按照科学管理的标准来看，很多根本就不符合要求，"各部职员，虽然他们的来头大，但是什九外行，连普通知识也没有，可算是社会上的垃圾堆。他们也自知其短，进行与工头、机匠等联络，又把他们的亲亲眷眷弄来做工，拜把兄弟呵，结生死交呵，同吃同喝，甚是亲密"。③ 这种情况在武汉各纱厂内部屡见不鲜。

裕华纱厂总经理张松樵离任后，他的外甥肖厚生接任厂长。他在任期间任人唯亲，培养自己的派系，先后逼走了董事长苏汰余派到企业的很多技术人才和管理人才，"如雷锡璋、朱育芳和南通学院纺织科毕业学生刘国钧、张烈武、葛焕彬、许培祖、芮廷玉等，但因派系不同，除芮廷玉外，均被肖系亲信所排挤，先后离去"。④ 如果说业务能力的低下还能补救的话，肖厚生自身品德的败坏则让人瞠目结舌，他在工厂内每日喝酒打牌，好赌成性，以致公司各常董和董事长苏汰余对此意见颇大。制度的缺

---

① 上海社会科学院经济研究所编：《荣家企业史料》上册，上海人民出版社 1980 年版，第 260 页。

② 黄汉民、陆兴龙：《近代上海工业企业发展史论》，上海财经大学出版社 2000 年版，第 161 页。

③ 陈真编：《中国近代工业史资料》第四辑，生活·读书·新知三联书店 1961 年版，第 307 页。

④ 《裕大华纺织资本集团史料》编辑组：《裕大华纺织资本集团史料》，湖北人民出版社 1984 年版，第 129 页。

失和人情关系，不但使肖厚生更加肆无忌惮，而且也使企业的正常管理缺乏监督和制约。在得悉肖厚生的种种劣迹后，董事长苏汰余碍于情面，以较为温和的方式写信对其劝导，"查本厂为工务重地，自不得有赌博行为，吾兄身为厂长，更不得率众聚赌，自失身份"。在信中，苏汰余着重分析了赌博对生产的危害，"厂中同事日夜轮班，皆有重要职守，一经聚赌，则精神颓唐，于工务不免荒废，且所得薪资，皆赖以仰事俯蓄，何堪孤注一掷，危及生活？至于招致外人来厂，以工厂重地而变为赌博场所，更属不成事体"。从这封信可以看出，肖厚生赌博早已是企业上下、人人皆知的事情，"况本公司各董事前阅报章，啧有烦言。弟身任董事长而不能感化同人，实觉内疚于心。尤其对于各董监之查询，外界之恣意颇为难堪。"他不但自己赌博，而且把赌场设在工厂里，招呼外面的赌徒入厂赌博作乐，甚至动用工厂的公用交通工具方便自己出去赌博。董事长苏汰余也是对其规劝多次，但无济于事，已经完全到了屡教不改的地步。虽然苏汰余在信中分析了裕华纱厂发展所面临的严峻形势，"本公司目下营业固属甚好，但各省创立新厂，如雨后春笋，势不可遏，来日经营之难，恐有甚于往昔者。必须兢兢业业，方能图存。"并以开除相威胁，"倘有犯赌者，无论何人，均应立即开除，用肃厂规"。① 但因为肖厚生和张松樵的关系，这种说教作用有限。在这种情况下，裕华公司只能通过董事会力量对其进行约束和管理。造成肖厚生种种劣迹的原因，除公司自身素质和品德的缺陷外，裕华纱厂管理结构的不合理和监督机制的缺失也是一个重要原因，"兹因本厂日夜两班，分厂长二人，以致事权不一，工务废弛"。② 所以，裕华公司董事对这种模糊的管理体制进行改革，明确了每个人的职责，"责成肖厚生为工务长，专任工厂厂内事务"。同时，加大监管力度，"黄子林则为内外总监，一切归其责任"。并严令肖厚生限期整改，"以一年为期，如不能振作，仍须撤换"。③ 此举果然收到了效果，一年之后，董事会对肖厚生的表现进行了评价，"本厂厂长肖厚生，上年六月经董事

---

① 《裕大华纺织资本集团史料》编辑组：《裕大华纺织资本集团史料》，湖北人民出版社1984年版，第128—129页。

② 《裕华董事常会》，1931年6月21日，武汉市档案馆藏，资料号：裕华档案109 - 1 - 309。

③ 同上。

会议，着其试办一年，现在试用期满，而成绩甚优，自应令其正式任职。"① 除此之外，裕华纱厂把管理人员的收入和经营业绩挂钩，"出品以16 支（纱）为标准，（日产）超过 46000 磅以上者赏之，其不及者有罚，此对于职员也。至厂长及上级职员则于发红外，另行分别劳绩，酌提酬劳，以资鼓励"。② 申新四厂的管理层在李国伟担任经理后，其组成人员几乎都是毕业于无锡工商中学。由于管理人员普遍接受过现代工厂管理教育，申新四厂在新技术的推广和科学管理方法的运用上都比武汉其他纱厂减少了很多阻力。为了强化基层管理人员的业务能力，申新四厂举办了职员培训班，授课内容以西式科学管理法和棉纺织基本生产知识为主，并规定"凡学生每月每科无故缺课时间总数超过授课时间总数 1/4 以上者，留级。超过 1/2 以上者，开除"。③ 申新四厂首先对管理人员进行培训，然后通过他们自上而下把"科学管理法"在工厂内部推广，整个过程有条不紊，为其他各项改革的推行做好了人力准备。

二　生产管理

（一）原料管理

棉纺织产品生产第一步是要选择合适的原材料。湖北本地的棉花质量是个很大的问题，"那时汉口的棉花来源，细绒是老河口、樊城、随县、枣阳等地的产品，大多都在汉水上游的地方，棉花羼杂较多，尤其是老河口的棉花，常有棉籽混杂其中，是故意散羼进去的"。④ 所以，在生产之前对所采购的棉花进行质量把关是各纱厂必经的步骤。

在采购原料时，裕华纱厂力争做到购买质量优良的棉花，为此甚至不惜每担棉花比其他纱厂多付一元左右的价钱。对于已收购的棉花，进行科学的质量检测，"公司在汉口收进的原棉，厂里认为不合用时，甚至原物退回。对收进的原棉，按其纤维长度、色泽、研究合理搭配，定有严格的配棉标准"。⑤ 严格挑选的棉花生产出的棉纱质量明显高出市场同类产品。

---

① 《裕华董监常会》，1932 年 7 月 20 日，武汉市档案馆藏，资料号：裕华档案 109 - 1 - 309。

② 同上。

③ 《申新四厂第二十六次工务会议记录》，1936 年 12 月 5 日，武汉市档案馆藏，资料号：申四档案 113 - 0 - 256。

④ 《申新四厂历史资料甲乙编》，武汉市档案馆藏，资料号：申四档案 113 - 0 - 953。

⑤ 黄师让：《裕大华企业四十年》，中国人民政治协商会议全国委员会文史资料研究委员会编：《文史资料选辑》第四十四辑，1963 年版，第 21 页。

为了买到质优价廉棉花，裕华纱厂联合裕大华集团的大兴、大华两纱厂，采用在棉纱产地设庄收购的方式，先后在北方棉花集中地郑州、优质细绒棉产地陕州等地方设立棉花采办处，"以往裕厂、石厂、秦厂所需原料多仰给于此，虽常有相当利益，但人才不集中，组织不健全，似与利益之中亦不无相当损失。盖三厂办花，完全间接由客贩手中转购而来，经过三四道阶级层层剥削，每担损失至少在两元以上。良以陕西棉销情形，由农人售与花行，花行售与客贩，小客贩售与大客贩，再运销于各厂家，偶遇行市大跌，客贩虽间有吃亏之时，若在平和局面或大涨之际，则客贩居奇厂家吃亏更大。又客贩但图个人利益，不明厂家用途，所办之货不分好次，不合需要，厂家办进此货，其中亦不暗损"。① 裕华纱厂从原来由商贩手中购货，发展到和本企业集团内部的另外两厂联合采办棉花，不但可以购买到符合自己生产要求的优质棉花，而且在价格上也能节省不少。

鉴于湖北所产棉花棉品不高，羼杂多，申新四厂采购本地棉花不多，1933 年以后，改变了原料采购方针，"注重于河南、陕西、山西、河北等省高级细绒棉，至西安、郑州设庄采购，至汉口当地不过就合用的棉花零星选购而已"。②

相比较裕华纱厂和申新四厂对购买生产原料的重视，震寰纱厂则只图眼前的暂时利益，"他们在采购原棉时为了贪图便宜，大批地购进那些虽价廉但质很差的棉花（比如水分重、黄花等杂质多的棉花）"。③ 这种棉花势必影响产品的质量，所以，这也是震寰纱厂出品不如裕华和申四品牌的原因。

按照"科学管理法"关于原料管理要求，工厂不但采购原料时要注意质量和价格，对已购买原料的管理也相当重要；否则，会出现以下几个问题。"①存货过多，一时不能用尽，徒压有用之流动资本；②存货过少，致用时不足，工人于机器均须中途停止；③保藏不善，发生种种损失；④收发法，成品与损失不能统计"。④ 政局动荡经常造成交通运输的阻滞，所以裕华纱厂向来重视原材料的储备工作，尤其是在棉产不高的年

---

① 《裕大华纺织资本集团史料》编辑组：《裕大华纺织资本集团史料》，湖北人民出版社1984 年版，第 148—149 页。

② 《申新四厂历史资料甲乙编》，武汉市档案馆藏，资料号：申四档案 113 - 0 - 953。

③ 《震寰纺织股份有限公司历史资料》，武汉市档案馆藏，资料号：震寰档案 114 - 1 - 75。

④ 郑长家：《小工厂之科学管理法》，《科学的中国》1934 年第 4 卷第 3 期。

份，格外注意广积棉花，"再查棉年歉收已为一种事实，据各方报告，各地存底均枯，来春有断白之虑。故本公司极力筑起花底，以防吊缺"。① 储备充足的棉花，既满足了生产的需要，同时还能利用棉花价格的涨落，取得额外的盈余。1935 年 11 月，裕华纱厂盈余 52900 元，"乃系以前所进原棉为廉，故尚有利"② 1936 年 7 月，裕华纱厂赚 61000 元，也是因为这个原因，"是月份本厂存花尚厚，不买贵花"。③

（二）生产过程管理

武汉棉纺织业在生产过程管理中最为科学得法的无疑是申新四厂。该厂管理模式紧随上海总公司，对于科学管理法接受较快。在规章制度的制定上，可以直接照搬总公司的现成条文，"1936 年厂房废止下脚工改发双薪四个月是遵照总理荣宗敬的来函和采取上海各厂同一办法"。④ 在具体实行中，可以借鉴申新系统内其他各厂的经验，并由总公司派人推广指导，"与申三改革差不多的时候，上海总公司派丁作霖、郑家朴、李春坡等人去汉口申四进行改革，也有成绩"。⑤

由于具有得天独厚优势，申新四厂在生产过程中很快制定了一套严格的"工务办事细则"。此规则主要用来约束生产管理者的行为，"依据'工务办事细则'将纱布两厂技师力量分设保全科与设工科，前者任务是保护机器，改造修理机器，分前后两部；后者主要任务是检查成品质量，分设清花、粗纱、捡纱、成包、捡花各部。清花、粗纱、细纱、捡纱、成包、捡花，设管理主任及助理员，其任务是监督工人生产，赏罚工人"。⑥

除了约束管理人员"工务办事细则"外，在具体的车间生产过程中，申新四厂执行的还有"工务规则"，主要用来规范工人操作机器的各种行为，"例如布厂的准备部管理筒子的罚则如下：（1）不准用油纱、杂纱，如违每次罚三分。（2）不准附着飞花，如违每次罚五分。（3）不准打大

---

① 《裕华董监常会》，1935 年 12 月 20 日，武汉市档案馆藏，资料号：裕华档案 109 - 1 - 312。

② 同上。

③ 《裕华董监常会》，1936 年 8 月 25 日，武汉市档案馆藏，资料号：裕华档案 109 - 1 - 312。

④ 《申新四厂历史资料卷》，武汉市档案馆藏，资料号：申四档案 113 - 0 - 956。

⑤ 上海社会科学院经济研究所编：《荣家企业史料》上册，上海人民出版社 1980 年版，第 159 页。

⑥ 《申新四厂历史资料卷》，武汉市档案馆藏，资料号：申四档案 113 - 0 - 956。

结，如违每次罚五分。（4）不准拼双头，如违每次罚一角。（5）不准搭头，如违每次罚五分。（6）不准有扭纱，如违每次罚五分"。① 如果只有处罚规则，工人长期在高度紧张的环境下生产，很容易产生抵触心理。申新四厂管理者及时发现问题，明白只靠一味地加大劳动强度和处罚是远远不够的，因此又制定出详细的奖励制度对表现好的工人进行激励，"（1）以二十支纱为标准，四万四千锭，每天应出纱一百件，多出一件，奖金十元。（2）所谓一百件之标准，是指一个星期的平均数，例如星期一出一百件，星期二出九十件，星期三、星期四、星期五、星期六各出一百二十件，则六天共计六百八十件，应得八十件奖金八百元。（3）该项奖金之得者如下：技师、考工主任、保全主任、训练管理、各部领班、副领班等人，按人数平均分配之。（4）该项奖金可酌提十分之三至十分之四，奖给负责之高级工友。"② 除了固定奖励机制外，对于普通工人，最实际的还是临时奖励制度，1935 年 7 月 8 日申新四厂为了激励工人在酷夏坚持生产，颁布了下面一个临时奖励方法，"凡自本月 25 日起至下月 25 日止，一工不停者赏奖券一纸。凡中奖者可得奖品：头奖一个，得值洋十元之物件；二奖五个，得值洋二元之物件；三奖二十个，得值洋一元之物件；四奖五十个，可得值洋五角之物件；五奖一百个，可得值洋二角之物件；不得奖者，凭券调换值洋一角之物件"。③ 这些小的奖励措施操作易行，并且达到了缓和劳资矛盾和提高生产效率的目的，据申新四厂工人回忆，"执行工务规则后，生产效率提高两倍左右"。④

各项生产规则的制定完善了申新四厂管理制度，不论是管理人员还是普通工人，都能照此来约束自己的行为，使工厂生产正常有序地进行下去。在生产的组织方面，申新四厂根据自身实际情况，研究出"生产比较法"并加以推广，取得不错的成绩，"查布厂自实行'生产比较法'之后，产额蒸蒸日上，较之以往，有极显著之进步，所以兄弟觉得要增加生产，必须实行'生产比较法'，因为不比较便没有竞争，不竞争便没

---

① 上海社会科学院经济研究所编：《荣家企业史料》上册，上海人民出版社 1980 年版，第563—564 页。

② 同上。

③ 同上书，第 564 页。

④ 同上。

有进步，没有进步，生产怎会增加呢?"① 为了避免工厂内部出现只要产量，而不择手段地恶意竞争，申新四厂在工务会上对"生产比较法"推行过程中出现的问题进行了说明，"不过我们在竞争中，也须顾到二个原则：(1) 顾全厂房实际利益，竞争应在正当生产方法上努力；(2) 尊重个人品德，不作无谓意气的争执，以上二点是我们负有生产责任的人所应该绝对注意的，因为倘若达及了上述两则，即使得了竞争上的胜利，在实际上也是劳而无功的。"②

20 世纪 30 年代初，裕华纱厂派人去日本考察，不但引进了先进的机器设备，学到了部分生产工艺和技术，同时对日本纱厂在生产过程中的管理方法颇为称道，日本纱厂普遍重视"研究原棉性能，检验产品的质量规格；管理人员经常下车间，进行检查及协助清洁工作；学生初进厂，必须下车间和工人一道实际参加生产，经过一段时间，才派正式工作"。③以此为典范，裕华纱厂在生产过程中对原有管理方法进行革新，推行标准工作法，按照生产工序注重生产过程中各部门的分工合作，严格控制生产部门的人员定额（见表 3 -1）。

表 3 -1   裕华纱厂职务人员结构

工务人员		事务人员	
职务	人数	职务	人数
总计	39	总计	16
厂长	1	仓库科	1
科长	4	物料栈	2
稽查主任	1	煤栈	3
前纺主任	2	花栈	2
后纺主任	2	纱布机	2

① 《申新四厂第十三次工务会议记录》，1935 年 11 月 5 日，武汉市档案馆藏，资料号：申四档案 113 - 0 - 256。

② 同上。

③ 黄师让：《裕大华企业四十年》，中国人民政治协商会议全国委员会文史资料研究委员会编：《文史资料选辑》第四十四辑，1963 年版，第 25 页。

续表

工务人员		事务人员	
职务	人数	职务	人数
布厂主任	2	账房	2
保全主任	2	工账房	2
清花间	2	稽查	1
梳并间	2	庶务	—
粗纱间	2	书记	1
细纱间	4	—	—
摇纱间	6	—	—
成包间	2	—	—
准备间	2	—	—
织布间		—	—
整理间	1	—	—
实验室	2	—	—
统计室	2	—	—

资料来源：《武昌裕华纺织厂概略》，武汉市档案馆藏，资料号：裕华档案 bN4 – 14。

只从组织结构上看，申新四厂和裕华纱厂在生产管理方面基本能按照科学管理法要求，结合本厂实力进行有选择的调整和改革。但在执行过程中，往往呈现的是另外一种现象，"根本组织法太坏，事权难以统一，尤其是某大厂更加复杂，什么工务科呵、保全科呵、原动科呵、工账科呵、会计科呵、庶务科呵，科科平等，各摆各的威风，使得工作上常常受无谓之牵制，意外之损失"。[1] 在科学管理的覆盖层面上，除裕华纱厂、申新四厂这些经营较为稳定的纱厂能有此余力选择试用外，其他纱厂仍然在生产过程中沿袭过去的做法。

三　工人管理

前面章节论述过申新四厂在 1933 年火灾重建后推行的养成工制度，该制度最明显的一个特点是对进厂工作的人员进行严格的筛选，通过考试等其他一些硬性规定挑选出厂方需要的工人。这种通过考核进厂的工人素

---

[1] 陈真编：《中国近代工业史资料》第四辑，生活·读书·新知三联书店 1961 年版，第307 页。

质较之以往和其他纱厂，有显著提高，"幸得招募进来的，尽是一班乖不过的青年女工，竟尔一训即会，一练便熟，果然侥幸地在预定的时期内训练成熟了。对于各项标准工作法，都能了解，并且还有相当的能力"。① 武汉各纱厂中用考试招收工人的，也就只有申新四厂一家，"除申新四厂外，皆用招雇之方法"。② 招雇进来的工人，基本上仍属于过去工头制下的产物，工人要进厂工作，必须要通过各种方式打通工头的关系，如此一来，招来的工人就良莠不齐，质量上很难保证。此外，这种用人制度还容易造成工厂内部的地域性过于明显，"湖北纱厂的用人，还有一条唯一的金科玉律，就是要限于湖北人，外籍的人来，上上下下，不约而同的，同在一条战线上反对的"。③

科学管理法在武汉各纱厂推行初期遭到工头强烈抵制不难理解，因为科学管理法直接损害了工头们的既得利益，动摇了他们的统制根基。但值得思考的是这种顺应时代潮流的管理方法最初在工人那里也完全没有市场。究其原因，因为最初在武汉纱厂内执行的科学管理法都是直接照搬国外模式，对科学管理的理解仅仅是"节省时间、精神、物质而已"。④ 用延长劳动时间和提高工人劳动强度办法来提高产量，具体工作中接受西式科学管理教育的职员工作经验不足，在管理工人时缺乏适当的变通和人情味。震寰纱厂在未推行新的管理方法之前，车间还有凳子供工人休息，后来引入了科学管理法后，基于提高效率的考虑，"工人们的这一权利也被取消了，板凳被抽走，只好站立着一直工作 12 小时，不能稍事休息"。⑤

作为工厂最主要的生产者，工人的劳动积极性如果不能得到调动的话，说明科学管理法并没有得到真正的贯彻和实施。因为"近代科学管理的实质，并非仅仅要使工人被动地成为机器的附属品，而是最大程度调动工人的积极性"。⑥ 20 世纪 30 年代国内的很多专家也认识到了这个问

---

① 上海社会科学院经济研究所编：《荣家企业史料》上册，上海人民出版社 1980 年版，第571 页。

② 李建昌：《武汉棉纺织业之劳工》，《实业统计》1935 年第 3 卷第 3 期。

③ 陈真编：《中国近代工业史资料》第四辑，生活·读书·新知三联书店 1961 年版，第307 页。

④ 穆藕初：《藕初五十自述》，商务印书馆 1926 年版，第 51—52 页。

⑤ 《震寰纺织股份有限公司历史资料》，武汉市档案馆藏，资料号：震寰档案 114 - 1 - 75。

⑥ 徐鼎新：《中国近代企业的科技力量与科技效应》，上海社会科学院出版社 1995 年版，第 145 页。

题，"公司当局不仅要维持股东的利息，更当注意职工的福利，得到他们切实的好感与合作。科学管理制度下的工友，绝不是机械化。科学管理是引导而不是压迫，是启迪而不是威逼。一个公司虽有新式的机器和设备，虽有极新的工作方法，但若忽略了人的问题是很难成功的"。① 20 世纪 30 年代时，武汉几个主要纱厂都不同程度意识到这个问题，其中以申新四厂在改善工人福利方面所作努力最大。

申新四厂在改善工人福利方面做了一些工作，比如膳食补贴，"外面吃饭总在五元左右，我厂每月只取搭伙膳费三元六角，因此每年补贴不下千元"②；暂垫衣服费用，"资本家认为工人服装不整齐，统一定垫被、白床单等。每次定制时，厂方要垫出一笔钱，以后陆续扣回"③；办理消费合作社，"是因为要加上汉口到工厂（市郊）的运费，若是工人自己到汉口市区去买，加上来往路费，比在厂里买还划不来"④；改善工厂医疗卫生条件，申新四厂规定，"本厂特为工人之患病者办有医院，除花柳病外，一律免费"⑤；提供惠工宿舍等措施，"本厂因感于时代的需要，和提高工人生活、增进工作管理的效率的原则，特设备惠工宿舍一所，有工友住房百余间"⑥，宿舍内装配有电灯、自来水等设备，里面的铺盖、手巾、牙刷、面盆等都是由厂方供给。从纱厂管理者的角度来看，让工人统一住在厂内益处很多，首先居住在厂外缺陷很多，"往往易受不良习惯如赌博饮酒嬉戏等之引诱，影响工人身心健全者至大，因而使工作之效能大为降低。"工人居住厂内后，厂方可以便于集中管理，"工人之健康亦时时可以看到，工作效能因而大增，亦何乐而不为？"⑦ 从工人角度出发，由于房间内的基本生活用品都由工厂提供，每月每人仅由厂方收四元一角的费用，如此小的花费就能解决基本的食宿问题，自然可以接受。

为了满足工人的娱乐生活，"更在宿舍之前，开有运动场一所，以谋

---

① 赵锡禹、孔士鄂：《采用科学管理法的先决条件》，《工商半月刊》1931 年第 3 卷第 2 期。

② 上海社会科学院经济研究所编：《荣家企业史料》上册，上海人民出版社 1980 年版，第 583 页。

③ 同上。

④ 同上。

⑤ 同上书，第 584 页。

⑥ 同上书，第 585 页。

⑦ 李建昌：《武汉棉纺织业之劳工》，《实业统计》1935 年第 3 卷第 3 期。

工人身体之健全"。① 对于工人宿舍的硬件条件，申新四厂考虑的也较为
周到，尤其注重宿舍楼的消防安全，工务人员尽职尽责，及时发现消防安
全隐患在每月的工务会上讨论，"惠工宿舍消防设备，急宜充实"。"本厂
消防方面最感困难者，为水量不敷，须设法将水管放大，压力加大"。②
在假期，申四在工厂内部放映电影、上演戏剧，以此丰富工人娱乐生活。
因为申新四厂的假日设置不是固定的，经常会因为生产任务的调整而发生
改变，所以经常会出现有工人的家属来探访，却不巧赶上工人在上班的时
间。申新四厂从加强对工人人文关怀的角度出发，做出决定，"以后如遇
例假日移动，工友亲族来厂探望，即在工作时间，亦予相当便利"。③ 为
强化工人对企业的认同感，申新四厂经常向工人灌输劳资合作的思想，
"本厂是劳资合作的工厂。厂房的利益，就是各工友的利益，这是我们的
两个信条。因此本厂对工友福利问题极注意，向来以新法管理工人，优待
之至"。"劳资应该充分合作，团结一致，否则便会皮之不存毛将焉附"。④
企业管理者的这些做法，在某种程度上改善了工人的生活条件。同时，动
摇了工人对工头的依附关系，过去工人唯工头马首是瞻，只知道有工头，
不知道有企业，在着实感受到企业的一系列福利措施和奖励措施后，慢慢
接受了科学管理法，为企业更深层次改革扫清了障碍。

　　与申新四厂在工人管理方面的面面俱到相比，武汉其他几家民营纱厂
就相形见绌了。仅就膳食问题而言，除申新四厂在 1935 年开始逐步实行
工人膳食全部由厂方供给外，"其余各厂，饭食皆由工人自理，每于工作
用膳休息时间，由工人家中送饭，或工人于自己上工时，捎带饭食，以资
食用"。⑤ 在住宿问题上，各厂不像申新四厂那样硬性要求工人必须住厂，
只提供部分住房出租给工人，租金根据住宿条件，一般从高到低，分为几
等，"第一纱厂之职工宿舍共分三等，一等月租九元，二等月租六元，三

---

　　① 李建昌：《武汉棉纺织业之劳工》，《实业统计》1935 年第 3 卷第 3 期，第 213 页。

　　② 《申新四厂第二十六次工务会议记录》，1936 年 12 月 5 日，武汉市档案馆藏，资料号：
申四档案 113 - 0 - 256。

　　③ 《申新四厂第二十六次工务会议记录》，1936 年 12 月 5 日，武汉市档案馆藏，资料号：
申四档案 113 - 0 - 256。

　　④ 上海社会科学院经济研究所编：《荣家企业史料》上册，上海人民出版社 1980 年版，第
586 页。

　　⑤ 李建昌：《武汉棉纺织业之劳工》，《实业统计》1935 年第 3 卷第 3 期，第 228 页。

等月租三元，一二两等多职员租用，普通工人多住三等，二三家合住一间"。① 此外，民生纱厂是只安排全厂约八百女工住宿，八人一室，不收工钱。裕华纱厂等其他纱厂则和第一纱厂类似，采用的是自建宿舍分级别出租的方式。

裕华纱厂为了提高效益，在没有可能提高生产技术和降低工资情况下，采用裁减工人、提高工人劳动强度和女工替换男工方法来降低工资成本，"当时（1932年）全厂（裕华）有工人4200多人，工资工资总额达68000元，经过计算，认为只要2400多人就够了"。② 裕华纱厂的这次裁人对象，多是技术差、劳动力弱的工人。整个裁人过程并未征求工人意见，属于资方硬性裁人，对于不服从命令的工人，还动用武力逼其就范，对于被裁的工人也不给予任何照顾。整个裁人过程集中在1933年7—8月进行，"共计约减少1000多人，工资总额每月由68800元减少到38000元"，达到资方降低生产成本的目的，"当时以43000余锭、500台布机的纺织厂，裁减后职员仅余50多人，在册工人每万锭只350多人"③，全厂在册工人从4000多人，减少到2400多人。如此大规模的裁人，带来的直接后果就是工人的劳动强度空前加大，根本完成不了厂方交给的任务。厂房遂推出新政策，允许带帮手进车间帮助生产，但是帮手不列入工册，所以工厂也不必为这些增加的帮手支付工资，所以最后的结果是"实际上只是在册人数减少了，工资支付减少了，而工人的实际人数并无多大减少"。④

裕华纱厂工人的待遇在武汉地区较好，但也仅仅是相对于优秀技术工而言。在企业内部，裕华纱厂对待管理层人员和普通工人采用双重标准。1930—1931年度，裕华纱厂盈余很少，比上一年度减少了一半。在1931年7月的董事会上，董事长苏汰余提议，"以同事一年辛苦，未免太薄，可否于股东四厘红息内提拔一厘，弥补人红，以后无论盈亏不得援以为例"。这个决议得到全体董事的赞同，里面所说的"同事"指的是企业高级管理职员和技术人员，他们的收入并没有因为公司收入的减少而减少。相反，普通工人的收入却要和企业的盈亏保持同步，"至工人上年照工资

---

① 李建昌：《武汉棉纺织业之劳工》，《实业统计》1935年第3卷第3期。
② 《裕大华纺织资本集团史料》编辑组：《裕大华纺织资本集团史料》，湖北人民出版社1984年版，第181页。
③ 同上书，第182页。
④ 同上。

每人赏给 7 天，本届盈余减少一半，自应照半减少。"① 至于震寰纱厂和第一纱厂等企业，由于规模小，业绩不佳，所受科学管理法影响小，对工人的管理仍然停留在加大劳动强度的最初阶段。

四　工资管理

近代国内纱厂支付工资制度分为计时工资制、计件工资制以及计时计件混合制。计时工资制按照工作时间的长短支付工人工资，一般以一天或者一月为标准。这种方式操作起来较为容易，"便于资本家延长工人的劳动时间，适应资本主义发展初期增加绝对剩余价值生产的特点"。② 计件工资制按照工人生产数量发放工资。计时计件混合制指的是"不但每日之工资率已经确定，且每日应作之工作量，亦有规定标准，逾此标准，则除应得当日之工资外，复加以计件而应得之工资"。③ 可见，混合制不但可以保证工人能有一个保底的基本工资，还能激发其生产积极性，在完成基本任务量的基础上生产出更多产品，获得更高的收益。

武汉纱厂在工资发放时一般采用计时法和计件法（见表 3 - 2），"就工作部分言，清花、原动力、机器间、整理、打包、梳花诸部，多用计时法计算工资。粗纱、细纱、摇纱、废棉、经纱、织布诸部多用计件法计算工资"。④

表 3 - 2　　　　　1934 年武汉纱厂计时工资与计件工资人数比较

职务	计时工资			百分比（%）	计件工资			百分比（%）
	男	女	合计		男	女	合计	
清花	286	—	286	100	—	—	—	—
梳花	155	28	183	54	88	68	156	46
粗纱	224	232	456	34	—	870	870	66
细纱	196	256	452	18	531	1589	2120	82
摇纱	34	24	58	4	620	668	1288	96

①　《裕华董监常会》，1931 年 7 月 20 日，武汉市档案馆藏，资料号：裕华档案 109 - 1 - 309。

②　汤可可：《近代企业管理体制的演进——无锡民族资本企业发展历程中的变革性转折》，《中国经济史研究》1994 年第 3 期，第 7 页。

③　方显廷：《中国之棉纺织业》，商务印书馆 1934 年版，第 147 页。

④　李建昌：《武汉棉纺织业之劳工》，《实业统计》1935 年第 3 卷第 3 期。

续表

职务	计时工资			百分比	计件工资			百分比
	男	女	合计	(%)	男	女	合计	(%)
打包	117	—	117	74	40	—	40	26
废棉	21	4	25	10	16	129	195	90
机器间	162	—	162	100	—	—	—	—
原动力	351	—	351	100	—	—	—	—
经纱	20	2	22	5	189	220	409	95
织布	66	40	106	8	22	1196	1218	92
整理	70	—	70	100	—	—	—	—
合计	1702	586	2288	28	1506	4780	6296	72

注：表格内工人来自第一纱厂、民生纱厂和裕华纱厂三厂。

资料来源：李建昌：《武汉棉纺织业之劳工》，《实业统计》1935 年第 3 卷第 3 期。

由表 3 - 2 可知，从总人数看，采用计件工资的工人占主导，占总数的 72%，并且计算可知，其中，女工占 56%。无论是计时工资还是计件工资，二者都有一定的缺陷。计时工资下的工人，"往往私自停工，以求偷懒"，"其怠工方法，或加油与电机轮之皮带上，使其光滑，减少摩擦力，机转速率因而减低，工作乃得借而迟缓；有时竟将一部分机器毁坏，借得于修理时停顿工作"。[①] 计时工资下的工人只要工作一天，不管每个人劳动效率有何差异，都以天计算拿到同样工资，这样就打击了工人提高个人劳动效率的热情，自然调动不了工人的生产积极性。计件工资比计时工资有所进步，它以工人生产的数量为标准，多劳多得，工人生产热情也随之提高。但是工人往往为了片面追求数量，而忽略了产品的质量问题，或者采取虚报产量的方式，"譬如粗纱工人，其出产额由亨司表衡计，工人乃多自动操持该表，随意移动其标识图以少报多"。[②] 无论计时工资制还是计件工资制，二者缺陷都很明显，所以沿海地区的纱厂采取了计时和计件工资混合制，"此种弊病，若能参照天津裕元纱厂之办法，采取计时计件混合法，规定工人出品，每日须有一定之标准，超过此标准则论件计

---

① 方显廷：《中国之棉纺织业》，商务印书馆 1934 年版，第 148 页。

② 同上书，第 148 页。

算，加发工资，工人为多发工资起见，自必充分发挥其工作之能力"。①
武汉棉纺织业一直到抗战西迁之前，在工资发放上是以计时工资和计件工
资为主，尚没有发展到混合工资制，从中也可以看出在工资管理上内地棉
纺织业和沿海棉纺织业之间的差距。

五　会计制度改革

科学管理要求企业财会制度也实现改革，即由旧式的上收下付的单式
簿记向西方借贷记账法的新式会计制度过渡。受传统商业经营模式的影
响，武汉棉纺织企业在财务制度上基本上还是每年度结账一次，统计各项
支出和收入，然后汇编成册报告。这种记账方式一般适合规模较小的纱
厂，流水账式的记录只能对公司的日常收入和支出等基本业务做一些简单
的记录（见表 3 - 3）。

表 3 - 3 　　　　　　　1924 年震寰纺织股份有限公司借贷对照②

该款项下：
一该股本　洋例文一百十五万两正
一该股息　洋例文陆万九千两正
一该公积　洋例文一万五千一百十一两七钱五分
一该补息　洋例文四万陆千两正
……
以上共该洋例纹三百十万零四千三百二十六两一钱一分

存款项下：
一存生财　洋例文七千五百八十两七钱七分
一存资产　洋例纹一百七十一万七千三百六十一两
一存慎泰兴　洋例纹五百十五两正
一存隆记押租　洋例纹一百九十二两正
……
以上共存洋例文三百十万零四千三百二十六两一钱一分

　　注：该表档案原件内容较为烦琐，把纱厂所有事项均包含在内，上文中只选取了典型事项。

---

① 李建昌：《武汉棉纺织业之劳工》，《实业统计》1935 年第 3 卷第 3 期。
② 《震寰纺织股份有限公司第二次报告书》，1924 年 12 月，武汉市档案馆藏，资料号：震
寰档案 114 - 1 - 157。

　　震寰纱厂的借贷对照表属于典型的传统中式簿记，在统计方面缺乏条理和规范，最明显的特征就是记账单位紊乱，两、钱、分几种货币单位都出现在了表3-3中。流水账式的逐项——记录，不但增加了过账手续的复杂性，而且只能反映出公司的具体业务往来，不能进行生产成本的核算、经营走势和总体结算。

　　随着企业的逐步做大，流水账已无法满足发展的需要。裕华纱厂由于经营覆盖面越来越广，对外业务活动越来越多，与其他公司、金融机构资金往来越来越频繁，所以势必要选择新式会计制度。通过分析裕华纱厂的营业报告书，可以看出，裕华纱厂从1931年7月的第十一届营业报告书中已经逐步由传统的中式簿记向西式簿记过渡。具体做法是：改上收下付的记账为左右对照的复式记账，同时编制企业的预决算、资产负债表、经营损益计算书、企业财产目录等。虽然形式上有了现代会计制度的雏形，但在具体实践过程中仍然是新旧记账法混合，以裕华纱厂编制的资产负债表为例，在每项的细节方面，仍然延续了传统的记账方式（见表3-4）。

表3-4　　　　　　　　　　1934年裕华纱厂第十四届资产负债表　　　　　　　　单位：元

资产	国币	负债	国币
地皮	314930.49	股本	3000000.00
建筑	1341261.10	股东存款	1500000.00
填土	143023.29	公积	779347.46
机器	2936273.30	保险	250198.77
器具	36818.30	折旧	322466.16
押租	179.10	刷账准备金	21984.15
有价证券	17870.66	本票	14409.22
川帮往来	47831.75	应退纱号税款	23771.93
分公司	1098064.50	分公司损益	86640.95
纱号往来	81504.01	各种存款	1462379.60
杂户往来	3301.27	应付未付回佣	1508.06
在途棉花	3290.97	各号未出纱布	4348.59
棉花	922267.30	应付未付工资	3000.00
棉纱	223281.89	历年未领息金	1722.70
棉布	59971.02	股东存款息金	180000.00

续表

资产	国币	负债	国币
废花	4839.12	新股尾数	1190.83
物料	245438.65	各号未出废花	20424.81
煤炭	12306.27	废花号往来	2247.41
行庄往来	241722.49	盈余	159405.65
期票	72215.59	—	—
现金	28655.22	—	—
总计	7835046.29	—	7835046.29

资料来源：《武昌裕华纺织股份有限公司第十四届营业报告书》，武汉市档案馆藏，资料号：裕华档案108-1-919。

较之于震寰纱厂流水账式的逐项记录，裕华纱厂的资产负债表左右平衡对照，收支一目了然，便于比较分析经营状况，从中可以看出裕华纱厂在资产方面机器一项所占比重最大，达到2936273.3元。在负债方面，股本、股东存款、公积金、保险、折旧是主要构成部分。之所以说表3-4只有现代会计制度的雏形，是因为在具体分类中依然是罗列各项，尚没有根据资产的性质进行分类，同时期上海各企业资产负债表则已经完成了这一过程，把资产分为固定资产和流动资产；负债分为固定负债和流动负债。[①]在该厂的损益计算书的制作上，同样体现了上述的一些问题（见表3-5）。

表3-5   1934年裕华纱厂第十四届损益计算书   单位：元

损失	国币	利益	国币
上届存纱	269911.48	棉纱	8594245.81
上届存布	202994.68	棉布	2321804.03
上届存废花	9869.15	废花	104757.62
棉花	6725531.16	本届存纱	223281.89
物料	252305.26	本届存布	59971.02
煤炭	237078.26	本届存废花	4839.12
经纬纱	1581012.46	机上花纱	55336.2

[①] 江满情：《中国近代股份有限公司形态的演变——刘鸿生企业组织发展史研究》，华中师范大学出版社2007年版，第99页。

续表

损失	国币	利益	国币
董监夫马费	9600	余花	1100
总公司开支	96796.13	余煤	1250
工务处开支	889362.07	余水	12717.99
子金	488629.04	收回缴用	6812.75
统税	437911.98	受回刷账	120.03
工人会费	12512.16	—	—
申郑庄开支	13314.98	—	—
盈余	159405.65	—	—
	11386236.46	—	11386236.46

资料来源：《武昌裕华纺织股份有限公司第十四届营业报告书》，武汉市档案馆藏，资料号：裕华档案108-1-919。

表3-5虽然可以反映裕华纱厂1934年财政收支状况，但也存在很多待改进的地方。除了依然没有按性质分类外，该表仅是整理了入款项和出款项，未对这些数据进行更深层次的处理，对于企业经营过程中的销售成本等要素体现不够，经营过程中的毛利、净利也不能从中体现出来，必须要重新计算才能得出，这样势必造成统计过程中的重复工作和不必要的浪费。同时，由于不能更为精确地计算出成本的具体构成，企业在发展决策中势必缺少一个科学而准确的依据，所以这也是武汉纱厂亟须改进的地方。

申新四厂会计制度改革也较为顺利，经理李国伟从日本考察回国后，1930年冬命令龚培卿在企业内部推进西方新式会计制度改革。申新四厂会计厉无咎接受过现代商科专业教育，协助龚培卿完成了这一改革，经过两个月的准备，新会计制度于1931年1月实行，并产生了良好的效果，"建立了必要的统计报表、核算生产成本等制度，使企业资本、成本、盈亏有了比较可靠的数据"[1]，"既健全了经济核算，又堵塞了一切漏洞，解决了多年不能解决的布厂亏布问题和回佣问题。彻底消灭了账外物资和账外资金，

---

[1] 唐庸章：《厉无咎，荣氏在汉企业的最后一任经理》，《武汉文史资料》2006年第7期，第26页。

真正做到涓滴归公。为企业扭亏为盈创造了有利条件"。[1] 值得注意的是，同工头制改革一样，财会制度的演变也不是一蹴而就，现代财务制度的建立是一个长期过程。甚至到 1948 年，裕华纱厂依然没有建立起一套完整的现代财务制度，以机物料的登记造册为例，裕华纱厂存在以下几个问题，"查鄂厂现时对于登载物料之记录账册多沿老式统收统付，未将品类分别清晰各别登录"，"机物料亦未编号"，"其领用物料方法仍系用中式账簿凭账发给，殊与其他各厂之方法不一，且不足应现代企业会计组织之要求"。[2]

　　裕华公司和申四公司由于企业发展需要，在推进新式财会制度方面步伐较快，而同时期其他几家规模相对较小、经营不太稳定的企业生存尚且艰难，在推行改革方面也是采取新旧混搭方式，既引进新的制度，同时不放弃旧有东西，震寰纺织股份有限公司就是典型代表。从震寰纺织股份有限公司的营业报告书中可以看出，该公司也仿效新式记账法，制作了借贷对照表、纱厂损益计算书、布厂损益计算书、财产目录等。但这些账目依然带有传统单式簿记的影子，停留在各项名目的简单罗列水平，即使到了1936 年也是如此（见表 3 - 6）。

表 3 - 6　　　　　　1936 年震寰纺织股份有限公司损益计算书[3]

一收入　总共洋一千八百三十五元五角七分

一支出　总共洋八万四千一百二十元零一角三分

收支两品实损耗洋八万二千二百八十四元五角六分

收入项下：

一经租处　洋四十元正

一售废铁　洋一千一百二十七元正

一售草绳　洋五十七元六角七分

……

支出项下：

一保险　洋二百十四元二角正

一子金　洋五万九千九百四十九元七角四分

……

　　① 龚培卿：《李国伟和他所经营的企业》，中国人民政治协商会议武汉市委员会文史资料研究委员会编：《武汉工商经济史料》第二辑，1984 年版，第 161 页。

　　② 《视察鄂厂报告书》，1948 年 4 月 26 日，武汉市档案馆藏，资料号：裕华档案 108 - 0 - 92。

　　③ 《震寰纺织股份有限公司第十三次报告书》，1936 年 7 月，武汉市档案馆藏，资料号：震寰档案 114 - 1 - 95。

从中可以看出，武汉纱厂现代会计制度的建立存在进度不一、新旧混存现象，和沿海的工业企业存在一定的差距，"到20世纪30年代以后，诸如上海这样的工商业大城市中的大中型股份有限公司，在财务会计制度上几乎都已经完全实现了近代化的资产负债管理。每年出具的财务报表已经完全是标准的资产负债表和资产损益表"。[①] 由此来看，在财会制度改革的道路上，武汉棉纺织业依然有很长的路要走。

第三节　治理结构多样化

民国时期武汉棉纺织业发展过程也是以武汉四大纱厂为代表的各工业企业管理结构和层次不断完善的过程。这个时期内武汉棉纺织业多以公司制的形式存在，从形式上看，分为两类：一类是裕华纱厂、震寰纱厂和第一纱厂采取股份有限责任公司的形式；另一类则是申新四厂采用无限公司的企业组织形式。采用股份有限公司形式的企业大部分都有诸如股东大会、董事会、经理之类的机构和人员设置。但是，这种从西方和沿海地区照搬过来的企业治理结构依然打上旧有制度的烙印，在实际的企业管理中往往只是徒有虚名。

一　股份有限公司治理结构

（一）股东与股东会制度

武汉四大纱厂都选择公司制作为企业组织形式，公司制又分为无限公司、股份有限公司、两合类公司等类型。四大纱厂里面，裕华纱厂、第一纱厂、震寰纱厂选择了股份有限公司形式；申新四厂和福新五厂自成一个体系，属于荣德生的女婿李国伟控制的家族企业，使用无限公司治理结构。由此可见，武汉纱厂大都选择了股份公司组织形式，把视角放大到民国时期整个中国来看，股份公司也是各企业的首选。

"股份有限公司是全部股本均分为一定面值股票，并由5人或7人以上发起、全部由有限责任股东组成的公司组织。"[②] 股东组成的股东大会是公司最高权力机关，它可以通过公司的重大决策和发展规划，因此对于

---

① 张忠民：《艰难的变迁——近代中国公司制度研究》，上海社会科学院出版社2002年版，第476页。

② 同上书，第322页。

各大小股东来说，他们在企业中的地位主要是通过参加股东会议并行使表决权来实现。武汉的四大纱厂的股东会以裕华纺织股份有限公司（简称"裕华公司"）发展得最为完善。裕华纺织股份有限公司的最初几个主要股东皆是公司的发起者，他们把之前在楚兴公司的积累投入到新创办的裕华公司，履行了对公司的出资义务（见表3-7），同时凭借自己所持有的股份享受到对企业经营的分红权和参加股东大会时的表决权。

表3-7　　　　　　裕华公司创办时主要董监事的投资额统计

（投资额在4万两以上的）　　金额单位：银两

姓名	公司职称	投资额	占公司投资总额120万两的比率（%）
徐荣廷	董事长	187800	15.65
苏汰余	常董	217140	18.10
张松樵	经理	155330	12.94
姚玉堂	常董	120470	10.04
黄师让	常董	53690	4.47
毛树棠	董事	125930	10.49
周星堂（棠）	董事	1050	0.09
张春峰	董事	36890	3.07
梁熔焜	董事	74900	6.24
黄道安	董事	32340	2.69
肖纯卿	董事	25550	2.13
郑燮卿	董事	18060	1.50
聂维周	监察	20580	1.72
谌华堂	监察	21560	1.80
陈仙洲	监察	86170	7.18

资料来源：《裕大华纺织资本集团史料》编辑组：《裕大华纺织资本集团史料》，湖北人民出版社1984年版，第38页。

由表3-7可知，股东对公司的支配权和各自在公司地位基本与占有股份的多少成正比。按照一般股份公司运作的模式，"股东作为公司的出资者，在履行了对公司的出资义务后，其资本的所有权与经营权已经彻底分离。"① 裕华公司的大股东则可以通过董事会、监事会等形式，进而取得

———————————

① 张忠民：《艰难的变迁——近代中国公司制度研究》，上海社会科学院出版社2002年版，第419页。

公司的经营管理权。小股东就只能通过股东年会（股东常会）、临时股东会来了解公司的运营状况和自己的收益、审查公司年度营运报告。对于小股东来说，最能体现自己权利的是选举权，例如 1925 年裕华公司第五次股东常会上进行了董事和监察人的改选，选出的董事九人：徐荣廷、苏汰余、姚玉堂、胡秉清、孙志堂、周衡卿、万筱舫、马赫年、胡端芝。选出监察三人：毛树棠、肖纯卿、仵勉之。① 此次股东会召开的前提是与会股东人数所代表的股权必须满足过半数的要求，这样选举的结果才具有法律效应。通过此次股东大会，裕华公司选出了自己的董事、监察和经理等公司管理人员。由于这些人员都是股东选举出来的，所以他们对企业的经营管理，"并不是在实行自身的股东权利，也不是履行自身的财产权利，而是在接受全体股东以及股东会议的委托代理，履行全体出资者的资本所有权的委托—代理关系，并再次把这一委托代理关系转移于公司的经理阶层"。② 除投票权外，裕华公司众多小股东就只剩下凭借持有的股份对公司盈余分配权利，由于官息制度的存在，理论上股东在公司没有盈余甚至亏损时也能有收入进账，这种情况下的股东实质上更像是公司的债权人。这种情况在震寰公司和第一纺织公司表现得更为明显，这两家企业的股东大会制度可以说只是形同虚设，股东权利极少得到体现。

四大纱厂中，震寰公司是较能代表近代武汉民族资本主义发展的机器棉纺织企业。该企业创办资金来自武汉发达的商业资本，创始人刘逸行、刘季五和刘子敬都是土生土长的武汉本地人，三人在创办震寰公司之前，都已在武汉地方工商界中已小有名气。震寰公司的创建不但晚于沿海地区工业企业，就是跟武汉本地的裕华公司、第一纺织公司相比，也是稍显落后。但这也给了震寰公司的创始人充裕的时间思考使用什么样的组织形式和治理机构，从而使资金、劳动力等生产要素的效率发挥到最大化。震寰公司创建于 20 世纪 20 年代，国内的股份有限公司不论在数量上还是质量上，都到达了一定高度，所以，震寰公司随潮流选择了占多数的股份有限公司作为企业的组织形式。

虽然在形式上选择了股份有限公司形式，但在实施上效果不佳。股东

---

① 《裕华纺织股份有限公司第五次股东会纪事录》，1925 年 9 月 1 日，武汉市档案馆藏，资料号：裕华档案 109 - 1 - 310。

② 张忠民：《艰难的变迁——近代中国公司制度研究》，上海社会科学院出版社 2002 年版，第 419 页。

大会本是公司最高权力机构，但震寰公司股东大会却很少召开，"缘该厂自创办以来，已有十一年之久，向无股东会议之事"。① 造成这种现象的主要原因是震寰公司的股东会长期被几位大股东所控制。震寰公司创建时的发起人有包括当时号称武汉首富的刘子敬和在工商界小有名气的刘季五和刘逸行兄弟，公司绝大部分的股份都由他们三人认购，此举势必削弱了作为股份公司的社会性和公众化程度。大股东凭借控制的占绝对优势的股权在公司内部呼风唤雨、决定一切，根本无视小股东的利息，"自开工以来到1933年停工这段时期内，从未召开过一次股东大会，甚至违反公司法，当资本亏损2/3时，仍不召开股东大会，以便对企业命运加以讨论和决定，完全由刘家独断专行"。② 股东会议不能正常举行，广大中小股东利益得不到保证，因为，"对于公司出资者的股东来说，他们在公司法人治理结构中的地位和权益所在，最重要的就是参加股东大会以及在股东大会上的表决权"。③

1928年刘子敬去世，其所持有的股份因为债权关系分散于各银行作为抵押，刘逸行、刘季五兄弟所持有的股份就在震寰公司中居于绝对优势地位，他们二人因此也独揽企业大全，对于中小股东要求召开股东大会的要求也置若罔闻，所以其他股东"因不满其大股东刘氏独握厂务大权，已啧有烦言"。④ 小股东的权益长期得不到保证，便要求停工清算，并且绝不承认刘家兄弟违反公司规定而给公司带来的损失，大、小股东之间的矛盾愈演愈烈，也是1933年震寰纱厂停工的一个重要因素。1933年，震寰公司因为连年亏损过多等其他原因，被迫停工，"敝厂因折亏过巨，无法支持，迫于万不得已于本月二十二日起暂时停业。一面召集股东大会或添新股，或出抵押，但能得有经济上援助，可以供给工作之需要，并不拘定日期即时复工"。⑤ 十多年从不召开股东大会的震寰公司，在企业濒于陷入绝境、濒于破产的时候才临时抱佛脚，希望借助股东的再次注资，使企业重获生机。

---

① 《各报登震寰停工留底》，武汉市档案馆藏，资料号：震寰档案114-1-140。
② 《震寰纺织股份有限公司历史资料》，武汉市档案馆藏，资料号：震寰档案114-1-75。
③ 张忠民：《艰难的变迁——近代中国公司制度研究》，上海社会科学院出版社2002年版，第419页。
④ 《各报登震寰停工留底》，武汉市档案馆藏，资料号：震寰档案114-1-140。
⑤ 《震寰纱厂为停业呈军政党官署文件》，1933年5月21日，武汉市档案馆藏，资料号：震寰档案114-1-136。

第一纺织公司虽每年按时召开股东大会，但往往流于形式。由于债务问题的拖累，公司抵押给安利英洋行，公司实际的控制权早已沦为外人之手，以至于1936年公司转租给复兴公司这种大事，众股东竟然完全不知情，对此意见颇大，有股东认为，"董事长与复兴公司签订之前并未用书面通知各股东，现在业已成为事实，来让我们追认，似无修改之余地，但是合同上面对于我们股东方面并无权利，本席认为有保留修改之必要。"①还有的股东认为，"第一公司是我们股东的并不是安利英的，但是合同条文看起来完全成了安利英的产业。我们公司的产业交与安利英管理是否经过股东会通过"。由此可知，同震寰公司类似，第一纺织公司的股东大会在决定公司重大事务上，根本起不了决定作用。所谓的股份有限公司，无非是给武汉本地传统的商业运作模式披上一套光鲜亮丽的马甲，决定公司前途命运的大多是董监会等机构，这也是众股东乐此不疲为之努力的一个重要原因。

（二）董事及董事会制度

裕华公司、震寰公司和第一纺织公司都建立了与公司法相适应的董事会制度，作为公司治理结构中最高的管理决策机构，"在股东会授权范围内，接受股东的委托——代理，负责制定或审定公司的业务方向、经营方针等"。② 武汉几家主要的棉纺织公司的首批董事会成员组成多是公司初建时的发起人，以后的历届董事，则在股东常会上由股东选任，这也说明只有持有本公司一定数量股份的股东才有可能当选为董事。在公司1914年的《公司条例》和1929年的《公司法》关于股份公司是否应该设立董事长一职都没有硬性的规定，但是，在实际的公司治理中，以裕华公司为代表的绝大多数股份有限公司早已实行了董事长负责制，董事长主持一切。裕华公司的第一任董事长为企业的发起人和大股东徐荣廷，继任者苏汰余在公司持有的股票最多，他最初只是徐荣廷的助手，1927年，徐荣廷受武汉地区工潮迭起引起的政治环境恶化所累，被迫退位。裕华公司选择苏汰余担任第二届董事长，裕华公司董事会致苏汰余的信中写道："……事

---

① 《商办汉口第一纺织股份有限公司临时股东大会记录》，1937年7月25日，武汉市档案馆藏，资料号：第一纱厂档案62-1-137。

② 张忠民：《艰难的变迁——近代中国公司制度研究》，上海社会科学院出版社2002年版，第419页。

繁任巨，借重大才，希速返汉就任，勉为其难。"① 裕华公司董事会之所以选举苏汰余继任董事长，最主要原因在于他是公司的创办者之一，且拥有最大的股份，再加上辅助徐荣廷工作多年，业务能力强，具备这些优点的人在董事会里只有他一个。企业发起人担任董事长在武汉其他棉纺织企业也有体现。1915 年第一纺织公司成立股东会时，即推选发起人李紫云为董事长。震寰纱厂与上述二厂不同，董事会不设董事长，而是按照企业创办入股多少，推举三个主要负责人为董事。震寰公司创办时，"共计资本洋例银 122 万两，1933 年废两改元，以 694 的比例折合银元 1756800 元，分为 12200 股，每股 144 元"② 在这 12200 个股份中，刘子敬占了 4500 股，刘季五、刘逸行兄弟占了 6416 股，此三人占去总股份的 89%。③ 凭借着各自的控股权，"当时由刘子敬任公司主任董事、刘季五任总务董事兼理业务，刘逸行为专任董事兼理厂务"④，三名主要董事互有分工，互相制约和平衡。

董事会召开的频率是董事制度是否健全和发挥正常作用的重要标志。运转正常的企业，一般一个月会召开一次董事会，裕华公司就是一个典型的代表。从现有的资料可以看出，从公司创建到抗战西迁的十几年里，裕华公司董事会每月召开一次会议，遇到突发事件时，还会召开临时会议。其他各棉纺织企业的董事会就没有这样的效率了，有的几个月甚至几年都不召集董事开一次会。这种企业一般是主要由几个董事负责，如震寰公司的三个董事，把从企业经营到生产过程的各项事情都抓在自己手里，凡事不同其他董事商议。后来，随着此三人年事已高逐步淡出震寰公司领导层，加之企业生产经营遇到困难，震寰公司董监事会等治理结构才逐步发挥作用。尤其是 1933 年震寰纱厂停工后，反而是企业董事会运转最为正常的时候，围绕着复工、还债、借款、合作经营等重大问题，董事会每个月都在不停地讨论着，例如 1935 年 10 月震寰公司的第十四次董监联席会议上，就主要讨论了下列一些问题，"关于湖北建设厅暨武昌县政府令催复工一节应如何办理案"；"关于谌、高两董事由上海来函略称上海金融

---

① 《裕华董监常会》，1929 年 11 月 20 日，武汉市档案馆藏，资料号：裕华档案 109 - 1 - 309。

② 《震寰纱厂三十年略记》，武汉市档案馆藏，资料号：震寰档案 114 - 1 - 75。

③ 《震寰纺织股份有限公司历史资料》，武汉市档案馆藏，资料号：震寰档案 114 - 1 - 75。

④ 《震寰纱厂三十年略记》，武汉市档案馆藏，资料号：震寰档案 114 - 1 - 75。

奇紧，筹款不易，迭经接洽，恐难如数筹足，且条件甚苛，尚在商洽中，汉口方面亦应设法进行，俾早复工，应如何办理案"；"本公司本年七月份至九月份三个月收支账项请查核案……"①

（三）经理阶层

近代股份有限公司为了实现资本所有权和使用权分离，需要设立实施董事会决策及对企业直接经营管理的经理阶层。武汉棉纺织企业中行使经理职能的人员很多自身就是企业股东或董事会成员，或者与企业的大股东和董事会成员有着诸如血缘、亲缘、地缘等密切关系。例如裕华公司的经理由企业仅次于徐荣廷、苏汰余的第三号人物大股东张松樵担任，震寰公司驻厂经理由刘逸行担任，他是公司创建的"三驾马车"之一，也是公司董事。由于裕华公司实行的是董事长负责制，董事长徐荣廷握有实权，是企业真正意义上的领导者，他可以直接参与公司的决策，并拥有最终拍板定夺的权力。在这种组织结构下，由于董事长对企业各项业务大包大揽，无形中架空了企业的经理阶层，总经理沦为附庸的地位，所以裕华公司在最初运营的几年呈现出这样一种状况，"裕华纱厂营业及买花、售花等事，概由公司徐（荣廷）、苏（汰余）等一手办理，松只专负厂中责任。此系当时松与公司徐、苏等商妥分工合作的办法。普通的事各负责任，如遇重大事务，松与公司会商决定。这种分工一直贯彻始终"。②

震寰公司虽未明确声明实行董事长负责制，实际上公司大小业务都由最大股东和主任董事刘子敬总揽。他在1928年逝世后，企业时期管理权又逐步转移到刘逸行、刘季五兄弟二人手里。震寰公司混乱的管理模式，也是企业逐步衰落的一个重要原因。对此，刘逸行有所认识，他虽事必躬亲管理公司运营，但结果却并不尽如人意，"经理刘逸行先生自觉办事颇费心力，且年近花甲，遇事生厌，意欲添聘副经理襄助之。不料该副经理踏进厂门，即思抢夺大权，并置以前之厂规于不顾，甚至自任厂长，管理内部，至厂规纷乱"。③再加上企业内部缺乏专门的管理人才，震寰公司内部管理紊乱，矛盾重重，"是以积习颇深，毫无生气，而且年有亏蚀"。

---

① 《震寰纺织股份有限公司第十四次董监联席会议记录》，1935年10月，武汉市档案馆藏，资料号：震寰档案114－1－155。

② 《裕大华纺织资本集团史料》编辑组：《裕大华纺织资本集团史料》，湖北人民出版社1984年版，第38页。

③ 《震寰纱厂重用工头之事》，《纺织周刊》1932年第2卷第38期。

刘逸行去世后，震寰公司逐步走向委托—代理机制，借助于市场寻求职业经理人，聘请仵舜五担任经理，希望借助他的才干，革除公司内部的弊端，使企业扭亏为盈。但结果却并不尽如人意，仵舜五"因为掣肘，已数次辞职"①，震寰公司的治理结构依然处于一种混乱的情况。

第一纺织公司也没有出现职业经理阶层，企业经理同样来自公司主要投资人，并且在发展中经历了董事长负责制和经理负责制的不断反复。第一棉纺织公司筹建时，大股东李紫云被推选为负责人，1915 年的股东大会上正式当选为董事长。到了 1920 年，李紫云的角色发生变化，在此年的股东大会上，"即由大会选举李紫云为总经理"。② 按照股份有限公司正常的治理结构，总经理应该由董事会甄选并任命，李紫云的总经理却是在股东大会上选出，再结合他的背景和对企业的实际控制权来看，他的这个职务，并不是一般意义上的职业化经理人，而是总经理负责制中企业的实际控制者。总经理负责制和董事长负责制相对应，在这种制度下，"公司一切的决策经营主要由总经理来负责执行，从而成为公司真正意义上的领导。"③ 李紫云之后，1924 年陆德泽继任总经理，之后公司治理结构发生改变，重新回到董事长负责制的管理模式。1928 年后，因为债务问题，安利英洋行接管了第一纺织公司，并派宋立峰担任企业经理，全面控制了企业的所有业务。同时期第一纺织公司的董事会和董事长扮演的角色不过是安利英治理纱厂的工具、一个执行股东大会决议和公司章程、监督企业日常基本业务的一个普通机构而已，在企业经营方面完全听命于总经理宋立峰。表面上看第一纺织公司又回到总经理负责制，只不过此时总经理非但不是董事会从市场聘请的为企业服务的管理者，而是因为债务问题由债权方直接任命的外来管理者。这种因为外部的强制力而被楔入企业内部的总经理，和企业原有领导层之间在经营理念和最终目的巨大差异，导致企业治理机构的进一步紊乱，第一纺织公司也持续亏损。企业股东对宋立峰也颇有意见，1937 年的临时股东大会上，不少股东名义上提出重新清算安利英和第一纺织公司之间的债务，实际上就是借机表达对宋立峰主持纱厂工作的不满，这一点时任董事长的周星棠最为清楚，"账是清清白白

---

① 《各报登震寰停工留底》，武汉市档案馆藏，资料号：震寰档案 114 - 1 - 140。

② 《汉口第一纱厂历史概况》，武汉市档案馆藏，资料号：第一纱厂档案 62 - 1 - 115。

③ 张忠民：《艰难的变迁——近代中国公司制度研究》，上海社会科学院出版社 2002 年版，第 449 页。

的，大概不至于错讹。直截了当地说算账不过是看宋经理立峰有无弊端"。① 可见双方的隔阂和猜忌达到了何种地步，在这种情况下又何来企业的发展呢？

二 无限公司治理结构

（一）高度集权的治理方式

作为武汉棉纺织企业中重要的一支力量，申四公司却没有采用股份有限公司的治理模式，而是使用了在当时较为落后的无限公司的治理模式。申四公司原本是无锡荣宗敬、荣德生兄弟在上海创办的茂福申新系统设在武汉地区的一个分公司，在初建的几年时间内公司还没有形成独立的规章制度，一切都听从上海申新总公司的指挥，"日、旬、月、年，申四公司都有总报告单一份寄交总公司，总公司据此检查业务经营状况，其范围包括职工人数、职员薪金、工人工资、生产设备、生产费用、进料状况、销售状况、资金、利息、利润等"。② 此外，申四公司在人事流动方面也依托总公司，与茂福申新系统其他各厂关系密切（见表3-8）。

表3-8   申四公司股东在茂福申新系统任职情况

股东	入股时间	在茂福申新系统的职位
张春霖	1922年	福三麦务主任、福七副经理
严裕昆	1922年	申一经理
荣条甫	1922年	茂一、茂三账房
胡梅卿	1922年	福一银钱账
荣溥仁	1937年	总公司花纱营业部、申二副厂长
荣辅仁	1937年	总公司储蓄部主任
荣尔仁	1937年	申三助理
荣伟仁	1937年	申五副厂长、申七厂长
孙麾午	1922年	茂二副经理

资料来源：《申新第四纺织公司历史资料卷》，武汉市档案馆藏，资料号：申四档案113-0-956。

---

① 《第一纺织公司临时股东大会记录》，1937年，武汉市档案馆藏，资料号：第一纱厂档案62-1-137。
② 《申新四厂历史资料卷》，武汉市档案馆藏，资料号：申四档案113-0-956。

　　直到 1933 年申四公司遭受火灾后，复厂重建后企业规模才有所扩大，并正式有公司章程。之后随着发展壮大和环境的变迁，申四公司和同处武汉的福五两公司逐渐自成一个系统，并渐成独立之势。

　　因为是分公司，申四公司和总公司一样，也选择了无限公司治理结构。荣氏兄弟所以采取无限公司的治理模式，是因为他们在上海办振新纱厂时和股东就公司发展思路产生分歧，当时大部分股东都不同意荣氏兄弟扩大发展的计划。荣氏兄弟二人认为，股份有限公司权力过于分散，"没有全权就办不好事"，所以创办申新集团为了使权力高度集中，遂采取无限公司形式，"既无董事会，股东会也无大权，总经理掌握全权，一切集中于荣宗敬"。① 综合分析，茂福申新系统这样在当时国内属于超大规模的企业集团之所以会选择无限公司这样非主流的治理模式，在特定的发展阶段来看还是有其可取之处的，"第一，因为无限公司在扩大再生产时比有限公司便当。在企业内部，由于无限公司股东在未得全体股东同意前，不能把自有的股份转让于局外人，只能转让于内部的股东；并且企业可以随便改组，有利于兼并其他股东，尤其是兼并小股东。第二，无限公司组织便于集权经营。申新系统企业因为是无限公司组织，没有董事会，一向由荣宗敬为总经理，实行集权制，总揽全权，控制了所属的几个厂。凡企业的经营大权、财务调度、各厂成品销售、原料和物料的采购以及人员的雇用和调动，均由荣宗敬一人全权处理。因为他是无限公司组织，股东人数不多，所以易于控制"。② 由于申四公司、福新五厂二厂都是由荣家一手创办的，他们一开始便宣布二厂为无限公司，以便权力能高度集中。

　　（二）现代色彩的家族管理模式

　　除使用无限公司形式外，荣家企业另外一个显著特点是其家族企业管理模式在整个荣氏企业集团的渗透和控制。创办汉口申新四厂时，实收资本 28.5 万元，荣宗敬一人入股 15 万元，一人的股份就占了投资总额的一半以上。

---

　　① 上海社会科学院经济研究所编：《荣家企业史料》上册，上海人民出版社 1980 年版，第 55 页。

　　② 同上书，第 55—56 页。

申四公司创办时主要股东名单和股权

荣宗敬 150000 元	杨少棠 10000 元
汪 千 20000 元	华卫记 6000 元
张明斋 10000 元	荣永吉 6000 元
荣恩记 10000 元	严裕昆 5000 元
荣月记 10000 元	荣条甫 5000 元
张春霖 10000 元	高右铭 5000 元[①]

由上面数据计算可得，荣氏兄弟在申四公司资本所占比重为 52.6%，牢牢抓住了企业控股权，两厂股东除个别人外，几乎全与荣家同一籍贯。这样的话，荣氏兄弟就占了股本的大部分，余下的股本也被荣家的同族、亲戚、同乡等小股东分担。荣氏兄弟控制股本的大部，不仅是为了能够控制企业在经济方面的利益，获得更多的利润，同时他们也是想通过封建的族亲、同乡等关系，把其他中小股东联系在自己的周围，从而可以建立并巩固自己在企业中家长式的核心地位，一切都是为了建立高度集权的公司治理结构服务的。

在投资企业中持股比例的优势，还不是荣氏企业家族管理的主要特点。为了达到企业所有权和经营权的高度统一，申四公司总经理由荣宗敬兼任（他是申福新各厂的当然总经理），经理则由荣宗敬堂兄荣月担任，副经理李国伟是荣德生长婿，其他各主要管理人员也多为荣家的亲戚和同乡，甚至在技术人员、勤杂人员和普通工人中，也以荣家的本家和同乡为主，外人很难插入，这样就进一步确定了荣家家族式的企业管理模式，巩固了荣氏兄弟绝对权威的领导权。荣宗敬、李国伟等人在企业中也是以一家之长的姿态出现的，一切均要听从指挥。荣宗敬公开承认说："我们是以厂为家，非他可比。"[②] 这种权力分配和管理模式在整个荣氏家族的企业里都很普遍，它不同于过去传统商业里的家族管理范式，而是结合了现代公司治理和科学管理中的有益成分，有学者称其为泛家族化管理模式，"这种管理模式以血缘为层次划分标准，又结合了'差序格局'原理，将

① 上海社会科学院经济研究所编：《荣家企业史料》上册，上海人民出版社 1980 年版，第 86—87 页。

② 《申新四厂历史资料卷》，武汉市档案馆藏，资料号：申四档案 113 – 0 – 956。

人际的亲疏关系不仅仅血缘标准，还扩及亲缘、地缘状态"。① 所以，这种泛家族化企业管理模式，并不等同于传统家族企业的父传子、家天下式的任人唯亲，而是"亲者促之使其贤、贤者结之使其亲"②，使用的人才不但是优秀的，而且对企业也绝对忠诚，所以最终收益的还是企业本身。

　　武汉申四公司是实践这个模式的最佳平台。由于荣氏兄弟二人在事业高峰阶段各自的儿子年龄比较小，女儿较为年长，于是，荣德生的长女婿李国伟就率先走进荣家企业集团。李国伟出众的个人条件是他成为荣家第二代优秀企业家的基本条件。从地缘上看，李国伟是江苏无锡人，和荣氏兄弟有同乡之谊。从水平看，李国伟 1915 年毕业于唐山路矿学院土木工程系，毕业后曾任山海关柳江煤矿测量员、陇海铁路徐州工段副工程师、设计工程师等职务。李国伟进入荣氏企业集团始自 1918 年汉口福新第五面粉厂的建立。同年 9 月，李国伟辞去陇海铁路工程师职务，来到武汉就任该厂协理兼总工程师。③ 所以以他的学历和工作履历，已具备了成为一名优秀企业管理者的必备素质，是"贤者结之使其亲"的典型代表。

　　申新四厂的治理结构虽然是荣月全为正，李国伟为副，但现有的研究成果普遍认为，"荣月全为名义上的经理，李国伟副经理是实际上的最高管理者"。④ 尽管李国伟可能最初并无意加入荣家企业第二代领导人对企业权力的争夺，但最初没有在申四公司投资的荣德生利用李国伟牵制荣月泉的动机却相当明显，荣宗敬也默认自己家族圈的直系第二代对泛家族圈内关系较为外围和疏远的领导者进行抢班夺权，所以他亲赴武汉，到申四公司安排人事，帮助李国伟成为申四公司真正的核心。据史料记载，"李国伟来到申四福五当副经理后，就尽力扩充自己的权力，对别人进行排挤，企图在短期内使自己成为两厂的最高权力者。他先后逼走了经理荣月全、营业部主任杨少棠，而且也培植了以自己为核心的势力——工商中学派（工商中学是荣家为了培养为自己服务的人才而开设的，其中如章剑

　　① 赵波、吴永明：《近代家族企业人力资源管理思想的博弈分析——以荣氏企业为中心的讨论》，《上海经济研究》2006 年第 12 期，第 125 页。
　　② 潘必胜：《荣家企业组织研究》，《中国经济史研究》1998 年第 2 期。
　　③ 龚培卿：《李国伟和他所经营的企业》，中国人民政治协商会议武汉市委员会文史资料研究委员会编：《武汉工商经济史料》第二辑，1984 年，第 155—156 页。
　　④ 潘必胜：《中国的家族企业：所有权和控制权（1895—1956）》，经济科学出版社 2009 年版，第 134 页。

慧、瞿冠英、龚培卿等均成为他手下的主要负责人)。"[1] 李国伟对工商中学派的人员都做了安排。如他的表兄华栋臣任副经理，表弟章剑慧接任湖南工程，师肖松立担任申新四厂厂长兼总工程师，李国伟的姐丈朱觉卿（原任多年中学校长）也当上了副厂长，表丈龚培卿任会计主任。[2] 结合当时整个中国人才分布和培养情况看，李国伟倚重的工商中学派，绝不单单因为和荣氏家族相熟而被委以大任，他们从进入工商学校，无形中已打上荣氏家族的烙印，毕业服务对象也以荣氏企业为主。而用人单位使用自己培养的人才是再正常不过的事情，这样不但能知根知底，而且他们自身的综合素质使他们在当时企业人才匮乏的内地确实是鹤立鸡群。李国伟在1950年申福新总管理处会议上曾解释说："有人批评我们这个集团乡土和亲族观念相当浓厚，这是在事业开始的时候，用人一定是对于他们的品性，真知灼见，不肯随便延揽，何况那时局面狭小，也无从广揽社会人才，以致形成这种趋向。""平时彼此间责善常有的，而恶的讥评和倾轧，可以说我们干事从来没有这种存心"。[3] 所以，申四公司在企业管理时确实是以家族为纽带，尽量使用了自己熟悉的人员，但并非没有原则任人唯亲，而是做到了按照能力大小，依照较为科学的管理模式，合理安排位置，从而做到了家族模式和科学管理的统一。

（三）产权和治权分离中潜伏的危机

申新四厂最初股本中，荣月全持有股本1万元，占总股本的3.51%，他自1922年担任申四公司经理直到1931年退休。在此十年时间里，不掌握企业一分钱股份的李国伟在企业的经营管理方面负实际责任，这点秉承了荣家企业无限公司的一贯作风，即最大程度上削弱各股东和股东大会的权力，让企业处于高度集权的管理体制下。1931年荣月全退休后，李国伟接替了他的位子，成为申新公司领导者。但是，此时他仍然没有任何股份，甚至在申四公司1933年失火重建的再次增股中，李国伟也被排除在股东之外。与之相对比的是，在1922年申四公司筹建时没有入股的荣德生此时却投入了自己的资金。申四公司重建时，因资本不足，通知各股东"除前缴本外，照前缴之数再缴两倍"，另外"筹添新股，以弥前亏和解决以后营运款项等问题"。通知发出后，一万元以下24个小股东对此难

---

① 《申新四厂历史资料卷》，武汉市档案馆藏，资料号：申四档案 113 - 0 - 956。

② 同上。

③ 同上。

以接受，选择了自愿退股。最后由荣氏兄弟积极追加股本解决了资金的问题，荣德生这时开始才正式入股。[①] 荣德生此次入股 28.4 万元，占总额的 30.9%。荣宗敬在已有股本的基础上又增加投入 42.2 万元，所持有股份达到了 58.2 万元，占总额的 63.2%，二人股本相加占总额的 94.1%，与建厂之初的 52.6% 的控股率相比，荣氏兄弟对申四公司的控制是更为加强了。依然没有持股的李国伟扮演的仍然是职业经理人角色，受企业所有者即大股东荣宗敬和荣德生的委托，继续以打工者的角色兢兢业业地管理着申四公司。

由于各自利益和职权不同，企业所有者和经营者之间在发展模式和经营理念势必产生分歧，引发矛盾。荣宗敬和荣德生二人虽然对申四公司有绝对控制权，但他们身在上海，很难对公司的具体经营直接插手管理，就通过股权控制实现对经营者李国伟的牵制和监督。另外，李国伟是 20 世纪二三十年代受过高等教育的高级经理人的代表，首先自身具有经营才干，并且具有远大抱负。但他的角色在当时颇为尴尬，既不是股份有限公司中总经理负责制里掌握实权的经理，也不是服从董事会决策来自市场的职业经理人。荣氏企业这种家族式和无限公司混合的治理机构，束缚了他进一步改造和发展申四公司的手脚，所以这也是后来李国伟与总公司之间矛盾加深的原因，同时也为申四公司、福五公司自成体系独立出去埋下了隐患。

第四节　小结

民国武汉棉纺织业在管理体制上由经验型逐步向西方的科学管理法过渡，并在较长时期维持了新旧管理体制并存的二元模式。武汉纱厂在组织形式上普遍采用了股份公司的形式，内部管理上由工头制向西式的以工程师为主导的"科学管理"过渡。不同纱厂都制定了各自的工厂规章制度，在原材料的采购、具体生产过程、产品质量监督、财务核算、职业经理阶层以及普通工人管理模式上的差异，既是不同纱厂经营理念的体现，同时

---

① 上海社会科学院经济研究所编：《荣家企业史料》上册，上海人民出版社 1980 年版，第 396 页。

也相应带来了不同的绩效。裕华纱厂在资金融通和运转方面的成功，不能掩盖其落后和混乱的管理模式。所幸该厂在经营过程中逐步意识到问题的严重性，在经过一系列内部的人事变革和规章制度的建设后，才重新走上良性发展的轨道。裕华纱厂尚且如此，其他如第一纱厂和震寰纱厂情况更为糟糕。在管理制度建设和实践方面做得较好的申新四厂，则是完全得益于整个申新系统内部的管理体制的变革。从中可以看出，武汉本土产生发展起来的纱厂如果不能在制度层面有所建树，而是仍旧依赖传统的商业经验来管理工业的话，最终的结果就无一例外地走向衰落。

综合分析 20 世纪二三十年代武汉棉纺织业的治理结构和内部管理体制可以看出，因为每个企业具体情况的不同，以至于即使采用同一种治理结构的企业在具体实施和操作上也千差万别。同是选择了股份有限公司模式的裕华公司、震寰公司、第一纺织等公司就根据各自理解和实际情况对其改造，不但没有发挥出应有的效果，反而引发出"画虎不成反类犬"的闹剧。在企业内部管理体制的演进上，科学管理方法在武汉尚没有完全深入，新旧管理方法并存一直是各企业的主旋律，这一方面体现了改革的困难和不彻底性，另一方面说明武汉棉纺织企业管理模式的选择同技术选择一样依然要经过一个长期的内化过程，那种将中国的传统道德和西方的科学管理完美结合的管理模式不但是民国时期武汉棉纺织业所追求的，也是当今中国各企业所奋斗的目标。

第四章　"二次进口替代"和"市场西拓"

　　裕华纱厂、申新四厂、第一纱厂和震寰纱厂构成民国时期武汉棉纺织业主体，它们借助对以武汉为中心的传统内地市场网络的改造，将各自生产的棉纺织品送入更为广阔的流通渠道，使市场容量不断扩大、层次不断增多。为了抢占更大的市场份额，武汉各纱厂之间的竞争日趋激烈，同时它们还要面临沿海纱厂、国外纱厂和消费市场所在地纱厂的强有力挑战，在发展中逐步出现了对上海棉纺织品的"二次进口替代"。通过对民国时期武汉四大纱厂的经营战略和所产棉纺织品的销售状况进行分析，可以看出 1915—1938 年整个中国的棉纺织市场有向国内西部地区转移的趋势，这种因市场竞争而引发的"市场西拓"拉开了全面抗战时期"军事西迁"的序幕。

第一节　传统市场网络的改组和重构

　　武汉棉纺织品的销售，借助 1861 年汉口开埠后形成的传统市场网络。该市场网络使明清就已形成的四大商埠之一的汉口的商业功能得到最大限度的发挥，并且借助于和沿海城市的贸易互动以及近代西方工业经济的不断影响，武汉市场网络自身也在不断改组乃至重构。

一　传统贸易方式的衰落

　　凭借着得天独厚的地理位置，武汉到 1861 年开埠之前，就已经发展成为内地最大的商业贸易中心，"不特为楚省咽喉，而云贵、四川、湖南、广西、河南、江西之货，皆于此焉转输"。① 到近代，作为闻名遐迩的"九省通衢"和长江流域的重要港口，武汉不仅是连接巴山蜀水、三

---

　　①　刘献廷：《广阳杂记》卷四，中华书局 1957 年版，第 193 页。

秦大地和中东部地区的贸易枢纽，还充当了二传手的角色，"不仅长江上、中游的商货汇集于此，东南的淮盐、苏布、洋广杂货也在此集散"。① 这种盛极一时的传统贸易方式到了民国时期，却因为种种原因，不断走向衰落。

（一）传统商路的衰落

受自然力局限，传统的武汉商路最初倚仗长江和汉水航运，基本以水路为主。据有关学者考察，主要水路商路有经洞庭湖到湖南和两广地区的南岭商路，经长江上游到四川、云贵的西南商路，经汉水到襄樊以及陕甘的西北商路以及顺长江而下的江南商路。② 在陆路交通方面，1905年京汉铁路的通车，使武汉经济腹地得以拓展、贸易辐射的空间进一步扩大，华北地区和武汉的贸易往来更为便利，"京汉铁路通车以后，河南各地之货物固集中于汉口，当1904年汉口输出不过七百四十万两，至1910年增至钱七百九十万两"。③ 借助铁路运输的巨大优势，以武汉为中心的商业圈辐射到整个河南地区，"比如河南郾城、周家口一带货物，在京汉铁路通车前，主要经沙河、周家口输出镇江，平汉铁路通车后，则改由周家口至漯河由铁路输往汉口"。④ 以铁路为纽带的新商业圈的崛起给武汉原有以水路为联系的传统商业圈带来第一轮冲击。

民国时期，随着上海经济对内陆辐射的加强和长江航运的发展，以武汉地区为中心的传统水路商路受到现代轮船技术发展带来的第二轮冲击。囿于技术限制，过去没有大型轮船从上海直达长江上游的重庆等港口，必须在武汉进行中转。长江内河航运技术的不断增强使这一情况有所改变，"本世纪开始的时候，来往沪、汉轮船之载重能力，介乎四百吨至一千九百顿之间，在汉、宜航线约为七百至九百"。⑤ 长途重吨级运输能力的提高，使以重庆、宜昌为代表的上游城市逐渐越过武汉，从而在整个长江畅通无阻，直达上海地区。武汉不仅在长江航运方面地位有所下降，过去依托汉水通向西北地区的水路也不复昔日的风采，"而襄河逐年淤塞，货物

---

① 王永年：《晚清汉口对外贸易的发展与传统商业的演变》，《近代史研究》1988年第6期。

② 同上。

③ 《上海总商会月报》，1921年第1卷第6号，第20页，转引自殷增涛《武汉对外开放史》，武汉出版社2005年版，第315页。

④ 皮明庥主编：《近代武汉城市史》，中国社会科学出版社1993年版，第228页。

⑤ 朱建邦：《扬子江航业》，商务印书馆1937年版，第130页。

难畅其流"。① 以往武汉是传统的内陆贸易城市，此时则转变成依附上海的一个土洋货集散中心。

在铁路方面，随着陇海铁路通车，交通格局发生了巨大变化，武汉商业圈感受到铁路干线的增加带来的第三轮冲击。最先受到影响的是依附在武汉下面的二级市场，河南省首当其冲，"豫省出产各土货，向之由平汉路而改装出口者，今已改由陇海路运沪矣，至其进口之货，亦由沪载浦，再装陇海各路，直运豫晋陕陇等省矣"。② 铁路格局的此种变化，逐渐波及更远的市场，"陇海路通达西安，陕甘之宝藏流入徐海；郑州握四方交通枢纽，中州之贸迁遂不一其途；（粤汉路）株韶接轨，三湘货物南入百粤"。③ 陇海铁路的通车，对武汉棉纺织业的发展产生了不利的影响，"山西、陕西、甘肃等省客商径直购纱布于上海，武汉输出纺织品比 1926 年下降 37.11%"。④ 与以郑州为中心的陇海线相比，国内尚没有一条以武汉为中心的横贯东西的铁路，川汉铁路虽然清末就开始规划修筑，但一直停留在计划中没有实质进展。这样造成的直接后果是西北地区货物的运输可由陇海铁路直接到达东部沿海地区，而不必再以武汉为中心。南北线路方面，津浦路的开通，动摇了武汉作为南北交通枢纽的重要性。粤汉铁路的全线贯通，使得湖南由对武汉的经济依赖转向和广东地区的经济来往越来越密切。

（二）传统市场的商品

传统武汉市场"以盐、当、米、木、花布、药材六行最大"。⑤ 到 19 世纪初，随着市场的不断扩大，六大行发展到八大行，"其中最显著之商业其数有八，即盐行、茶行、药材行、广东福州杂货行、油行、粮食行、棉花行、皮行是也"。⑥ 随着汉口的开埠，武汉被纳入资本主义世界市场

---

① 张延祥：《提倡国货与建设汉口为国内自由市》，《汉口商业月刊》1934 年第 1 卷第 5 期。

② 《对于平汉运价及营业税整卖等问题呈省府文》，《汉口商业月刊》1934 年第 1 卷第 1 期。

③ 李敳之：《从铁展会平汉粤汉两路沿线报告中观察汉口地位》，《汉口商业月刊》1934 年第 1 卷第 7 期，第 2 页。

④ 湖北省地方志编纂委员会编：《湖北省志·工业》下册，湖北人民出版社 1995 年版，第 1420 页。

⑤ 晏斯盛：《请设商社疏》，转引自曾兆祥《湖北近代经济贸易史料选辑》第四辑，湖北省志贸易志编辑室 1986 年版，第 249 页。

⑥ ［日］水野幸吉：《汉口》，1908 年，第 246 页。

体系，武汉地区成为国内土产对外输出的集散地，"其土产品最著者，以茶叶为第一，行销俄国及其他各国。其次为棉花、桐油、苎麻、猪鬃、药材、牛皮、杂粮、丝类、烟草、生漆、家禽、鸡蛋等项。工业原料，土产消费，均为输出大宗"。① 即便到民国初年，武汉对外输出的商品，依然停留在为西方资本主义工业生产提供生产原料层面（见表4-1）。

表4-1　　　　　1912—1919年汉口重要出口货物数量　　　　单位：担

年份	1912	1913	1914	1915	1916	1917	1918	1919
豆类	2677456	1422514	1928510	1409719	1809989	2096888	1211326	1723035
茶类	848833	782959	904266	945076	855976	634213	388600	340095
芝麻	1903926	1374645	1015438	1753986	929400	329973	137861	1765050
蛋产品	55345	76341	66561	95264	87821	135769	121085	181798
生丝	6509	7306	4315	6888	5904	6449	6607	6448
棉花	299174	213270	134587	430377	734251	760035	985830	1161919
豆饼	2116601	30853	1906612	2232391	2250509	1375144	1188130	1818327
豆油	85388	5356	70722	103235	151141	26106	48243	101524
生牛皮	124678	199584	166505	193313	158848	179099	152165	129869

资料来源：曾兆祥主编：《湖北近代经济贸易史料选辑》第一辑，湖北省志贸易志编辑室1984年版，第294页。

二　传统市场网络的升级

武汉地区市场网络的升级主要体现在三个方面：一是市场交易产品的升级，即由单纯农副原材料产品构成到工业品所占市场份额的不断上升；二是传统商路有所衰落，地位不断下降，沿海和内地之间的贸易往来以长江航运为核心，愈加频繁；三是市场参与主体的升级，不再是传统的国内商人，而是新加入了国外工业资本家、金融资本家、民族资产阶级、买办等。

随着武汉对外开放程度的加深，在一方面输出农矿原材料产品的同

---

① 杨铎：《武汉经济略谈》上，中国人民政治协商会议武汉市委员会文史资料研究委员会编：《武汉文史资料》第五辑，1981年版，第127页。

时，外国的工业制成品沿着上海—武汉这条新的商路，源源不断输入进来，大量充斥在武汉市场里。输入的工业品中，以棉纺织品最为常见，"查汉口重要输入外国品，以棉丝棉布毛巾为要品"。①

武汉棉纺织业品贸易的兴起始自1861年汉口开埠。上海进口的洋货除本地消费外，相当部分剩余借助长江水运流向武汉地区，据英国驻沪领事报告记载，"从英国进口原色布中的大部分与从其他国家进口的原色布一样，上海只是它的中转站而已。海关统计表明，去年（1867年）通过各国轮船从上海再出口到长江的主要口岸汉口和这类商品在北方的商业中心天津等其他中国口岸的货值达到了800万两以上"。② 洋纱进入武汉市场后，很快显示出它的优越性，首先是成本比手纺纱低。其次是优良的品质比较适合手工织布，深受消费者喜爱，"因各乡之织布，而各色洋布之贩路，亦逐年增进"，"注意此点之乡里妇女，特购棉纱，以织适意之土布，多则卖出之，为一举两得之计"。③ 由于"华中地区，区域广大，手织业尤为发达，所以销用机纱的潜力也极大"。④ 正因为有如此巨大的市场需要，到清末光绪年间，武汉地区开始出现贩卖棉纺织品的商贩，随后英国、法国、德国、日本等国看到武汉地区棉纺织品消费潜力巨大，在武汉纷纷开设洋行，运销棉纱，主要代表有英商怡和洋行、老沙逊洋行、安利英洋行，德商礼和洋行等。洋行为了打开销路，扩大营业额，就想出了各种办法，比如，"他们雇用华人当买办，由买办负责将棉纱销售给经营棉纱的摊点，并采取赊销方法，先取纱，后付款，赊期一般为五十天"。⑤日本洋行为了与欧美洋行争夺市场，更是将赊销期缩短为四十天。在这些优惠条件的刺激下，武汉本地从事棉纱贩卖的商人越来越多，"棉纱一物，为本镇（指汉口）近年最旺生意，各国所制又以日本十六子（支）头为第一。数月以来，随到随销，几至无货应市。盖由粗细合度便于四乡妇女之熟梳织故也。月初（按指光绪二十五年五月）其价已涨至66两之

　　① 《通商条纂·视察中国汉口复命书上》，《湖北商务报》第十四册，光绪二十五年，转引自曾兆祥《湖北近代经济贸易史料选辑》第一辑，湖北省志贸易志编辑室1984年版，第88页。

　　② 李必璋：《上海近代贸易经济发展概况：1854—1898——英国驻上海领事贸易报告汇编》，上海社会科学院出版社1993年版，第166页。

　　③ ［日］水野幸吉：《汉口》，1908年，第437—438页。

　　④ 严中平：《中国棉纺织史稿》，科学出版社1955年版，第129页。

　　⑤ 周新民、程霖轩：《武汉棉纱商业之兴衰》，中国人民政治协商会议武汉市委员会文史资料研究委员会编：《武汉工商经济史料》第一辑，1983年版，第13页。

谱,现因销场愈旺,此号价码递加一两有奇。各号家犹谓将来大有起色云"。① 所以,随着外来棉纱的不断增加,武汉本地的纱号也迅猛发展,"到辛亥革命前夕,汉口的纱号已有了二十多家"。②

第二节 沿海—内地间的市场竞争与 "二次进口替代"

洋货的大量输入,刺激了中国国内民族工业的崛起和发展。"进口之货,洋布实为大宗,每岁所售之价银出口,无虑数千万两",其补救方法就在于自设厂局。③ 在纺织品方面,进口纺织品直接刺激了上海棉纺织业的迅速发展。机器织布局于1890年在上海投产,这是国内第一家华资工厂,之后从1891年到1894年,又有3家民营资本棉纺织厂在上海落成,此时上海地区所产棉纱主要由当地织布业消费,向外埠市场提供的商品有限。至1914年,上海地区棉纺织工厂的纱锭数量占全国总数的29.5%④,其出产的棉纱除满足上海地区市场外,亦有相当数量的商品对外销售。到1926年,上海地区销往国内其他地区的棉纱为2294149担,占全国各埠输出总数的83%左右⑤,国产机制棉纱在某种程度上代替了进口棉纱。

一 沿海棉纺织品对武汉市场的争夺

近代中国民族工业是在洋货留下的市场夹缝中发展起来的,其工业产品一开始就要同洋货争夺市场而展开惨烈竞争。作为近代工业的典型,棉纺织企业在上海、无锡等沿海地区的发展,除满足宁波、温州、杭州、镇江、苏州、九江、芜湖等周边口岸城市的市场需求外,还努力拓展第二层次的市场需求,包括华中的武汉、华北的天津、华南的广州以及西部的重庆都属于这个市场范畴。作为长江流域仅次于上海的通商口岸,"汉口

① 《湖北商务报》第十一册,光绪二十五年七月,转引自曾兆祥《湖北近代经济贸易史料选辑》第一辑,湖北省志贸易志编辑室,1984年版,第89页。

② 周新民、程霖轩:《武汉棉纱商业之兴衰》,中国人民政治协商会议武汉市委员会文史资料研究委员会编:《武汉工商经济史料》第一辑,1983年版,第13页。

③ 张国辉:《洋务运动与中国近代企业》,中国社会科学出版社1979年版,第273页。

④ 严中平等编:《中国近代经济史统计资料选辑》,科学出版社1955年版,第108页。

⑤ 汪敬虞:《中国近代经济史(1895—1927)》下册,人民出版社2000年版,第2115页。

所通往来之销场均属富庶，售价虽贱，亦算真能辅助上海畅销存货之处"。[1] 其吸纳的上海货物值独占沪地埠际贸易输出的 36%，由此推知，若算上武昌和汉阳，整个武汉地区堪称是上海地区对外销售工业品的最佳选择之一。

从本质看，上海地区棉纺织企业的出品属于进口替代工业品，相对于早已占领国内市场的洋货而言，它的出现具有滞后性的一面，"他虽能相对地减轻或规避传统经济条件下开拓商品市场的成本负担，但它要承受已经占领市场的洋货的巨大的竞争压力"。[2] 单是从价格上，上海地区华商纱厂的商品就完全处于下风（见表 4－2）。

表 4－2　　　　　1930—1936 年上海日华各厂各支纱批发价比较

年份	10 支纱		20 支纱		32 支纱		42 支纱	
	水月减宝鼎	水月减人钟	水月减金城	水月减人钟	蓝凤减金城	彩球减金城	水月减金城	蓝凤减金城
1930	＋1.59	＋2.46	＋0.81	＋8.28	－1.27	＋0.61	－3.56	－3.53
1931	＋0.06	＋0.77	－6.78	＋2.23	－9.26	－0.04	－17.07	－17.91
1932	－30.85	－29.73	－47.29	－27.03	－81.92	－77.69	－134.0	－135.7
1933	－9.53	－8.67	－29.57	－21.00	－17.02	－21.64	－47.85	－46.19
1934	－4.91	－5.23	－15.30	－6.02	－7.46	－5.78	－21.09	－21.03
1935	－5.97	－6.28	－11.66	－5.20	－7.54	－8.94	－17.86	－18.21
1936	－3.56	－2.52	－4.35	＋0.35	—	—	—	—

原注：水月牌、彩球牌各支纱为日本内外棉纱厂所产；蓝凤牌各支纱为日本日华纱厂产。金城、宝鼎、人钟均为华厂所产。本表数字系按每大包（420 磅）批发价计算所得。

资料来源：严中平：《中国棉纺织史稿》，科学出版社 1955 年版，第 228 页。

由表 4－2 可知，1932 年之前，上海国产棉纱尚能凭借价格优势与日纱周旋，但 1932 年后，此前的价格优势荡然无存，日纱价格全部低于华纱。价格优势的丧失也迫使上海的国产棉纱转移阵地，另外要打开国内其

---

① 曾兆祥主编：《湖北近代经济贸易史料选辑》第一辑，湖北省志贸易志编辑室 1984 年版，第 262 页。

② 樊卫国：《激活与生产：上海现代经济兴起之若干分析》，上海人民出版社 2002 年版，第 177 页。

他市场。

尽管进口日纱在价格上的优势到了20世纪30年代才得以充分体现，但在此之前，上海纱厂已经在质量、产品结构和销售手法等方面受到洋纱的巨大冲击，这就迫使他们从自身生存和发展的角度出发，积极开辟上海之外的国内市场，这既是中外商品残酷竞争之下的无奈之举，换个角度看，也不失为自身壮大的另外一条新路。上海荣家企业在武汉建立申新四厂就是开拓武汉市场的一种手段，除了直接设厂外，最普遍的方式还是直接把商品在武汉地区销售。早在1913年，上海输往内地的纱布、粗斜纹布中，就以输至汉口最多。[①] 在销售方式上，"申纱是由纱号在上海直接采购或由厂方派驻汉口的代理机构经售，销货方法主要是一次定价，成批售出，在一定期限内，不论价格涨落，由纱号分批交款出货"。[②] 从1915年起之后的数次抵制日货运动，造成日纱在武汉地区销量暂时减少，上海地区民族纱厂抓住这个机会适时跟进加大在武汉地区的产品销售（见表4-3）。

表4-3　　　　　　　　1919—1923年汉口输入机纱分类　　　　　　单位：包

年份	上海纱	比例（%）	日本纱	比例（%）	印度纱	比例（%）	英国纱	比例（%）	合计
1919	62929	64.3	34202	35.0	681	0.7	—	—	97812
1920	54066	65.9	27430	33.4	599	0.7	3	0.0	82098
1921	43975	63.9	24581	35.7	239	0.3	34	0.0	68829
1922	64824	70.5	26898	29.3	211	0.2	10	0.0	91943
1923	86503	83.5	13067	12.6	3535	3.4	654	0.6	103759

资料来源：《汉口棉纱》，《大日本纺纱联合会月报》第379号，大正十三年三月，转引自森时彦《中国近代棉纺织业史研究》，袁广泉译，社会科学文献出版社2010年版，第228页。

从表4-3中可知，从1919年起，上海纱在武汉地区的销售，除了1921年有小幅度下滑外，总体上保持着高度的增长趋势。1921年汉口地

① 江苏实业厅第三科：《江苏省纺织业状况》，李文海主编：《民国时期社会调查丛编·二编·近代工业卷下》，福建教育出版社2010年版，第73页。

② 周新民、程霖轩：《武汉棉纱商业之兴衰》，中国人民政治协商会议武汉市委员会文史资料研究委员会编：《武汉工商经济史料》第一辑，1983年版，第17页。

区的外来棉纱中，上海棉纱更是高达83.5%。上海棉纱在武汉市场的强势地位，一方面是因为外来棉纱的减少，另一方面是因为武汉纱厂力量不足，同期武汉地区的纱厂只有第一纱厂和承办湖北官布纱局的楚兴公司稍具规模，所以这也是为什么诸如裕华纱厂、震寰纱厂和申新四厂在这个时期内相继开工创建的一个原因。

二 武汉棉纺织品与"二次进口替代"

20世纪初及随后的20年代初是武汉纱厂创办高峰，仅1922年就有裕华纱厂、震寰纱厂、申新四厂三家纱厂投产开工。开工后，武汉纱厂的外部环境尚属平和，以往所顾虑的日纱的巨大竞争压力更是因为其进口量的大幅减少让武汉棉纱界的精英们看到蕴藏的巨大市场潜力。

清末到1915年，武汉是国内消费进口棉纱较多的地区，但1915—1938年，却有两个时期进口棉纱数量相对较少。第一个时期是1912—1919年（见表4-4）。

表4-4　　　　　　　　　　1912—1919年汉口棉纱进口量　　　　　　　　单位：担

年份	英国纱	印度纱	日本纱	中国纱	合计
民国二年	592	13504	269657	42327	326080
民国三年	188	9949	221314	35227	266678
民国四年	48	6686	311542	41177	359453
民国五年	—	3437	277102	88006	368545
民国六年	—	5833	202531	191753	400117
民国七年	—	1512	83249	81282	166043
民国八年	—	1994	71181	120247	193422

资料来源：陈重民编：《今世中国贸易通志》第三编，商务印书馆1930年版，第22页。

由表4-4可知，1915年武汉地区开始进口日本棉纱数量逐年减少，原因在于清末日纱的进口量有很大一部分是通过武汉分销到湖南、河南、陕西、甘肃、四川、云南、贵州等省，但是民国之后，随着以武汉为中心的传统商路的衰退，这种情况发生了改变，"近来云贵等省，直接由中国香港、广州等处输入。不复仰给于汉口。因之汉口贸易，顿形衰减"。此外，中国本土纱厂的发展壮大也是一个原因，"从前日本纱最占多数，近来中国纱逐渐增加。已凌驾日纱而上之矣"。[①] 受第一次世界大战影响，本年度英国棉纱在武汉市场绝迹，印度棉纱的进口量与上一年相比，几乎减少了1/3。

第二个时期棉纱进口量减少是1925—1931年（见表4-5）。

表4-5　　　　　　　　1925—1931年汉口地区棉纱进口量　　　　单位：千海关两

棉纱种类	1925年	1926年	1927年	1928年	1929年	1930年	1931年
印花洋纱	842	1171	460	1714	1044	723	580
本色棉纱	.2829	1268	260	123	32	6	3
纱合计	3671	2439	720	1837	1076	729	583

资料来源：张克明：《汉口历年来进出口贸易之分析》，《汉口商业月刊》1935年第2卷第2期，第22页。

1925—1931年进口棉纱的减少除第一次世界大战的影响尚未完全消退外，还有两个原因是主要针对日纱进口量减少的。一是因为上海地区国产棉纱的不断输入，二是因为第一次世界大战之后武汉四大民营纱厂的迅速崛起和国内抵制洋货运动的蓬勃展开，"欧战之后，武汉纱厂应运而生，而抵制风潮，亦愈演愈烈，东纱之势力日小，本厂棉纱，大收一日千里之效。但市场中心，虽仍在日商方面，而销路则完全为国纱所取得。且行市方面，恒较日商高出十两左右。现在日商洋行，仅日信、伊藤，常有市面，三井所做亦少，其他各洋行，已受天然之淘汰矣"。[②] 抛开抵制日货运动对日纱输入的影响，在此之前武汉纱号就因为纱汇即以付款方式问题，对于进口棉纱的态度经过了一个巨大转变，"民国六七年间，汉口棉纱号，大做'三品'，结果以东汇关系，全体受创。同业四十余家，倒去三十余家之多。近二三年来，始渐转机。自此次教训以后，棉纱号对于东纱之狂热态度大减，而武汉之国货出品，乘机遂取得重要地位"。[③]

可见，纱汇的动荡，使武汉本地纱号因为贩卖日纱蒙受巨大损失。随之而来的抵制日货运动，更使日纱销量跌入谷底。1915—1932年，武汉国民外交委员会和湖北全省商界外交后援会曾发起了几次声势浩大的抵制

① 陈重民编：《今世中国贸易通志》第三编，商务印书馆1933年版，第22页。
② 既明：《汉口之棉纱业》，《银行杂志》1924年第2卷第2期。
③ 同上。

日货运动，虽然因为各种原因没能坚持到底，但与以前的市场相比，仍然给日纱以沉重打击，经营日纱的商号明显减少。受其影响，武汉地区棉纱进口量也大幅减少，"其范围与宗旨，皆有不及之处"。[①]

日纱绝对进口量的减少让武汉纱厂觅得难得的发展良机，除此之外，汉纱和进口日纱在纱支结构上的差异使得此时期内有限的日纱进口，丝毫不对武汉纱厂的发展构成威胁（见表4-6）。

表4-6　　　　　1916—1925年输往汉口日本机纱各纱支数量比较　　　单位：包

年份	14支以下	比例（%）	16支	比例（%）	20支	比例（%）	30支以上	比例（%）	合计
1916	25	0.0	29999.5	59.1	17604.0	34.7	3140.0	6.2	50768.5
1917	200	0.4	28725.5	59.6	13534.0	28.1	5712.0	11.9	48171.5
1918	247	0.8	16212.5	55.0	9624.0	32.7	3374.0	11.5	29457.5
1919	26	0.1	3893.5	20.2	9336.5	48.5	6000.0	31.2	19256.0
1920	—		5089.0	37.2	5149.5	37.7	3430.5	25.1	13669.0
1921	—		2379.0	34.2	3549.5	51.1	1020.0	14.7	6948.5
1922	170.5	1.3	1650.0	12.6	5508.0	42.1	5754.5	44.0	13083.0
1923	48	0.8	500.0	8.7	1150.0	20.0	4045.5	70.4	5743.5
1924	—		20.0	0.4	650.0	13.3	4221.0	86.3	4891.0
1925	24	0.3	62.0	0.8	1772.0	21.7	6311.0	77.3	8169.0

森时彦：《中国近代棉纺织业史研究》，袁广泉译，社会科学文献出版社2010年版，第160页。

武汉纱厂出品以16支以下粗纱为主，同等型号日纱从1916年起进口量就逐年减少，到了武汉各大纱厂开工的1922年，16支纱及以下粗纱占输入总量的份额只有13.9%，到了1925年，更是降到1.1%，在武汉市场上，很难对汉纱产生冲击。

与进口洋纱在武汉市场暂时偃旗息鼓形成鲜明对比的是国产棉纱在武汉销售量的攀升。流入武汉市场的国产棉纱以上海等沿海地区民族棉纺织

企业为主,此类产品多属于进口替代产品,"由于生产成本的差异,进口商品的市场容量达到一定规模时就会引发进口替代,在洋货的扩张中中国口岸地区仿洋机制品工业先后发生"。[①] 沿海地区出现最早的替代工业为机制棉纺织业,在第一次世界大战时期中国民族棉纺织业高速发展大背景下,民族棉纺织业的崛起有效满足了国内市场需求,并对遏制进口产生了积极作用。进口替代工业品在武汉地区的畅销刺激了武汉本地丰富的商业资本。武汉的商人群体把资金投入到棉纺织业,希望打破沪纱在武汉地区一家独大的局面,所以以武汉为代表的内陆地区率先出现了"二次进口替代"的现象,即本地工业出产的商品替代上海等沿海地区输入的工业品。与进口替代相比,"二次进口替代"门槛相对较低,替代产品和被替代产品之间的技术差距也不是太大,尤为重要的是因为地缘的关系,二次替代产品更容易占领本地市场。

要实现"二次进口替代",首先本地要有足够工业基础提供相应的工业替代品。近代武汉棉纺织业始自张之洞创办的湖北纱布官局,进入民国后,湖北纱布官局先后被多家企业承租,同时在多种因素的影响下,以四大纱厂为支撑的武汉棉纺织业在 20 世纪 20 年代初期逐步发展,其出产以技术附加值较低的粗纱为主,"至棉纱出品类,分十支、十二支、十四支、十六支、二十支为普通出品,三十二支,所出较少,四十二支,则更不能纺出"[②](见表 4 – 7)。

同上海地区生产的棉纱相比,武汉棉纱在本地市场销售方面往往具有一定的优势,首先因为靠近消费市场,所以运费自然节省很多,受厘金和其他等苛捐杂税的束缚也相应减少。在具体销售方法上,往往依托当地兴盛的纱布商号,采取让利于商的方法销售,"纱商向厂商买货,是按售价九九扣(即按扣回 1%)付款,用半个月期的钱庄庄票出货,如以现款出货,则扣回一分二厘息金"。[③] 各纱厂为了提高棉纱销量,对纱号一次所购棉纱销售时间没有限制,同时不收取栈租,并由厂方来负担下货力资。通过种种优惠措施,使各纱号确实体会到销售棉纱所带来的利益回报,于

---

① 樊卫国:《激活与生长:上海现代经济兴起之若干分析(1840—1941)》,上海人民出版社 2002 年版,第 244 页。

② 既明:《汉口之棉纱业》,《银行杂志》1924 年第 2 卷第 2 期。

③ 周新民、程霖轩:《武汉棉纱商业之兴衰》,中国人民政治协商会议武汉市委员会文史资料研究委员会编:《武汉工商经济史料》第一辑,1983 年版,第 17 页。

表 4 - 7　　　　　　　　武汉四大纱厂所产棉纱商标和种类

	四支纱	八支纱	十支纱	十四支纱	十六支纱	二十支纱	三十二支纱
第一纱厂	红艇	黑艇	红艇、蓝艇、黑狮球	白狮球、黄狮球	蓝狮球、绿狮球、金狮球、蓝艇、红艇	红狮球、红艇	金狮球、银狮球
裕华纱厂	—	—	老马、顺手、新纱、特纱、双鸡	万年青、赛马	万年青、双鸡	万年青、双鸡	天坛
震寰纱厂	—	—	全蓝福禄	—	红边彩福禄、蓝边彩福禄	黄边福禄	紫色福禄
申新四厂	人钟	人钟	—	—	人钟	四平莲	四平莲

　　资料来源：张快夫：《武汉纱厂与桐油情况一瞥》，《实业统计》1934 年第 2 卷第 1 期，第 159 页；李建昌：《武汉纱布之制造与销售》，《实业统计》1935 年第 3 卷第 4 期，第 62～64 页；武汉地方志编纂委员会主编：《武汉市志·工业志》，武汉大学出版社 1999 年版，第 666 页。

是更为积极地为纱厂推销。纱号和厂家的密切联系，还体现在棉纱商业资本向工业资本的转变上。裕华纱厂最初大部分启动资金就是由汉口纱商孙志堂、胡瑞芝等人发起，从纱业同业中筹集的七十万两纹银。之后组建的裕华纺织公司中的领导集体中，也不乏纱业中人（见表 4 - 8）。

表 4 - 8　　　　　　　汉口几家大纱号与裕华公司的关系

纱号	经营业务	资本家姓名	与裕华公司的关系	备注
葆和祥	纱、布	毛树棠	董事	
葆和祥	纱、布	孙志堂	董事	孙为汉口纱业工会理事长 汉口商会副会长，汉口匹头业工会理事长
德懋恒	布匹	肖纯卿	常务董事	
胡瑞记	棉纱	胡瑞芝	董事、曾任金库主任	
朱松记	棉纱	朱松珊	董事	
中兴	棉纱	周衡卿	董事，大革命期间任常务委员	
裕森	棉纱	仵勉之	董事，其子仵舜五，1927 年前副经理	
源记	棉纱	马鹤年	监察	

　　资料来源：《裕大华纺织资本集团史料》编辑组：《裕大华纺织资本集团史料》，湖北人民出版社 1984 年版，第 51 页。

同裕华纱厂类似，第一纱厂、震寰纱厂大部分股东也是武汉地区纱商，他们把企业的利益和纱厂的利益视为一体，在武汉棉纺织业品抢占本地市场的过程中发挥了巨大作用。

虽然具备了先天优势，但一件商品能否在市场站住脚，最终还是取决于合理的价格和优秀的质量。首先看价格方面（见表4-9）。

表4-9　1924年武汉产16支纱售价与上海产同类纱支售价之比较

生产单位	1924年4月底	1924年6月底	1924年7月底	1924年8月底	1924年10月底	1924年12月底
裕华纱厂	—	190	—	189	189	179
申新四厂	—	—	—	—	170	176
震寰纱厂	186	—	—	189	180	178
第一纱厂	—	—	180	—	174	173
上海纱厂	178.25	176.75	174.25	171.5	162.5	169.25

说明：武汉各纱厂所出16支纱品牌繁多，表中的数据为当月价格最低品牌的价格。

资料来源：曾兆祥主编：《湖北省近代经济贸易史料选辑》第3辑，湖北省志贸易志编辑室1984年版，第50—52页；森时彦：《中国近代棉纺织业史研究》，袁广泉译，社会科学文献出版社2010年版，第394页。

虽然上海产16支纱的价格普遍低于同类型的武汉棉纱，但如果考虑生产成本差异，武汉各纱厂还有很大利润。一件商品的价格首先取决于生产原料的成本，"原料之成本占4/5，其他成本占1/5"。[1] 对于16支纱来说，由于其属于粗纱，原料成本所占比例更高。由于武汉地区紧靠棉花产地，汉口本身又是全国著名的棉花交易中心和集散地，所以武汉纱厂可以在价格方面占有一定的优势。如果再算上交易过程中名目繁多的中间环节和厘金、捐税的支出，到了消费者手中的两地棉纱价格实则相差无几。在产品质量方面，以裕华纱厂最为突出，"纱路平行，且少绉痕，令人观之，由望而生美感，其受用户之欢迎有由来矣。本间工作品与海上各厂相较，绝不相侔"。[2] 申新四厂从原材料选择和产品技术含量下手提高出品质量，比如改用长纤维细绒棉纺纱，从而进一步提高了出品的拉力。"另

① 李建昌：《武汉纱布之制造与销售》，《实业统计》1935年第3卷第4期。
② 毛翼丰：《武昌裕华纺织公司调查报告》，《湖北实业月刊》1924年第1卷第12期。

创'绿双喜牌'轻质细布，较汉口裕华纱厂出品每方寸经维各减十根，产量多，成本低，价钱仅及裕华纱厂的80%"。[1] 至于其他纱厂，其产品质量虽比不上裕华纱厂、申新四厂出品，但也如人意，在市场上占有一席之地。

第三节 市场开拓

　　武汉棉纺织业在20世纪20年代发展较为迅速并一度实现对沪纱的"二次进口替代"，中间虽然经历坎坷，但走势平稳，在销售方面，"其中有十之五六销售本省，余则运销川、湘、沪、豫等地"。[2]

　　进入20世纪30年代后，武汉棉纺织业陷入整体性萧条[3]，在此时期内，武汉棉纺织业在市场开拓方面也是危机四伏、困难重重。武汉棉纺织品除能满足本地市场的消费外，尚能外销四川、河南、湖南、江西等地。1929年开始的席卷全世界的经济危机，给资本主义国家造成了沉重的打击。为了转嫁经济危机的危害，西方国家在提高关税、限制进口的同时，竭力向中国出口工业品，武汉作为华中市场中心，也是列强争夺的重点，以棉纱销售为例，"到1933年，武汉作为内地最大的棉纱产销中心市场，一度全被日本棉纱所占领，每日销售日本棉布700余包，棉纱500余包。与此同时，武汉各华商纱厂积压棉纱却已达2.4万余包，存纱近万包"。[4] 受此冲击，向以稳健经营风格著称的裕华纱厂首次出现商品积压，规模较小的震寰纱厂更是深受打击，"纱布滞销达于极点，虽欲折本求售亦不可得"。[5]

　　在遭受经济危机的同时，1931年长江流域特大洪水更是给原本就相

---

　　① 上海社会科学院经济研究所编：《荣家企业史料》上册，上海人民出版社1980年版，第397页。

　　② 鲍幼申：《最近一年来汉口工商业之回顾》，《汉口商业月刊》1936年新1卷第3期。

　　③ 相关问题的研究参见严鹏《30年代武汉棉纺织工业的危机与应对》，华中师范大学中国近代史研究所网，2009年4月18日（http://www.zgjds.org/news_part.jsp? id = 3240&&cl assid = 77）。

　　④ 徐鹏航主编：《湖北工业史》，湖北人民出版社2008年版，第156页。

　　⑤ 《震寰纺织股份有限公司第十届报告书》，1933年4月，武汉市档案馆藏，资料号：震寰档案114 - 1 - 95。

当脆弱的武汉工业带来难以估量的损失，"洪水为灾，贸易为之停顿，而市内交通，除用舢板外，概行断绝，甚至水势扩大，产区也遭波及，庐舍荡然，人民转徙，生命伤害之惨，财产损失之巨，实足骇人听闻。"[①] 洪水还导致武汉周围农村破产，购买力降低，使武汉棉纺织品的市场进一步萎缩。洪水过后，不但"日货遂有卷土重来之势焉"[②]，以上海棉纺织品为代表的沿海国货在洋货压力下，也纷纷角逐武汉市场。对于日货，武汉棉纺织业尚能以民族大义为旗帜，并借助"抵制日货"等政治运动的风潮与之一搏，但面对沿海地区的国货则束手无策。以上海地区的棉纺织品为例，它们多属于进口替代产品，在洋货刺激下，通过对洋货的仿制打开市场，从而达到分洋货之利的目的。与洋货相比，上海棉纺织品由于价格低廉、质量差距不大再加上其深谙国人心理的推销手段，给武汉产品相当大的冲击。到了1934年4月，"汉口每日纱交，日货占4/5，而国货只占1/5，棉布销售日货更估占90%以上"。[③] 留给国货狭小的市场份额，又有沿海进口替代品的有力竞争，武汉棉纺织品遇到了前所未有的市场危机。

面对严峻形势，武汉各纱厂使出浑身解数开拓新市场并加大原有市场占有量，湖南市场和包括云、贵、川在内的西南市场是其争夺重点。

一　武汉棉纺织品对湖南市场的开拓

（一）开拓湖南市场的有利条件

在本地市场被瓜分殆尽的情况下，为了自身的发展需要，武汉棉纺织品势必改变以内销为主的模式，努力扩大外销渠道，在周边的省份中，湖南是外销的潜在市场，并具备了以下优势条件。

首先，武汉和湖南贸易传统历史悠久。武汉处于华中地区水陆交通要冲，其组成部分汉口在开埠前就是中国四大商业名镇之一，其向南的商路经洞庭湖到达邻省湖南，并且随着汉口的开埠，"湖南至广州的贸易商路迅速衰落，大批农副产品、工矿原料经汉口出口，汉口海关进口的洋货亦大量倾销湖南各州县"。[④] 借助于天然的水道运输，"长沙至汉口间，平均每小时速度约九里，则上水约需三日，下水约需二日。大轮较速，上水约

---

① 曾兆祥主编：《湖北近代经济贸易史料选辑》第二辑，湖北省志贸易志编辑室1984年版，第330页。

② 同上书，第331页。

③ 严中平：《中国棉纺织史稿》，科学出版社1955年版，第227页。

④ 皮明庥主编：《近代武汉城市史》，中国社会科学出版社1993年版，第126页。

行两昼夜，下水行一昼夜"。① 1918 年武昌和长沙之间铁路的贯通，使武汉棉纺织品和湖南市场的联系更为紧密。

其次，湖南产业结构形成了对武汉棉纺织品的消费需求。作为传统农业省，民国时期湖南的工业不发达，"绝大多数工业则规模小，技术落后，处于手工工场或手工作坊阶段，现代工业为数甚少"。② 在种类繁多的手工业中，以手工织布较为发达，其所需要棉纱数量不菲，能为之提供棉纱的本土纺纱厂只有湖南第一纺织厂。该厂于 1912 年开始筹建，正式营业时已是十年之后，由于湖南省是民国前期南北军事集团拉锯最为频繁和激烈的地区，所以在这种动荡不安的环境下，湖南第一纺织厂只能惨淡经营，勉强支撑，直到 1928 年后才步入正轨，稍有起色。但仅此一厂的出产，是远远满足不了湖南全省对棉纱、棉布的需求的，所以，"进口棉纱棉布，其价值合占湖南进口货值之第一位"。③

（二）开拓湖南市场的必要性

20 世纪 30 年代以后，武汉华纱厂遇到的困难，汉口第一纱厂因负债过巨，1935 年再次停工。申新四厂 1933 年遭遇火灾，全厂精华损失殆尽。震寰纺织公司因经营不善，1933 年停工清算，只有裕华纱厂尚能正常运转，但在市场方面，亦是阻力重重。武汉附近的汉阳、阳逻以及新洲一带，过去是裕华纱厂的主要销售区，到了 20 世纪 30 年代却到处充斥着日纱，"武汉大水以后（民国二十一年至二十三年）的两三年，日纱倾销最厉害，来的纱很多，价钱又便宜"。"纱布卖不过日本。过去裕华纱厂的纱布没有积压过，一直是分货，而民国二十二年底、民国二十三年春，仓库里经常积压，最多达一千多件纱（相当于 10 天左右的产量），资本周转也发生困难"。④

裕华纱厂产品在本地销售受挫后，将目光投向其他地区，但九一八事变后，东北逐步沦为日本的殖民地，东北市场不易进入。沿海地区历来是以上海为代表的进口替代工业的"势力范围"，再辅以洋货在该地区的泛滥，武汉棉纺织品历年来即使在最为繁荣之际，亦很少有机会染指这一竞

① 平汉铁路管理局：《长沙经济调查》，平汉铁路局 1937 年版，第 16 页。
② 宋斐夫主编：《湖南通史》现代卷，湖南出版社 1994 年版，第 281 页。
③ 平汉铁路管理局：《长沙经济调查》，平汉铁路局 1937 年版，第 165 页。
④ 《裕大华纺织资本集团史料》编辑组：《裕大华纺织资本集团史料》，湖北人民出版社 1984 年版，第 118 页。

争激烈的地区。湖南省此时成了裕华纱厂较为现实的选择，而 20 世纪 30 年代的湖南，具备成为潜在市场的特点吗？

（三）开拓湖南市场的办法

首先，困扰裕华纱厂的日货问题在湖南市场是否存在？和武汉地区一样，流入湖南地区的棉纱棉布"皆有洋货土货之分"，但不同的是，"洋货棉纱，自民国二十年以后，因受土棉纱之排挤，几已绝迹长沙市场，又自九一八事变后，洋货棉布，绝少运进长沙"。① 洋货留下的巨大的市场真空，给了以裕华纱厂为代表的武汉棉纺织品流入湖南市场的可能，武汉工商界人士也都认识到了其中的重要意义，"湘省对于拒绝东纱（日本纱），著有成绩，与川省有媲美之誉，故属会同业，能于苟延残喘者，皆为川湘纳销所赖"。② 鉴于此，武汉棉纺织业想尽各种办法打开湖南市场，最常用方法是在湖南各地设立代销点，通过加大回佣方式来扩大商品销路。1933 年 2 月 25 日，与裕华纱厂同属一个企业集团的大兴纱厂在致湖南纱商黄祥兴的信函中写道："兹查武昌裕华纺织公司委托宝号在常德推销其出品纱布，业经订立合同，其内容敝公司亦深知悉。兹敝公司意欲依照该合同，请托宝号在常德推销敝公司之出品，谅蒙乐许。"③

从上述材料中可以看出，裕华纱厂纱商为了能在湖南常德推销本厂生产的纱布，遂委托当地纱布商人代其销售产品，一个代理商往往不止替一家纱厂销售商品，除了裕华纱厂外，大兴纱厂也同样委托黄祥兴代售。承担代销工作的多是当地信誉较好的大型商铺、票号、钱庄、银行。替裕华纱厂在长沙进行代售的就是当地的银行，"查本厂为推销 20 支细纱，长沙方面亦委托长沙聚兴诚代理"。④ 为了减少代销商经营时的后顾之忧，武汉纱厂还通过主动承担代理商全部或部分损失的方式，来鼓励他们大胆经营。1933 年，常德地区倒闭了两家纱店，受其影响，为裕华纱厂从事代理业务的黄祥兴商号对销售业务小心翼翼，并采取变更售货章程、限制现银出货的办法，直接导致裕华纱厂在常德地区的营业额顿减。为了安抚

---

① 平汉铁路管理局：《长沙经济调查》，平汉铁路局 1937 年版，第 165 页。

② 《华商纱厂联合会湖北分会分呈湖南省政府建设厅呈文》，《汉口商业月刊》1934 年第 1 卷第 2 期。

③ 《裕大华纺织资本集团史料》编辑组：《裕大华纺织资本集团史料》，湖北人民出版社 1984 年版，第 166 页。

④ 《裕华董监常会》，1935 年 10 月 20 日，武汉市档案馆藏，资料号：裕华档案 109 - 1 - 312。

受损商号，恢复在常德地区的营业额，裕华纱厂采取了一系列措施，"兹为减轻宝号责任，以便选择下家放胆尽力推销货品起见，嗣后设不幸遇有倒塌事情，其账面损失由宝号与敝公司分担责任，易言之，即将来倒账损失假定 1 千元，由敝公司与宝号各认 500 元，以期共济艰难，借表仰托推销之诚意"。①

即便如此，武汉棉纺织品在湖南市场依然面临严峻的挑战，洋货暂时留下的市场缺口不只是武汉棉纺织品独享，上海棉纱等沿海替代产品也以各种方式源源不断涌入武汉市场。与武汉棉纺织业相比，上海棉纺织业更早沐浴欧风美雨，并从对洋货的仿制入手，较早地完成了进口替代过程，所以其产品也更加成熟。武汉棉纺织品则属于"二次替代"，即"本地工业品替代输入的上海等城市工业品"②，其本质上属于对上海工业品的模仿，自然有其滞后的一面。由此而产生的后果，则是湖南市场上销售的外来棉纱，"来源以上海最多，汉口次之"。③ 如果把长沙第一纱厂的产品计算在内就会发现，湖南本土棉纱依然占有不小的市场份额（见表4－10）。

表4－10　　　　　　　1934 年湖南主要城市机纱销量

城市 \ 类别	当地纱		外来纱		合计
	包	比例（%）	包	比例（%）	包
长沙	17426	31.7	37503	68.3	54929
常德	9404	46.3	10906	53.7	20310
衡阳	830	8.7	8734	91.3	9564
其他	—	—	2235	100.0	2235
合计	27660	31.8	59378	68.2	87038

资料来源：孟学思：《湖南之棉花及棉纱》下编，湖南省经济调查所 1935 年版，第 24 页。

当地棉纱市场份额所以能达到 31.8%，在于为了限制外来棉纱流入、1934 年 1 月成立的湖南棉纱管理所。该所以保护湖南本地棉纺织业为目

① 《裕华、大兴致黄祥兴函》，1933 年 7 月 12 日，武汉市档案馆藏，资料号：裕华档案 109－1－240。
② 樊卫国：《论进口替代与近代国货市场》，《上海社会科学院学术季刊》1995 年第 3 期。
③ 平汉铁路管理局：《长沙经济调查》，平汉铁路局 1937 年版，第 165 页。

的，对湖南市场销售的棉纱进行价格管制，同时制定出种种规则限制外省棉纺织品的流入，此管理规则中，对外来棉纱打击最大的是第八条中保护湖南第一纱厂的条款，"湖南第一纱厂所出棉纱，应准尽量先行销售"。①

在其庇护下，湖南第一纱厂的地位异常优越，"以捐税言，（外省流入）湘省棉纱，每包初征产销税1.40元，继又征筑路捐2元，而该省纱厂，不仅豁免上项捐输，即每包应完八元七八角之统税，亦未照解中央，合而计之，每包棉纱该厂成本较轻13元有奇。属会同业，担负种种捐税，已力不能胜，与湖南第一纱厂比拟，其处境有霄壤之别"。② 因为自身利益受到损害，武汉棉纺织业对此反响极大并指出这种做法的实质，"意在以政治力量，摈拒外省国纱，疏销湖南第一纱厂出品"。③ 这种有地方保护性质的管理规则虽可能在一段时间保护湖南纱厂，但从长远看，受损的是包括湖南棉纱、武汉棉纱、上海棉纱在内的国货，反倒给洋货以可乘之机。所以，在应对管理规则时，武汉棉纺织企业首先指出这种做法对湖南经济本身的危害，"且查湘省纱销年约11万件，该厂（湖南第一纱厂）产额年仅2万余件，今一旦限制外纱入境推销，则市面供求，自难相应。不独妨碍敝同业生存，即与本省手纺工业，亦属有碍"。④ 由此可见，湖南第一纱厂的产量毕竟有限，靠其去填补需求量巨大的湖南市场是根本不现实的，湖南手工纺织工业是棉纱消费的主要群体，如果他们不能得到有效的棉纱供给，也会迅速陷入衰落之中。并且，从长远看，手工纺织业的衰落导致棉布出产较少，这样集政治权利和优秀品质为一体的洋货又会卷土重来，"而该省（湖南省）又不敷供给，其结果纱销日减，布销益增，予日人倾销布匹之隙，此后东（日本）布入超，海关将更有惊人记录"。⑤ 按照规则所定，即使被限量进入湖南市场的武汉棉纱也因为各种捐税和明文规定价格高得出奇，反倒加重了湖南手工织布业的生产成本，对其长远发展不利，"盖棉纱管理所者，规定外省实价之格，必高于手织工业，以

---

① 《湖南省棉纱管理规则》，《汉口商业月刊》1934年第1卷第2期，第87页。
② 《华商纱厂联合会湖北分会分呈湖北省政府建设厅呈文》，《汉口商业月刊》1934年第1卷第2期。
③ 同上。
④ 同上。
⑤ 同上。

成本加重，不能与（舶）来棉布相竞，日久必归于消灭"。①

为了自救，代表武汉棉纺织业利益的华商纱厂联合会湖北省分会向湖北省政府建设厅呈文，让其转咨湖南省政府和湖南省建设厅，希望能详加考虑，顺应舆论请求和工业发展规律，取消上述规定，在分析具体危害时，除了前文所论述直接对湖南手工织布业的危害外，还提出了下列意见。

第一，各省应加强团结，同仇敌忾、一致对外，如果内部自相残杀，则唇亡齿寒，双方两败俱伤。所以湖南省政府的做法，不但损害了外省棉纺织业的利益，于其本身也危害极为深远，"是湘政府专卖实行，不惟属会同业生存乏术，即该省官营纱厂，亦将陷入独木难支之境"。②

第二，外省棉纱价格上涨，导致湖南省手工织布业产品价格上涨而不能与洋布竞争，造成"手工业工人生计自必陷于绝境"。③ 这样就不仅仅是单纯的经济层面的问题，还会引发诸如工人失业和贫困化等问题，并极有可能诱发各种不稳定因素，引起社会动荡。

第三，地方保护和对行业的垄断是饮鸩止渴的行为。机器纺织业是社会大生产的产物，应当符合工业发展的规律，所以对其发展的策略应当是"增进技术效能，以求生产合理化，节省开支，减轻成本，其目的要能与外货竞争"。④ 但是，湖南省政府却把经营纺织工业等同于对盐业、矿产等自然物的垄断，结果"亦不过纵横于本省境内"。从对现代工业经营管理上来看，单靠垄断取得的经营优势，会忽视对技术进步的要求，"管理纱厂员司，其后有此优越保证，尽可骄奢放纵，为所欲为，其生产技术，讵能冀其发展，又岂贤明之湘省当局，设所专卖之愿望乎？"⑤

湖南棉纱管理所的诸多限制减缓了武汉棉纺织业开拓湖南市场的进程，"近代纱厂营业因农村购买力弱，出路较前减少，加之湖南棉纱管理所不准外纱（指外省纱）进口，以致本厂向销湘省之16支双鸡不获自由

---

① 《华商纱厂联合会湖北分会分呈湖北省政府建设厅呈文》，《汉口商业月刊》1934 年第 1 卷第 2 期。

② 同上。

③ 同上。

④ 同上。

⑤ 同上。

运往，营业不免困难"。① 要解决此问题，政府层面交涉是很有必要的，同时，武汉各棉纺织企业也通过相关的私人关系，获得一定程度融通，当时裕华纱厂的总经理苏汰余就曾委托好友湖南省银行经理李维诚致湖南棉纱管理所所长信函，在信中，李维诚动之以情，晓之以理，首先描述了湖南市场对于裕华纱厂产品的重要性和棉纱管理所成立后裕华纱厂的窘迫，"惟查此间裕华纱厂，其所出之 16 支双鸡、万年青两种棉纱，原以常德、汉口、贵阳为其主要销场。自贵所成立以后，半载以还，仅运过 100 包。其困窘情形，自非楮墨所能形容"。② 接着，他着重介绍了裕华纱厂经理苏汰余，"该厂总经理苏汰馀兄，为实业界巨子，与主座（湖北省政府主席张群）有乡谊关系，故弟朝夕过从，备极亲切"。③ 里面蕴含两个主要信息，一是苏汰余本人在国内的影响力，不但在实业界地位显赫，而且有很深厚的官方背景；二是苏汰馀和写信者李维诚的关系也非常密切，希望能借李维诚在湖南的影响来疏通相应关系。最后，信函中还指出常德市场对裕华纱厂的重要性，而裕华纱厂在湖南的市场份额不大，不会对当地的纱厂构成威胁，"且查所登记之数，并不为多，当不致碍及贵省纱厂之进行"。④ 这样，就在一定程度上打消了湖南棉纱管理所对裕华纱厂产品的顾虑，再辅以人情作用，裕华纱厂的产品得以继续入湘。

政府的交涉和各企业私人关系的运作并不能从根本上解决问题，国货团结一致的契机来自洋货入侵，洋货挟特殊的政治保护，往往无视地方法规，湖南棉纱管理所对此束手无策，任由洋货长驱直入，"近日本泰安纱厂之喜鹊（纱）突入长沙，湖南纱厂已大起恐慌，然对日纱又不敢公然阻禁"。此时，湖南纱厂只有和上海、武汉厂商联合起来，"以托拉斯主义齐一价格，而对购买日纱者作侧面攻击"。⑤

综上所述，20 世纪 30 年代武汉棉纺织品在湖南市场的开拓，属于非沿海工业城市"二次进口替代"工业品在其腹地的营销问题。"二次进口替代"工业品的出现，一方面反映出国内工业技术水平的提高和工业替

---

① 《裕华股东会议录》，1936 年 7 月 8 日，武汉市档案馆藏，资料号：裕华档案 109 - 1 - 310。

② 《苏汰余托李维诚致湖南棉纱管理所所长函》，1934 年，武汉市档案馆藏，资料号：裕华档案 109 - 1 - 268。

③ 同上。

④ 同上。

⑤ 同上。

代步伐的加快，另一方面也凸显出市场竞争的激烈性。洋货、沿海进口替代工业品和内陆城市"二次进口替代"工业品在以湖南为代表的中部腹地的博弈，改变了这一地区原有的市场结构，各方都从各自利益出发，希望占有较大的市场份额，由此就引发了一系列的冲突和碰撞。此时地方政府在矛盾解决中往往从人治的角度入手，囿于人情等私人关系，不能从实际情况出发，实现制度层面上的突破。而当这种冲突被赋予民族矛盾色彩时，沿海进口替代工业品和内陆城市"二次进口替代"工业品的暂时联合就成为主旋律。湖南市场的脆弱性，使得武汉纱厂开拓市场的工作功败垂成，但也推动其一路向西，把目光聚焦在广阔的西南市场。

二　武汉棉纺织业品对西南市场的开拓

（一）开拓西南市场的可能性

对于西南市场，用最熟悉的陌生人来比喻是再恰当不过的。首先，武汉棉纺织业对此地区并不陌生，清末，沿海地区转运到武汉的棉纺织品，"复出口之货，各色棉布及中外各项棉纱……均大旺于前，棉纱销路，以四川为最销"。[1] 在此时期内，销往四川地区的不仅有国外和沿海地区的棉纱，张之洞创办的湖北纱局也和四川市场发生了联系，"（重庆）去年（光绪二十四年）中国纱五万二千二百担，其中来自上海纱厂者四万二千一百担，运自武昌官纱局者一万零一百担"。[2] "湖北官纱局所出棉纱，推行日广。日前楚强小轮船，由省会带民船两艘，装满官纱八百余件，湾泊招商局码头，旋即将棉纱起存局内，翌日轮船又赴下游车湾，带棉纱二艘入蜀"。[3] 清末西南市场和武汉地区的密切往来，为民国时期武汉棉纺织业开拓这一市场提供了可能。

首先，传统商路的延续。西南地区在鸦片战争之前就已经成为武汉传统贸易市场之一，开拓西南市场，在交通层面上不存在任何问题，借助长江水运，武汉地区的货物可以到达上游的重庆并进而深入四川腹地和贵州、云南地区。

---

① 曾兆祥主编：《湖北近代经济贸易史料选辑》第一辑，湖北省志贸易志编辑室 1984 年版，第 89 页。

② 《中国通商各口所销棉布棉纱情形》，《字林西报》（西七月），《湖北商务报》第 13 册，光绪二十五年七月，第 26 页，转引自曾兆祥《湖北近代经济贸易史料选辑》第一辑，湖北省志贸易志编辑室 1984 年版，第 107 页。

③ 《湖北商务报》第 20 册（光绪二十五年九月），第 3 页，转引自曾兆祥《湖北近代经济贸易史料选辑》第一辑，湖北省志贸易志编辑室 1984 年版，第 107 页。

其次，重庆开埠的影响。重庆位于长江和嘉陵江交汇处，是"四川之咽喉，而扬子江上游之锁钥"。[①] 作为四川地区贸易的主要市场和商品集散地，由重庆向四周发散的贸易网络覆盖了整个大西南地区，"上达云、贵、甘、陕、西藏等省，往来货多"。[②] 1890 年重庆开埠后，其经济辐射力进一步加强，不但与沿海地区和沿长江各口岸的贸易往来更为频繁，进出口贸易也不断增加。输入重庆的外国商品中，居首位的是机制棉纺织品，19 世纪 90 年代占输入贸易总值的 60%—70%。重庆位于长江上游，与沿海地区往来商船要经过湍急凶险的三峡，受航运技术的限制，大型货轮不能直达，所以就必须在武汉转船换成专用的小船，这样无论是沿海运到西南地区的机制工业品，还是内地流向沿海的初级生产原料，都必须在武汉集散，从而强化了武汉和以重庆为代表的西南市场的联系。

最后，西南市场的巨大市场潜力。西南地区，社会风气开放较晚，经济总量不高，工业基础薄弱。就发展棉纺织业而言，西南地区因为气候湿润，日照时间有限，并不适于棉花的生产，所以很难为棉纺织业的发展提供充足且优质的原材料。工业的发展还需要大型的现代化机器设备，蜀道的艰难和长江航道三峡地段的凶险，让运载机器的大型轮船很难进入西南地区。1898 年，日商曾打算在重庆创立棉纺织厂，最后因为"峡江运机不易，川省产棉尚稀"等原因，只得作罢。[③] 所以，到抗战前夕，四川地区尚没有一家现代纱厂，所需棉纱只能是从外埠输入。相对于一片空白的纺纱业，织布业在西南地区却得到了一定的发展。以重庆地区为例，"1900—1905 年，重庆创办了一批规模在数十台织布机的棉织手工工场"[④]，进入民国，随着投资者不断加入织布行业，"更是出现了一批拥有织布机上百台乃至 300 台以上的大型手工织布工场"。[⑤] 织布业蓬勃发展，要求有棉纱输入，从而拉动了西南地区对棉纱的大量需求。

（二）开拓西南市场的必要性

在 20 世纪 20 年代的市场销售中，武汉纱厂已经把西南地区作为重要

①　金沙：《四川贸易谭》，《四川》1908 年 1 月 5 日第 1 号，第 87 页。
②　郑观应：《西行日记》，《郑观应集》上册，上海人民出版社 1982 年版，第 1026 页。
③　隗瀛涛、周勇：《重庆开埠史》，重庆出版社 1983 年版，第 57 页。
④　黄汉民：《长江口岸通商与沿江城市工业的发展》，丁日初编：《近代中国》第九辑，上海社会科学院出版社 1999 年版，第 240 页。
⑤　同上。

棉纱销区。进入 20 世纪 30 年代后，随着市场争夺的白热化，各家纱厂更是意识到西南市场举足轻重的地位。武汉本地棉纺织品在同申纱、日纱在两湖地区的市场角逐中因为受价格和技术因素制约，完全处于劣势，九一八事变后，随着东北市场的丧失，武汉棉纱的销路进一步受限，同时因世界经济危机、长江水患和农村购买力降低等多重因素的压迫，棉纺织业的发展遭遇到了很大困难（见表 4 - 11）。

表 4 - 11　　　　　　20 世纪 30 年代武汉各纱厂停工、改组情况

厂　名	停工与改组
湖北纱布局 （民生公司承租）	1932 年纱局 5 万锭停工。1933 年布局又停纱机 5280 锭，布机 455 台。1935 年纱布局 90592 纱锭，655 台布机全部停工
第一纱厂	1932 年停纱锭 10500 枚，线锭 2240 枚，布机 500 台。1933 年 88000 纱锭，1200 台布机全部停工。直到 1936 年 10 月租与复兴公司开工
震寰纱厂	1933 年 6 月，26736 枚纱锭，250 台布机全部停工。直到 1936 年年底改为大成四厂复工
申新纱厂	1933 年火灾，从 3 月起停工，到 1934 年秋复工
裕华纱厂	1932 年停布机 36 台。1934 年停纱锭 1000 枚

资料来源：《裕大华纺织资本集团史料》编辑组：《裕大华纺织资本集团史料》，湖北人民出版社 1984 年版，第 117 页。

　　武汉棉纺织业一向倚仗湖南市场，由于湖南棉纱管理所对外省棉纱入境限制，导致武汉棉纱在该地区销量锐减。严重的市场危机，促使武汉棉纺织业充分挖掘市场潜力，积极开拓新的市场，以保障自身的发展。裕华纱厂最先认识到另外开辟市场的重要性，据 1934 年 9 月 20 日的裕华公司董事会记载，"查本公司棉纱销场，除两湖以外，端赖川省，本年因湖南管理所束缚，自非向川省发展不可"。[1] 其实在 1934 年之前，裕华纱厂就把包括重庆在内的西南地区当作主要棉纱销区，"查我厂所靠销路，惟重庆、常德为生命线。尤其重庆能销十支粗纱更有划算"。[2] 震寰纱厂在 20 世纪 30 年代最初几年内损失惨重，"本厂棉纱以十六支为标准，常在一

---

　　[1]　《裕华董监常会》，1934 年 9 月 20 日，武汉市档案馆藏，资料号：裕华档案 109 - 1 - 312。
　　[2]　同上。

百六十两以上者跌至一百四十余两。布疋以十二磅为标准,常在七两以上者,跌至五两有奇。总计棉纱每担约亏银二十两以外,棉布每捆约亏银近三十两"。如此颓势之下,震寰还能维系经营,重庆市场的销售功不可没,"本厂所出棉纱在重庆方面稍有销路,结果盈余洋例纹银三万六千六百余两"。①

(三)武汉棉纺织品在西南地区的销售

为了能在西南地区棉纱销售上"分一杯羹",武汉各家纱厂,使出各种手段开拓市场。裕华纱厂的前身楚兴公司在工厂创设不久,在棉纺织品的销售方面,除满足武汉和湖北其他地区的市场需求外,就把西南地区作为重要销售地,"纱的出路:十支纱主销四川、西南各地,十六支纱销湖北省,一部分销湖南及江西九江等地。十七磅粗布除销湖北本省外,一部分销往四川"。② 就距离西南市场的距离而言,"武昌距四川较近,故湖北棉纱行销犹多"③,四川成为武汉棉纱的最大销场,每年由重庆、万县两地输入的棉纱有30余万担。

进入20世纪20年代后,为了迎合西南市场需要,武汉各纱厂都以生产粗纱为主,裕华纱厂生产的十支纱,约占总产量的20%,主要输往四川地区,其他各种型号棉纱的销售,也都是主要面对本地和西南市场(见表4-12)。

表4-12 武昌裕华纱厂生产各支棉纱商标、规格、销路

支别	商标	包装	小包重量(磅)	大包重量(磅)	销售地区
10	红赛马	21	10.75	430	川、贵、云
10	蓝赛马(新)	24.3	11.5	460	川、贵、云
10	蓝赛马(特)	24它	12	480	川、贵、云
14	黑万年青	14它2绞	11.125	445	鄂、湘、桂
16	蓝万年青	16它6绞	11.125	445	鄂、川、云、贵
16	黑赛马	16它6绞	10.75	430	鄂、川、云、贵

① 《震寰纺织股份有限公司第十届报告书》,1932年,武汉市档案馆藏,资料号:震寰档案114-1-95。

② 《裕大华纺织资本集团史料》编辑组:《裕大华纺织资本集团史料》,湖北人民出版社1984年版,第20页。

③ 同上书,第21页。

支别	商标	包装	小包重量（磅）	大包重量（磅）	销售地区
16	蓝双鸡	16 它 5 绞	10.5	420	鄂、川、云、贵
16	白赛马	16 它	10	400	—
20	绿双鸡	21 它	10.375	415	销鄂省
20	红赛马	21 它 2 绞	11	440	销四川
20	绿赛马	21 它	10.5	420	销四川
32	黑天坛	32 它 4 绞	10.75	430	销四川
32	红赛马	32 它 4 绞	10.75	430	销四川

资料来源：裕大华纺织资本集团史料编辑组：《裕大华纺织资本集团史料》，湖北人民出版社 1984 年版，第 50 页。

经营市场最为恶化的 20 世纪 30 年代，为了加大对西南市场的开拓，武汉各纱厂更是使出了浑身解数。

首先，把对西南市场开发上升到事关企业生死存亡高度，1934 年 1 月 20 日，裕华公司董事会面对凶险的市场环境，做出由董事长全权负责推销的决议，"关于推销事宜，应由董事长担负责任，设法推销，全权处理"。① 申新尤其重视对西南市场中重庆地区的开发，并派专家在当地调查，认为"重庆为川省门户，当云、贵、康、藏交通之要冲，凡一切商品文化之自外输入川中、云、贵、康、藏者莫不先经重庆，故全国风尚以上海为中心，而川中、云、贵、康、藏之风尚则以重庆为中心。重庆社会之一举一动莫不可为川中云贵各地所模仿"。②

其次，采取委托—代理形式推销棉纱。1931 年 9 月 20 日的裕华公司董事会做出决议："刻因为推销纱布起见，特委托重庆义永昌、安定两家代为分销。"③ 这样就涉及两个问题：第一，为什么要采取委托—代理这种形式？厂家派人直接推销岂不更好？第二，销售纺织品有什么要求？

曾有武汉棉纺织企业采用，第一纱厂最早在重庆自行设庄推销，但效果不佳，不但未曾盈利，还"背账十余万"。所以出现这种情况，是因为

① 《裕华董监常会》，1934 年 1 月 20 日，武汉市档案馆藏，资料号：裕华档案 109 - 1 - 312。

② 《重庆棉布行情》，1936 年，武汉市档案馆藏，资料号：申四档案 113 - 0 - 445。

③ 《裕华董监常会》，1931 年 9 月 20 日，武汉市档案馆藏，资料号：裕华档案 109 - 1 - 309。

重庆受地方军阀统治,捐税极重,"自行设庄,担负难堪,矧人地生疏,殊有未妥"。① 裕华纱厂吸取第一纱厂的教训,委托重庆当地的义永昌纱号和安定钱庄代理,这样,"甲方(裕华)在渝并不挂牌,所装纱布概打乙方(义永昌)脚印,乙方在渝代售亦不必证明是甲方之货,如遇有派捐或公债发生,一概不与甲方相涉"②,由于摆脱了繁重的苛捐杂税的压迫,裕华纱厂在重庆地区的营业状况一直保持平稳状态。

棉纺织品销售方面,"各厂都力谋迎合川中用户心理"。③ 据统计,"抗战前重庆每年销纱最多达到十四五万件,其中粗纱占60%—70%"。④ 所以裕华纱厂在重庆地区销售的棉纱以十支粗纱为主,"盖十支粗纱因工作简单而花衣可以稍次,所以尚能问利,每月有无盈余,几以十支之销售旺淡为转移。换言之,十支粗纱实为我公司之生命线"。除了十支纱外,裕华纱厂出品的十六支、二十支、三十二支纱在重庆也很畅销,究其原因是产品质量过硬,消费者信得过,"……原料用得好,技术也非常考究,所以纱线平匀,跟条结练,而且柔软有光,深蒙各顾主乐于购用"。⑤

正因为粗纱占重庆市场的份额如此之大,所以,裕华公司不但委托商家在诸如重庆这样大城市代理销售棉纺织品,对于其他地理位置重要的中小城市也格外关注,挖掘资源为其销售服务。万县城市虽不大,但作为重庆门户,地理位置极佳,扮演了入川商品集散地的角色。裕华纱厂在万县缺乏推销之处,1933年委托汉口聚兴诚银行设在万县的信托部,代为销售棉纱,"兹悉贵行设信托部,承揽代客买卖事业,今以十支赛(马)粗(纱)、十四支万年青各五十件,请托贵行代运万县试为推销"。⑥

采用代销方式,选定一个可靠的、业务能力强的代理机构至关重要。裕华纱厂在四川地区最初是由重庆宏裕银号代销的,但效果一般,每年只有二三千包的销量。后来选定的义永昌纱号,很快使武汉棉纱在四川地区

---

① 《裕华董监常会》,1931年9月20日,武汉市档案馆藏,资料号:裕华档案109-1-309。

② 《裕华委托重庆安定钱庄和义永昌纱号推销棉纱合同》,1931年9月1日,武汉市档案馆藏,资料号:裕华档案109-1-240。

③ 严中平:《中国棉纺织史稿》,科学出版社1955年版,第227页。

④ 《裕大华纺织资本集团史料》编辑组:《裕大华纺织资本集团史料》,湖北人民出版社1984年版,第164页。

⑤ 《汉口裕华纺织公司通告》,武汉市档案馆藏,资料号:裕华档案109-1-268。

⑥ 《裕华致汉口聚兴诚银行请托书》,1933年3月1日,武汉市档案馆藏,资料号:裕华档案109-1-240。

打开了新的局面。据史料记载，当时重庆经营棉纱的有三种商业，"一是'字号'，他们从上海、武汉买进，在重庆批售，这是比较大的棉纱商；二是'铺家'，他们向'字号'购进，转手门市出售，即中间商；三是'水客'，即行商，他们从重庆买纱贩运外地出售"。① 义永昌是字号中规模最大的一家，自然有足够的实力为武汉棉纺织业在四川市场上打开销路。

按照代销合同规定，义永昌纱号对于裕华纱厂运来的货物"应负尽力推销之责"。为了保证代销的效果，纱厂一般会给代理方规定一个销售的底线，"其运销数目每月至少二百包，按照全年平均扯计"②，这样就给了代理方销售压力，为了完成销售量，势必采取各种办法推销商品。同时各厂家要求代理方要具有专一性，以义永昌纱号为例，其只能负责裕华纱厂和属于同一个企业集团的大兴纱厂的商品，"应专心致志以推销甲方（裕华）纱布为业务，不得私行买卖汇票及兼营任何事业"，"乙方（义永昌）与甲方（裕华）订立此约后，即不能代其他公司销售鄂纱"。③ 在具体销售业务的执行上，"乙方代售棉纱棉布，甲方允照重庆市棉纱帮帮规，或棉布字号售价例规办理。若乙方未违背该项条例，甲方应完全承认之"。④ 这说明各纱厂授予了代理商充分的独立经营权，允许他们按照所在地的风俗销售商品。纱号为纱厂代销合同，自然是以追求利益为目的，"乙方代售纱布货款，由甲方给乙方九九扣佣（按照售出货款折合确实数目比例计算），乙方于应交甲方货款之时，自行扣除（即乙方应交甲方货款银 1000 元，实交银元 990 元）"。⑤ 因为代理商拿提成，卖出商品越多，收入越多，所以裕华纱厂出品在重庆地区销路十分畅销，纱厂对代理商工作表示肯定，"敝公司承蒙两宝号在渝代为推销纱布。年余以来，成绩斐然，至为感佩"。为了激励他们取得更大的销售业绩，裕华纱厂家决定在原先九九佣金的基础上，提高佣金，除三十二支棉纱及粗细棉布因为有特

---

① 《裕大华纺织资本集团史料》编辑组：《裕大华纺织资本集团史料》，湖北人民出版社1984年版，第159页。

② 《裕华委托重庆安定钱庄和义永昌纱号推销棉纱合同》，1931年9月1日，武汉市档案馆藏，资料号：裕华档案109-1-240。

③ 同上。

④ 同上。

⑤ 《裕华委托重庆安定钱庄和义永昌纱号推销棉纱合同》，1931年9月1日，武汉市档案馆藏，资料号：裕华档案109-1-240。

殊情况仍然按照上年变更合同办法给予代理方九九扣佣外,所有 10 支、16 支、20 支棉纱,采用了新的提成方案,"①每年销数以 5000 包为定额,在定额以内仍归九十九扣佣。②自 5001 包至 6000 包,此 1000 包归九百八十八扣拥。③自 6001 包至 7000 包,此 1000 包归九百八十六扣拥。④自 7001 包至 8000 包,此 1000 包归九百八十四扣拥。⑤自 8000 包以外,一律归九十八扣拥"。①

新的提取佣金办法采用阶梯式累进计算法,代理商的销售额每达到一个新层面,其获得的佣金相应增多,这种方法不同于一般的固定提成,它能在最大限度上调动代理商的销售积极性,同时也能减轻纱厂的营销成本。裕华纱厂除在提成方面做足文章外,还利用中国商业文化的传统营销手段,施以小恩小惠,以此笼络代理商,"每月另行致送津贴 60 元,亦得由宝号在所售货款内按月支取,数至细微,不过聊以情意耳"。②

在重庆设立代销的不仅有武汉各大纱厂,上海等沿海地区的纱厂也参与到对市场的争夺中来,"申汉两地各华厂驻渝分销处,共有 7 家之多"。③ 各纱厂为了增强产品的市场竞争力,纷纷采取把纱布加重放长的办法,来增加销售量。例如武汉第一纱厂将 10 支纱加重到每小包 11 磅,裕华纱厂则紧跟着将同样型号的棉纱加至每小包 11.5 磅,申新四厂和震寰纱厂也采取同样的做法。由于震寰纱厂和裕华纱厂在重庆地区都是以售粗纱为主,它们之间的竞争更是达到了白热化。两厂在产品的加重加长问题上,互相较劲。最初震寰纱厂出品每柄重 9 斤(老秤 16 两制),裕华纱厂的同类产品只有 8 斤半,优势在震寰纱厂。裕华纱厂为了摆脱劣势,把 10 支纱做到每柄 9 斤多重,立竿见影,每年的销量很快增加到五六千包。震寰纱厂针锋相对,也把产品增重,从 9 斤增加到 10 斤,裕华纱厂很快做出反应,也增加到 10 斤。④ 经过一系列较量,震寰纱厂败下阵来,"本公司困难殆尤甚焉,盖制出棉纱,向以行销四川为唯一出路,以致外货倾销内地,各厂以存货过多,无法推销,纷运四川,贬价求售,本公司

① 《裕华致义永昌纱号、安定钱庄函》,1933 年 3 月 24 日,武汉市档案馆藏,资料号:裕华档案 109 - 1 - 240。

② 同上。

③ 严中平:《中国棉纺织史稿》,科学出版社 1955 年版,第 227 页。

④ 《裕大华纺织资本集团史料》编辑组:《裕大华纺织资本集团史料》,湖北人民出版社 1984 年版,第 164 页。

在该省的占优越之地位者，至是亦随之低落"。①

申新四厂在西南地区的开拓除了设立代销店委托代理、对产品加大加重外，还采取一系列独特的营销方式。在棉布的销售方面，申新四厂因为"布机有限，出品须供湘、鄂、豫诸省之销场，一时自无多量入川，故可先从一二种花色入手"②，认为主要一两种棉布先在重庆立足，一年内的销售量一定相当可观。为了更好地了解西南市场，申新四厂尤其注重分析当地消费者的心理，"吾厂既欲推销疋头于四川省，事前应有相当之准备，经商无异作战，知己知彼方有把握，故对重庆现销花色以及社会心理，自应处处留意研究"。③经过分析，申新四厂认为，重庆开埠以后，随着现代化进程的不断加快，社会风气也受沿海地区影响，消费习惯向沿海地区看齐，在穿着方面，不但富人喜欢绫罗绸缎，"贫苦阶级厌用土布而喜用洋布……以此土布销场日减，而外来疋头激增"。④但是由于重庆地区经济落后，"虽心向华丽而力实有限"，有消费欲望，但面对价格不菲的洋货和沿海商品，只能望洋兴叹，"故揣其心理实须花色新奇而价格宜廉，至于耐用与否尚属其次"。所以真正适合重庆大部分消费者的棉布必须满足物美价廉和款式新潮这两个特点，而武汉各纱厂的产品是在对沿海产品的替代中发展起来的"二次进口替代"工业品，除了具备沿海产品质量外，价格也相对便宜，正好满足重庆等西南地区消费者的需要。此外，申新四厂在销售方面有其他几家武汉纱厂都不具备的优势，由于它属于荣氏企业集团的一部分，在一部分虚荣心作祟的西南消费者心中，其出产的商品也"蕴含着上海制造的基因"，使用上海工厂制造的产品是时髦的表现。鉴于此，申新四厂在销售时对症下药，规定"商标设计要摩登醒目通俗化，最好写上海申新出品，至少勿写汉口字样"。⑤

20世纪30年代，西南市场一度扮演武汉棉纺织企业的诺亚方舟角色，但看似平静的市场状况，实则暗流涌动，危机四伏。30年代西南地区军阀割据的局面并没有因为国家的名义统一而结束，工业发展和市场繁

---

① 《震寰纺织股份有限公司第十一届报告书》，1934年8月，武汉市档案馆藏，资料号：震寰档案114-1-95。

② 《重庆棉布行情》，1936年，武汉市档案馆藏，资料号：申四档案113-0-445。

③ 同上。

④ 同上。

⑤ 《重庆棉布行情》，1936年，武汉市档案馆藏，资料号：申四档案113-0-445。

荣随时面临战争的直接冲击，而对工商业的剥削和压榨是军阀的一贯做法。裕华公司董事对此颇为担忧，"惟重庆近来市面非常之坏，因为川省军阀剥削过甚，据说渝市商场资本约有一千万元，而担负川省公债捐款约有两千万元。市面之虚空，实属骇听，而我公司又不能抛弃此种危险码头，仍须依靠渝市走货"。① 四川市场就是武汉棉纺织业的最后一根救命稻草，一旦有失就很快招致重大损失，"去年（1933年）来，因唯一销路之四川省内之扰乱与内地购买力之减退，陷于异常之窘境"。②

受政治影响，四川地区汇率也如同过山车，经常剧烈震荡。1934年，因四川军阀刘湘辞职，引发四川汇兑波动，"渝申汇票，由一千一百八九十元而峰提至一千三百七八十元，人心不免恐慌"。③ 受此影响，裕华纱厂在这段时间销售业绩一片空白，这种状态一直持续到1935年，由于汇水起落动辄二三百元上下，裕华纱厂不敢贸然推销商品，"渝、万两埠存货一千五六百包，坐困不能活动，以后更无去货机会。本公司以川销为主销，现在川销既阻遏不行，日后去路日益困难，售货资格恐被环境压迫而趋于江河日下"。④ 因此引发1934—1935年度裕华纱厂在重庆销售亏了47000元，"几因汇价受政府宰割，致受其累"。⑤

繁重的捐税和波动幅度较大的汇率对西南市场的冲击还只是肌肤之痛，真正致命伤害是日货的大举入川。裕华公司董事长苏汰余1934年听说贩运棉纺织品的川帮在上海准备引日本棉纱入川后，大惊失色："如果演成事实，不仅破碎支离之华商纱厂无生存余地，即国家经济益将陷于不可收拾之境……言念及此，悲愤曷极！此种丧心病狂之行为，自当竭全力以遏其实现。"⑥ 鉴于西南市场对于武汉棉纺织业生存的重要意义，湖北纱厂联合会、湖北全省商会联合会向四川当局建议对进入四川境内的日纱"加增进口统税每斤20元，系比例海关抽收进口税酌定，用绝奸商妄念，

---

① 《裕华董监常会》裕华档案109-1-309，武汉市档案馆藏，资料号：1933年9月20日。

② 化府：《汉口工商界之现状》，《中国经济评论》1934年第1卷第4期。

③ 《裕华董监常会》，1933年9月20日，武汉市档案馆藏，资料号：裕华档案109-1-309。

④ 《裕华董监常会》，1935年1月20日，武汉市档案馆藏，资料号：裕华档案109-1-312。

⑤ 同上。

⑥ 《苏汰余致李升伯函》，1933年2月20日，武汉市档案馆藏，资料号：裕华档案109-1-49。

而阻东货西侵"。[①] 他们认为，这种方法理论上是可行的，因为南京国民政府时期的关税虽号称自主，但与日本之间的关税税率因为涉及两国关系以及国际政治大背景，一直处于变化之中。比较而言，内地捐税因是中国内部主权问题，日本很难找到干涉借口。为了万无一失，可以对进入四川的中日棉纱一律加征 20 元，然后暗地里退还民族企业所交税款。如果这种建议被采纳，"无异于为华纱筑一重壁垒"。[②]

三　"市场西拓"与"军事西迁"的关系

1937 年全面抗战爆发后，在敌强我弱情况下，为了保存国内工业实力，沿海地区工矿企业在政府组织下向内地迁移。内迁的最初目的地是地处华中的武汉地区，但随着战局的不断恶化，武汉以及华中地区很快变成中日双方军事拉锯的激烈战场，刚在武汉落脚的沿海工业企业和武汉本来已有的企业继续向西迁移。作为持久抗战的经济基础，棉纺织企业是这次迁移的主力，武汉裕华纱厂、申新四厂、震寰纱厂和湖北官布局也抢在武汉沦陷之前把各自工厂的主要机器设备迁往西南和西北大后方，"迁至四川的纱锭有 71000 枚，其中裕华纱厂 32000 枚，申新纱厂 10000 枚，震寰纱厂有 9000 枚和军纺厂（原泰安纱厂）20000 枚。迁至陕西的有 51336 枚，其中官布局 15000 枚，申新纱厂 20000 枚，震寰纱厂 16336 枚"。[③]

西迁到大后方的武汉棉纺织业为坚持持久抗战提供了物质基础，也促进了西部地区工业的发展，加速了这一地区的现代化进程。长期以来，学术界普遍关注这次因为抗战爆发而被迫进行的工业西迁活动，认为政府的强制命令和抗战的爆发是西迁的主要因素之一。笔者姑且把传统意义上的西迁称为"军事西迁"，认为在"军事西迁"之前，武汉的棉纺织业已经在进行不为后人所关注的"市场西拓"，前文所述的对西南市场的开发和经营即是"市场西拓"的一种具体表现形式。除此之外，武汉棉纺织企业在巨大的竞争压力下，通过对西部市场进行调查和在西部设厂等形式，摸索着进行棉纺织业由中部到西部的转移。

所以进行"市场西拓"，主要是武汉棉纺织业在 20 世纪 30 年代所遭

---

① 《苏汰余致李升伯函》，1933 年 2 月 20 日，武汉市档案馆藏，资料号：裕华档案 109 - 1 - 49。

② 同上。

③ 武汉地方志编纂委员会主编：《武汉市志·工业志》，武汉大学出版社 1999 年版，第 611 页。

遇的严重的市场危机,"在高端市场上,受到日商及上海厂商的挤压,在低端市场上,又不是内地厂商的对手"。① 经历了本地市场、湖南市场的一系列受挫后,武汉棉纺织企业把目光瞄向了偏远的西北、西南地区。申新四厂为了在四川市场长期发展,于1936年派厉无咎去四川进行了一次细致的市场调查,并以书面报告的形式供企业领导层参考。前文述及的在重庆、万县等地委托代理和开设支店等形式,还只是流通领域内产品转移的形式,裕华纱厂则直接在西安投资建设大华纱厂,也把资金有步骤地转移到西部地区,从生产环节实践"市场西拓"。1936年,裕华公司董事长苏汰余在董事会经过研究决定把本厂改造锅炉原动力和增添纱锭的百万元投入到西部开设新的纱厂,"如将此百万款子投资西安,照地利关系,似以投资西安与大兴二厂合作为有利"。② 裕华纱厂所以选择投资大华纱厂,最主要的原因在于以西安为代表的西北地区发展棉纺织业的情景非常广阔,从生产原料的来源来看,"秦省土壤,最宜植棉……本厂就近收买,手续便捷,价值亦比较低廉,予取予求,毫无阻滞,此得力原料供给之便利者一也"。武汉纱厂原棉需求量很大一部分来自陕西,长途转运,不但增加了生产成本,并且易受局势左右,动辄因为交通不畅而导致生产资料匮乏,从而影响工厂的正常运转。从地理位置上看,"秦省远在西陲,雄关突峙,实为外界势力之所不及"。凭借如此有利的地形,大华纱厂在市场开拓方面处于进退自如的地位。进可以向陕西周边的四川、甘肃地区销售棉纱,开辟市场,退则可以稳稳守住陕西本地市场,纵使不能有大的发展,寻求自保也是绰绰有余的,从而摆脱像湖南市场那样日纱、沪纱、汉纱、湖南纱相互间白热化的竞争局面,"绝不经受商战强力之侵掠,此得力于销场之巩固者也"。③

正是因为大华纱厂发展情景广阔,裕华纱厂决定加大投资力度,把资金从中部向西部转移,受制于公司法规定,"凡属有限公司投资其他公司,其投资数额不能超过其资本总额1/4"。裕华公司注册股本有三百万

---

① 袁为鹏:《聚集与扩散:中国近代工业布局》,上海财经大学出版社2007年版,第143页。

② 《裕华董监常会》,1936年5月20日,武汉市档案馆藏,资料号:裕华档案109-1-312。

③ 《裕大华纺织资本集团史料》编辑组:《裕大华纺织资本集团史料》,湖北人民出版社1984年版,第235页。

元，按照规定最多只能投资 75 万元。在这种情况下，裕华公司不惜采用瞒天过海方式，在账面注册时登记为 75 万元，"其余 25 万元，则另以有价证券科目列入资产之内，盖以事实迁就法令，不得不变更记载方法也"。[1] 对于企业领导层所做出的投资大华纱厂、从事"市场西拓"的做法，裕华公司各董监成员和股东都较为认同，并都清楚大华纱厂蕴含的巨大潜力，于是争相认购股本，"当时名义规定两公司（裕华和大兴）的股东都可自由认购，并规定每人不得超过五千元限额。实际上大华的股票根本落不到一般股东名下，在董监事中就分光了"。[2] 裕华纱厂对大华纱厂的重视程度，还体现在机器设备的使用上，"本厂纺织机器，悉购自外国名厂，为国内纺织界最新之发明。在纺纱方面，如清花、粗纱，皆为单一程式，抄钢丝机，亦系利用真空，运转灵便；在织造方面，完全自动布机，每人可管 10 余部至 40 部。故出品优良，生产迅速，人工节省，此得力于机械之新颖者也"。[3]

第四节　小结

武汉棉纺织业是内地工业实践"二次进口替代"的典型，并在全面抗战爆发之前就已经开始了"市场西拓"实践。与沿海地区相比，武汉开埠较晚，与外国直接的工业品贸易往来不多，更多的是依托上海这个窗口，以进口工业品内地集散地和分销港的角色出现在世人面前。传统观点认为近代武汉民族工业的产生，属于进口替代工业的范畴，笔者认为这一观点至少在武汉棉纺织业领域内来看，是值得商榷的。

首先，从武汉民营棉纺织业兴起时间看，除第一纱厂在 1920 年开工外，裕华纱厂、申新四厂、震寰纱厂三家都是在 1922 年正式投产的。这个时期恰好是第一次世界大战时期，进口棉纱的销量大减。武汉市场上更多出现的是以上海为代表的沿海国产机制棉纱，所以，武汉本地商人在创

---

[1] 《裕华股东会纪录》，1938 年 4 月 9 日，武汉市档案馆藏，资料号：裕华档案 109 - 1 - 310。

[2] 《裕大华纺织资本集团史料》编辑组：《裕大华纺织资本集团史料》，湖北人民出版社 1984 年版，第 231 页。

[3] 同上书，第 236 页。

办纱厂时考虑的不是与外商分利的问题,而是想取沪纱而代之,从而独占武汉市场。

其次,从创办纱厂主体看,裕华纱厂、震寰纱厂和第一纱厂的创办者都是活跃在武汉地区的商业人士,其中裕华纱厂创建者中很大一部分来自汉口纱业公会,他们办厂的初衷即是为自己所从事的棉纱销售业提供稳定的货源,并没有取洋货而代之的意图。震寰纱厂最大股东、主任董事刘子敬本身就是汉口阜昌洋行大买办,常年为国外公司服务,他创办震寰纱厂无非是因为第一次世界大战期间武汉地区棉纱供不应求、利润极高。第一纱厂的创建者李紫云时任汉口商会会长,他自己和其他绝大部分股东都在武汉本地经营棉纱商号,创办纱厂动机和震寰纱厂类似。至于申新四厂,则是属于沿海工业资本对内地市场的开拓。

最后,从商品结构来看,进口棉纱尤其是日纱多以细纱为主,武汉本地纱厂由于技术原因,多产粗纱,二者在市场上处于不同的层面,至少在20世纪20年代,双方之间的竞争尚没有达到白热化的程度,所以不存在用粗纱代替进口细纱的情况。反倒是沪纱和武汉本地纱技术构成类似,双方共同抢占同一块市场,直接存在着利害关系。

所以,武汉棉纺织业发展的模式应该定义为"二次进口替代"比较贴切,汉纱和沪纱不但在武汉市场展开角逐,之后在湖南、西南市场双方也是剑拔弩张、竞争得相当激烈。武汉纱厂在自身硬件条件不足的情况下,选择了向西发展。通过在西部地区投资设厂、设立分销处、分公司和办事机构,把工业活动重心不断向西转移,从而演绎出以求发展为主旨的"市场西拓"。

有学者指出:"中国棉纺织业向内地扩散的势头一直持续到整个二三十年代,而且扩散的区域开始由华北、华中等中部地区向西部推移。"[1]结合武汉棉纺织业发展情况来看,这种扩散即属于"市场西拓"的一种。"市场西拓"的直接目的是使生产的工业品以最低的损耗到达消费市场,从而弥补诸如武汉这样"二次进口替代"工业发展时在生产成本方面和沿海工业的差距,最终的目的则是实现整个武汉棉纺织业在空间上的优化配置。只不过由于抗战的爆发,延续了几年的"市场西拓"以"军事西

---

[1] 袁为鹏:《聚集与扩散:中国近代工业布局》,上海财经大学出版社2007年版,第138页。

迁"的面貌继续进行，并在政府的强力推动和客观环境的逼迫下，以揠苗助长的方式在极端的环境下匆忙完成。武汉棉纺织业中诸如苏汰余等领导成员很多都来自西南地区，在"军事西迁"之前对西部市场通过详尽调查有充分了解，并通过设立代销点、分支机构和直接投资建厂的方式实践着"市场西拓"，所以，武汉棉纺织业在迁到大后方以后，其适应性比同时西迁过来的沿海工业要强，发展状况也更为良好。

结　语

通过对资金运行、技术引进、纱厂管理和市场开拓与民国前中期武汉棉纺织业发展进行考察可以看出，武汉各纱厂虽然发展方式有各自特点，但在总体特征上，均打上了"武汉模式"烙印，并遵循其中规律发展。1915—1938 年，武汉棉纺织业既有发展的一面，同时发展得又不够充分。

第一节　1915—1938 年武汉棉纺织业的发展与不发展

得益于张之洞在湖北地区推行的一系列新政，近代武汉棉纺织业从诞生之日起，就处在很高的起点上，1893 年由张之洞负责筹建的湖北织布局落成，"该局是当时全国最大的纺织全能企业，也是湖北最早使用蒸汽机和电灯照明进行生产的工厂"。[1] 连同 1897 年创办的湖北纺纱官局，武汉棉纺织业迅速崛起，并成为当时国内仅次于上海的门类齐全的棉纺织基地。由于官办工业本身积弊过深，张之洞所创办的棉纺织业非但没有因为优越的硬件条件而取得更大的发展，反而因经营不善在连续亏损数年后于1902 年开始招商承租经营。

民间资本的参与揭开了民国时期武汉地区以民营资本为主导的棉纺织业发展序幕，其第一波发展高潮始自 1915 年第一纱厂的筹建，并在1919—1922 年达到顶峰，裕华纱厂、震寰纱厂、申新四厂等纱厂均是在这一时期借势而生。以四大纱厂为主力的武汉棉纺织业在最初的几年里一扫官营工业数年来的颓势，在中国内地一时蔚为壮观，并再次燃起了叫板

---

① 湖北省地方志编纂委员会编：《湖北省志·工业》下册，湖北人民出版社 1995 年版，第1416 页。

上海棉纺织业的野心。但官营工业高开低走的发展轨迹同样出现在民国时期武汉棉纺织业身上，在其后二十几年的时间里，武汉棉纺织业的发展反反复复、经历了几多波折。和近代中国资本主义的发展和不发展类似，民国时期武汉棉纺织业的命运也是同时兼有发展和不发展这两个特性。

首先，应当肯定民国时期武汉棉纺织业在发展道路上所取得的成绩。1915 年之前，武汉地区只有承租湖北布纱丝麻四局的楚兴公司一家纱厂，"计有纱锭 9 万枚，资本 300 万元"[①]，"纱布厂用人 5000 名"[②]，1914 年 9 月到 1915 年 7 月 20 日将近一年的时间内，产棉纱 31391 件，棉布 288814 匹。[③] 到 1938 年武汉棉纺织业西迁大后方前夕，其各项指标较之 1915 年有了明显的提高，纱锭计有 322192 枚，较之 1915 年增长了 2.6 倍；资本 1252.23 万元，增长了 3.1 倍；工人 15000 余人，增长了 2 倍多。在棉纺织品产量方面，随着 20 年代初期四大纱厂的开工投产，"年产纱量达到 4 万余件，产布 100 余万匹。到 30 年代，各厂产量有增有减，但总产量仍有一定发展，棉纱产量在 10 万件左右"。[④] 由此推知，棉纱产量增长了 2.3 倍，棉布产量增长了 2.5 倍，1915 年之后，二者都获得了长足的发展，所以从规模上来看，武汉棉纺织业是不断扩大的。

一般来说，国内的棉纺织业多是以纺纱为主、织布为辅，武汉棉纺织业的发展则较为注重二者的协同发展，不但纱锭数量有大幅增长，织布机数量也在稳步提高（见附表 1）。

附表 1	1920—1938 年武汉地区布机总数			单位：台	
年份	1920	1925	1930	1936	1938
总计	7199	9201	6730	7205	7205
自动布机	1600	2972	3350	3825	4205
普通布机	5599	5849	3000	3000	3000
日商布机	—	—	380	380	—

资料来源：武汉地方志编纂委员会主编：《武汉市志·工业志》上册，武汉大学出版社 1999 年版，第 635 页。

---

① 徐鹏航主编：《湖北工业史》，湖北人民出版社 2008 年版，第 97 页。
② 《裕大华纺织资本集团史料》编辑组：《裕大华纺织资本集团史料》，湖北人民出版社 1984 年版，第 16 页。
③ 同上。
④ 武汉地方志编纂委员会主编：《武汉市志·工业志》上册，武汉大学出版社 1999 年版，第 627 页。

　　由附表1可知，20世纪20年代之后武汉棉纺织业自动布机的数量稳步提高，而普通布机的数量则在1925年达到最大值5849台后，出现了明显的下滑，连续几年都保持在3000台的水平，这种现象非但不是武汉棉纺织业生产力下降的表现，反而更能说明各纱厂普遍注意到了提高生产效率的重要性，所以更加重视自动机械的引进，因为普通布机，"一人可管理织机两部至四部"，而自动布机，"每人竟可管理十八部至二十四部之多，其制造上之进境，良可惊讶"。[①] 所以，很多纱厂把普通布机升级为自动布机，一方面使自动布机数量稳步上升；另一方面因为淘汰部分普通布机，其数量自然有所减少。除了自动布机的推广和应用，武汉棉纺织业紧随世界棉纺织业发展潮流，陆续配置了当时最先进的大牵伸细纱机，尤其是申新四厂的大牵伸，"如国内大量使用大牵伸机者，实以该公司为嚆矢"。[②] 裕华纱厂也在1936年把细纱机全部升级为大牵伸。在棉纺织业内部结构方面，在纺织、织布的基础上，有条件的纱厂还举办了印染工业，"印染工业也在20年代中期开始采用机器染整棉布"。[③]

　　武汉棉纺织业较之以前有一个新现象的出现，即在开拓国内市场的同时，部分机纱也输出国外，改变了过去只能够出口农作物等初级产品的局面（见附表2）。

附表2　　　　　　　　1912—1935年武汉地区棉纺织品出口量

年份	棉布 （百万关两）	棉纱 （千关担）	年份	棉布 （百万关两）	棉纱 （千关担）
1912	2.6	294	1924	0.3	31
1913	5.4	161	1925	0.6	42
1914	5.0	152	1926	0.5	35
1915	4.6	167	1927	0.5	41
1916	2.9	283	1928	0.5	88
1917	4.9	261	1929	0.4	192
1918	4.6	130	1930	0.5	81

---

　　① 薛铧曾：《论自动布机》，《华商纱厂联合会季刊》1920年第1卷第2期。
　　② 上海社会科学院经济研究所编：《荣家企业史料》上册，上海人民出版社1980年版，第531页。
　　③ 武汉地方志编纂委员会主编：《武汉市志·工业志》上册，武汉大学出版社1999年版，第635页。

续表

年份	棉布 （百万关两）	棉纱 （千关担）	年份	棉布 （百万关两）	棉纱 （千关担）
1919	3.5	133	1931	0.9	120
1920	5.1	143	1932	1.4	118
1921	3.7	247	1933	1.4	91
1922	3.2	153	1934	1.9	168
1923	3.3	110	1935	2.7	250

资料来源：武汉地方志编纂委员会主编：《武汉市志·对外经济贸易志》1996年版，第166页。

由附表2可知，武汉棉纺织品的出口和其发展进程并不同步。1915年之后，其出口量最大年份不是出现在四大纱厂全部生产的1922年，而是出现在第一次世界大战期间，西方参战国激战正酣的1917年。而从1922年开始，棉纱出口随即陷入长达7年的下滑期，直到1929年因世界经济危机爆发，西方纺织工业遭受重创时，才又有所恢复，"论纺织工厂于今日，可谓世界同业之大劫运，若欧美莫不因供过于求相继减工"，"即以东亚论，日本所处困难，实较中国尤甚"。① 受此影响，武汉棉纺织业出口量有所回升，又重新接近1921年水平，说明武汉棉纺织业品的出口更多的是受国际市场环境的影响，尽管出口总量各年份起伏较大，但是仍然从中能感觉到武汉棉纺织业在市场开拓方面的努力及其取得的发展。

1915—1938年的24年内，武汉棉纺织业有几个阶段发展较为迅速。第一个阶段是属于民族资本主义发展春天的1915—1923年，此时期内全国范围内掀起了兴办纱厂的热潮，武汉棉纺织业的发展是其中的一个缩影，因为机器的运输需要一定的时间，所以武汉各纱厂正式开工是在1919年，在此之后短短的几年时间里，全市棉纺织业规模急速扩大，到1923年，武汉地区纱锭总量达到了19.92万枚，年产纱2358.72吨，均比1919年增长了1.1倍多。此阶段的增长充分说明了商业资本在积聚资金方面发挥着强大效力，"资本的本能在求不断增殖，资本家作为人格化的资本在优厚纺织业利润强有力的刺激下，为了追求更大利润的到来，势必

① 《武昌裕华纺织股份有限公司第十期营业报告》，1930年8月，武汉市档案馆藏，资料号：裕华档案108-0-919。

以最大的热情从事纺织事业的规划和发展"。① 所以，武汉本地雄厚的商业资本出于逐利考虑，纷纷流入棉纺织业，不少股东把投资棉纺织业等同于投资高利贷和其他商业，因官利制度的存在，他们手中的股票更像是债权人所拥有的债券，所以很多股东都是不止参股一家纱厂，以期获得更大利益，而对于棉纺织业的具体经营却关注不多，商业资本消极的一面在武汉棉纺织业最初发展时期就已经出现，这也为后来的不发展埋下了隐患。

第二个比较明显的发展阶段是 1928 年 7 月到 1931 年 6 月，此时期发展主要受益于外因的作用，尤其是国内掀起的抵制日货运动达到最高潮，"山东发生惨案，全国抵制日货，华厂出品供不应求，获利亦自客观"。② 同时在经历了 1926—1927 年劳资矛盾的激化后，到 1928 年武汉各工厂劳资矛盾缓和下来，"厂中工作颇为顺利"。③ 到了 1931 年，"汉口港进口减少 43.68%。市场棉纱价格抬头，1931 年 5 月比 1927 上涨 21.11%，棉纱换棉花比率为 1∶1.62"。④ 棉纱价格的提高，使此时期武汉棉纺织业获利增加，市场的需求拉动生产进一步扩大。

第三个发展阶段是 1936 年下半年以后，随着国内政治形势趋于稳定以及农村购买力的逐步提升，四大纱厂均取得到了不错的经营业绩（见附表3）。

附表3　　　　　　　　1935—1938 年武汉四大纱厂盈利状况

纱厂	时期（年）	盈利额（万元）	备注
第一纱厂	1936—1937	1500	复兴公司承租时期
震寰纱厂	1936—1938	200	原一直亏损
裕华纱厂	1937	190	—
	1938	291.7	—
申新四厂	1937	105	—
	1938	36.1	因受内迁影响

资料来源：湖北省地方志编纂委员会编：《湖北省志·工业》下册，湖北人民出版社 1995 年版，第 1467 页。

---

① 汪敬虞主编：《中国近代经济史》下册，人民出版社 2000 年版，第 1620 页。
② 《武昌裕华纺织股份有限公司第九期营业报告》，1929 年 8 月，武汉市档案馆藏，资料号：裕华档案 109-1-919。
③ 同上。
④ 湖北省地方志编纂委员会编：《湖北省志·工业》下册，湖北人民出版社 1995 年版，第 1424 页。

　　由附表 3 可知，此时期各纱厂取得的利润惊人，尤其是对于停工数年之久的第一纱厂和震寰纱厂而言，他们不但相继恢复开工，而且一扫连年亏损的颓势，均取得了较大的盈利。武汉棉纺织业在这一时期内的大发展，不仅有外部原因的刺激，自身在市场开拓方面的成功起了关键的作用，尤其是对以四川为主体的西南市场采取了有针对性的营销策略，并有计划地把资本和机器设备向生产条件良好和市场前景广阔的西北市场转移，以"市场西拓"的模式，逐步完成自身产业结构的进一步完善。

　　必须清楚看到，武汉棉纺织业由于自身脱胎于商业资本，没有经过手工棉纺织业向机器棉纺织业的过渡阶段，工业发展基础薄弱，按照工业发展规律，"从原始的工业化向工业化的过渡具有渐进性或渐近性，就其发展过程而言，从原始工业化之前的家庭工业向原始工业化的进步在时间和空间上都是逐步递进的，从原始工业化向工业化的发展也是迂回曲折的，即使在工业化成为世界潮流的时代也不例外，两者仍将在一定历史时期并存"。[①] 武汉棉纺织业的发展则省去了这一阶段，使用"拿来主义"，用商业资金直接购买机器设备方式，把棉纺织业直接"移植"过来，嵌入武汉地区，所以第一次世界大战时国内外诸多利好条件使武汉棉纺织业如同"早产儿"一样，在其并未成熟时就呱呱落地。商业资本的投机性和不稳定性使其如同含有三聚氰胺的奶粉，一方面使处于幼年的武汉棉纺织业迅速成长，另一方面则又把有害物质输入体内，为其日后发展埋下了隐患。武汉棉纺织业在资金的使用上，"不但需要分给商业资本以较高利润，还必须把自己的一部分资金让给商人使用，这就使工业资本更加拮据，最后只能靠借贷支持生产"[②]，使得武汉棉纺织业不发展的一面表现尤为明显，资金不足是最为普遍的形式。因为资金链条的中断，民国时期武汉地区开办最早、规模最大的第一纱厂数次停工，并终因债务问题被外国资本所控制。震寰纱厂也因为无力偿还巨额债务从 1933 年开始停工达三年之久，后因与常州大成纱厂合作，依靠沿海地区工业资本的注入才得以重获生机。如果说工厂停工是资金缺乏比较极端的表现形式的话，因资金缺乏而导致的生产设备的落后则在武汉棉纺织业中较为普遍，"1936 年，一纱厂

---

　　① 彭南生：《中国早期工业化进程中的二元模式——以近代民族棉纺织业为例》，《史学月刊》2001 年第 1 期。

　　② 湖北省地方志编纂委员会编：《湖北省志·工业》下册，湖北人民出版社 1995 年版，第 1421 页。

使用的主机为 1905 年产品，震寰纱厂、裕华纱厂、申新四厂均是 1920 年以前的产品，分别有 30 年和 15 年以上役龄，且型号不一，生产效率不高"。① 因为设备的落后，武汉棉纺织业在生产效率方面，不但赶不上上海纱厂，甚至还低于全国平均水平，"上海日资纱厂每万锭雇用工人最多为 180 人，全国华资厂平均 492 人，武汉一纱厂 608 人"。生产效率的低下，使武汉棉纺织业品生产成本过高，在市场竞争中处于不利地位，"工资、动力、机物料消耗，日资厂 11.7 元，华资厂 19.5 元，第一纱厂 37.9元，裕华纱厂 27.21 元"。② 过高的生产成本，削弱了武汉棉纺织产品市场竞争力，即使在武汉本地市场也处于四面楚歌之中，"1934 年春，汉口纱、布市场上的日货分别占 80% 和 90%"。③ 工业基础的不稳固是一个方面，工业管理者能力的不足也使棉纺织业的发展缺少良性的牵引力。投资武汉棉纺织业的多为本地商人，他们很多没有受过近代工业管理训练，平时接触机器大工业生产的机会也非常有限，经营纱厂的方法，往往依靠的是他们长期在商业圈摸爬滚打中所取得的经验，同时受过度商业化的影响，不少纱厂在发展中偏离了工业发展的轨迹。

造成武汉棉纺织业不发展除武汉棉纺织业自身因素外，诸多不利外部因素对其发展也生产了不利影响。武汉对外开放较晚，在发展工业方面，缺少诸如上海等沿海地区所出现的外资企业的示范引路作用。在 1915—1938 年的 24 年时间内，武汉本地的外资纱厂只有日商投资的泰安一家，其和武汉本地纱厂之间以竞争关系为主，毫无资金往来、技术交流而言。同时，因为产品结构差异，武汉棉纺织品和"洋货"一定程度构成需求互补关系，其最直接的竞争对手是来自沿海的华资纱厂出品，所以在发展策略上采用的是以替代沿海工业品为主要目标的"二次进口替代"。在此策略的引导下，武汉棉纺织业以模仿和学习上海同行为目标，无论是技术工人、管理人才的培训和交流，还是技术的引进和管理体制的实行方面，都和上海棉纺织业保持密切的联系。这种以上海棉纺织业为目标的发展套路，一方面固然可以减少自身发展的成本，另一方面其发展的滞后性也较为明显。武汉各纱厂因为直接接触世界纺织界的机会较少，其发展步伐不

---

① 湖北省地方志编纂委员会编：《湖北省志·工业》下册，湖北人民出版社 1995 年版，第 1422 页。

② 同上书，第 1416 页。

③ 同上书，第 1466 页。

但落后世界水平，与上海同业相比也落下了半个身位，并且在技术和管理方法的引入上，上海棉纺织业根据自己的具体情况对其进行了某些改造，武汉棉纺织业从上海地区引入的技术和管理方法，都是"异化"过的，从而使其功效发挥大打折扣。

武汉棉纺织业发展过分依赖外部环境的荫蔽，导致其发展不具备持续性，过于脆弱的缺陷使其在 1915—1938 年的 24 年时间里经历了几段较为明显的萧条期。

第一个时期是 1924—1927 年，受市场上花贵纱贱的影响，武汉棉纺织业遭遇发展以来的一个"寒流"，"纱贱棉花贵，棉纱比 1919 年上涨 16.15%，棉花上涨 32.85%，棉纱交换棉花比率为 1∶1.47。受害最重的申新四厂，1924 年亏损银 36.23 万元，占资本总额的 90.60%"。[①] 同时，受北伐战争的影响，武汉地区局势较为动荡，工业发展所需要的原材料不能及时供应，棉纺织产品销售市场也受军事的冲击而遭受重创，再加上劳资矛盾的激化，武汉各纱厂普遍存在减产和停工的现象，"裕华纱厂亏银 18.56 万元，震寰纱厂亏银 41.79 万元，股票贬值七八成，损失流动资金 56 万元，负债高达 100 余万元"。[②]

第二个萧条期出现在 1931 年下半年之后，一直持续到 1936 年上半年，其原因更为复杂，一向资本薄弱的武汉棉纺织业受政府税制改革影响颇大，"迨至本年（1931 年）春见复有中央统税之施行，比较从前向财政厅完纳锭子税约增八倍之多。如以全年计算，所加负担计 20 万元有余，痛上加痛，困顿尤甚"。[③] 如此一来，武汉各纱厂资金更为短缺，与沿海纱厂和日本在华纱厂的差距进一步拉大，"中国 73 家纺织厂，资本银 12104 万元，纱锭 218 万枚，平均每锭资本银 55.48 元。日本在中国 44 家纺织厂，资本银 29970 万元，纱锭 151 万枚，平均每锭资本银 197.7 元"。[④] 而以武汉纱厂为主体的湖北纱厂，"资本银 1000 万元，纱锭 29.6 万枚，平均每锭资本为 33.7 元"，仅是国内同行业水平的 60.7%，日本

---

① 湖北省地方志编纂委员会编：《湖北省志·工业》下册，湖北人民出版社 1995 年版，第 1420 页。

② 同上书，第 1416 页。

③《武昌裕华纺织股份有限公司第十一届营业报告》，1931 年 7 月，武汉市档案馆藏，资料号：裕华档案 108 - 0 - 919。

④ 湖北省地方志编纂委员会编：《湖北省志·工业》下册，湖北人民出版社 1995 年版，第 1421 页。

在华纱厂的17%。除了这个原因之外，此阶段的不发展还因"天灾人祸"所致。"天灾"指1931年7月长江流域百年不遇的洪水，湖北省69个县有54县受灾，人口达1100万人，"洪水为灾，百年罕见，销货之区半为泽国，各地购买力因之减少"。① "人祸"则指1931年九一八事变之后，日本对中国东北的侵占，以及由此对武汉棉纺织产生的消极影响，"自九一八事变东北沦亡，津市各纱厂出产陡失销场，则不得不运销与就近各省，致使鄂省纱业大受打击，货品积滞，加以农村破产，购买力弱，又受日纱倾销影响市价，故营业为困难"。② 此外，1929年开始的世界经济危机也开始波及武汉棉纺织业，"论纺织工厂于今日，可谓世界同业之大劫运，若欧美莫不因供过于求相继减工"。③ 西方工业国利用中国较低的关税，把过剩的棉纺织品转运到中国倾销，从而进一步打压了武汉棉纺织品生存空间。武汉棉纺织业在最惨淡时期，竟然只有裕华纱厂一家维持开工，其萧条之状，既是民国武汉棉纺织业自身脆弱性的体现，也是20世纪30年代前期国内整个棉纺织行业不景气的一个缩影。

综合考察上述两种情况可以看出，民国时期武汉棉纺织业有所发展，但发展不够充分，发展之中潜伏着不发展因子，在不发展的困境中又集聚着发展的希望。虽然外部环境的极度恶劣，导致其发展过程经常中断，并呈现不断反复之状，但凭借自身一定的工业积累，武汉棉纺织业借助于1936年之后国内外环境的好转，摆脱了之前长达数年的持续下滑状态，实现了跳跃性的迅猛发展，并在西迁大后方之前达到了一定的规模和水平，这种"大鹏一日同风起，扶摇直上九万里"的发展之势，固然离不开时势对武汉棉纺织业的垂青，但如果自身不具备发展因子，无论外因如何刺激，也没有任何作用。

---

① 《武昌裕华纺织股份有限公司第十二届营业报告》，1932年7月，武汉市档案馆藏，资料号：裕华档案108-0-919。

② 《关于党、政、军、财务各方面的大事纪要》，1933年，武汉市档案馆藏，资料号：聚兴诚档案104-1-4。

③ 《武昌裕华纺织股份有限公司第十期营业报告》，1930年8月，武汉市档案馆藏，资料号：裕华档案108-0-919。

第二节 武汉棉纺织业地位和影响

作为华中地区最大的棉纺织业基地，武汉棉纺织业在全国同行业中一直扮演举足轻重角色。发展最为迅速的 1919—1925 年，"武汉纺织工业生产能力仅次于上海，产品行销内地各省"。① 纱锭是棉纺织业最为重要的生产工具，纱锭的所有量可以反映出其规模的大小和生产力的高低（见附表4）。

附表4　　　　1919—1936 年上海、青岛、武汉、天津、无锡、南通
六大城市华商纱锭在全国的比重

年份	全国锭数	武汉		上海		青岛		天津		无锡		南通	
		锭数	占全国（%）	锭数	占全国（%）	锭数	占全国（%）	锭数	占全国（%）	锭数	占全国（%）	锭数	占全国（%）
1919	658748	90000	13.7	216236	32.8	—	—	55120	8.4	59192	9.0	61180	9.3
1920	842894	131310	15.6	303392	36.0	14964	1.8	55112	6.5	59192	7.0	65380	7.3
1921	1248282	123440	9.9	508746	40.8	15000	1.2	140200	11.2	73192	5.9	65380	5.2
1922	1506634	153440	10.2	629142	41.8	32000	2.1	193000	12.8	128800	8.5	75380	4.3
1924	1750498	199816	11.4	675918	38.6	32000	1.8	205000	11.7	133800	7.6	90380	4.3
1925	1866232	263896	14.1	687358	36.8	32000	1.7	177802	9.5	138800	7.4	91464	4.8
1927	2018588	258160	12.8	684204	33.9	32000	1.6	215512	10.7	150800	7.5	91464	4.5
1928	2059088	173936	8.4	747588	36.3	32000	1.6	219512	10.7	106968	5.2	92104	4.4
1929	2146152	266414	12.4	810978	37.8	33196	1.5	221512	10.3	134800	6.3	92104	4.3
1930	2345074	185376	7.9	874446	37.3	33196	1.4	223512	9.5	169672	7.2	92104	3.9
1931	2453304	227144	9.3	1005328	41	43564	1.8	203556	8.3	191768	7.8	92104	3.8
1932	2625413	227144	8.7	1029976	39.2	43564	1.7	211652	8.1	200672	7.6	104252	4.0
1933	2742754	196364	7.2	1102032	40.2	44332	1.6	223364	8.1	230904	8.4	112028	4.1

---

①　武汉地方志编纂委员会主编：《武汉市志·工业志》上册，武汉大学出版社 1999 年版，第 610 页。

续表

年份	全国锭数	武汉		上海		青岛		天津		无锡		南通	
		锭数	占全国(%)	锭数	占全国(%)	锭数	占全国(%)	锭数	占全国(%)	锭数	占全国(%)	锭数	占全国(%)
1934	2807391	206664	7.4	979672	34.9	47276	1.7	120172	4.3	230904	8.2	112325	4.0
1935	2850745	84552	3.0	908446	31.9	48044	1.7	135715	4.8	185888	6.5	112028	3.9
1936	2746392	244472	8.9	1105408	40.2	48044	1.7	104472	3.8127	237664	8.7	112028	4.1

资料来源：严中平等编：《中国近代经济史统计资料选辑》，科学出版社 1955 年版，第 108—109 页。

由附表 4 可知，武汉纱锭占有量在全国六大棉纺织业基地中大部分时间处于前三名位置，并经常在第二名和第三名之间徘徊。名次虽然较为靠前，但武汉棉纺织业综合实力与第一名的上海相比，还是有不小的差距，即便是其在全国纱锭占有率最高的 1920 年，也是无法和上海棉纺织业相抗衡，是年武汉地区纱锭的占有率达到 15.6%，位居全国第二，但此数据远逊于上海地区的 36%，尚不及其一半的水平。

把附表 4 中单个棉纺织基地历年在全国的纱锭占有率相加再除以年数，可以得出其在这段时间的纱锭平均占有率。最高是上海为 37.5%，第二位的是武汉为 10.1%，第三位的是天津为 8.7%，第四位的是无锡为 7.4%，第五位的是南通为 4.8%，第六位的是青岛为 1.7%。

从以上两种结果可知，武汉棉纺织业在全国扮演的角色是"第二集团的'领头羊'"，比天津、无锡的实力稍强，远远领先于南通和青岛，但和上海相比，仍有不小的差距，很难撼动上海棉纺织业在全国"一家独大"的地位。所以，武汉棉纺织业在全国地位决定其尚不具备在国内市场上"呼风唤雨"的实力，其发展模式是以模仿并欲逐步取代上海棉纺织品在内地市场的"二次进口替代"，但由于双方实力的悬殊，在上海棉纺织品的巨大竞争压力下，武汉本地工业品只能把销售目标瞄准国内西北、西南地区，利用自身地理区位优势开发那里的潜在市场。武汉棉纺织业一直是在外资纱厂和沿海纱厂之间的缝隙中求生存，尤其是上海纱厂更是套在其头上的"紧箍"，一旦来自上海方面的压力解除，武汉棉纺织业原本被压抑很久的能量便迅速爆发出来，从而取得巨大的成就。据 1937年的资料记载，"（汉口）本月棉纱产量较上月减少 3000 余件，然市价之挺秀实所仅见。其原因，盖由上海抗战发生后，申纱行销受阻，凡素仰给申纱者，因来源问题，逐渐集中本埠，然本埠各纱厂以时令关系，每日出产有限，供不应求，市价逐渐扶摇直上"。① 一方面是产品市场价格的上涨，另一方面是武汉棉纺织业生产成本也大幅度降低，原材料的购买价格最为明显，"（汉口）棉花贸易因战事之故，备受阻扰，出口前往日本及上海者全部停顿"。② 由于集中在武汉地区的棉花无法分销到沿海地区，以致供过于求，导致价格不断下滑，对于猛烈扩大生产的武汉棉纺织业来说，极为有利。所以，武汉棉纺织业在从全面抗战爆发到西迁大后方之前，其发展达到了从没有过的高度，但必须看到这并非常态的发展，其发展的成就只能进一步证明武汉棉纺织业始终未能摆脱过于依赖外部环境尤其是受上海地区影响的发展模式。

民国时期，武汉工业长期以轻工业为主，并形成以棉纺织、面粉、卷烟为核心的主导产业（见附表 5），棉纺织业处于举足轻重的地位。

附表5　　　　　　　　　　1936 年武汉工业行业情况

业别	厂数	资本（万元）	工人数	年产值（万元）	备注
水电	10	968	1340	1557.40	
冶铁	10	151.00	494	108.20	
金属品	3	0.75	22	2.06	
机器	71	37.40	1617	116.00	
电器	7	2.70	117	21.90	
木材	6	7.70	50	16.20	
交通工具	9	5.25	1888	11.30	
军火	2	429.00	4000	—	含增资
建筑材料	16	65.10	539	25.50	
化学	43	142.98	2554	433.00	
饮食品	230	648.20	6184	2628.60	
烟草	4	1195.30	3517	10247.10	
纺织	56	1252.33	16191	3033.40	含染织
服饰品	12	85.50	4513	515.70	

---

① 《本埠金融及商品市况》，《汉口商业月刊》1937 年第 2 卷第 4 期。

② 《裕大华纺织资本集团史料》编辑组：《裕大华纺织资本集团史料》，湖北人民出版社 1984 年版，第 262 页。

续表

业别	厂数	资本（万元）	工人数	年产值（万元）	备注
文化印刷	38	154.00	1376	119.00	
其他	11	3.55	624	16.40	含煤球、牙刷、面粉袋等业
合计	528	5148.66	45026	18851.76	

资料来源：武汉地方志编纂委员会主编：《武汉市志·工业志》，武汉大学出版社1999年版，第26页。

注：结合其他史料分析，表中的纺织业主要指的是棉纺织业，包括为数较多的手工生产和机械生产并存的小厂。

从附表5可以看出，工厂数量方面棉纺织业有大小各种工厂56家，在武汉各行业中排在第3位；资本总额1252.33万元，排在第1位；工人数量16191人，排在第1位；年产值3033.40万元，排在第2位。这说明经过二十多年的发展，武汉棉纺织业已形成一定规模，是支撑武汉工业发展的主要力量，所以，抗战西迁大后方的武汉工业也是以裕华纱厂、申新四厂等几个主要大型纱厂为主，共计"内迁纱锭14万余枚，布机2000多台"。①

纵观武汉棉纺织业在西迁大后方之前二十几年内的发展，不仅直接推动了近代武汉工业化的进程，而且对武汉城市地位提升也产生了深远的影响。在20世纪30年代，国内的专家学者普遍有一种认识即"建设武汉为中国工商业中心与明定汉口为国内自由市"，之所以有此提议，是因为在他们看来，以上海为代表的沿海城市的繁荣完全是畸形的，"自欧力东渐之后，外国人的势力是从海口打进来的。于是有些海口商埠就成了中国的大都市。这些大都市都是由外国人经营而成的，都不是中国人管理的地方。既是由外国人经营而成的，当然只顾到外国人的利益"。② 所以，"以全中国的财力物力置于外人势力范围之下，真是失策之至"。③ 反之，武汉则因为交通上、政治上、军事上的种种优势，完全具备中国工商业中心的资格，"武汉宜为中国工商业的中心，实在有十二分的理由……如欲复

---

① 武汉地方志编纂委员会主编：《武汉市志·工业志》上册，武汉大学出版社1999年版，第635页。

② 王星拱：《试论武汉应为中国工商业中心》，《银行周报》1935年第19卷第37期。

③ 李肇民：《建设武汉为中国工商业中心与明定汉口为国内自由市》，《汉口商业月刊》1935年第2卷第8期。

兴，如欲独立，如欲脱离次殖民地地位，则非建设一以中国利益为本位的工商业中心去发展我们自己的工商业不可"。① 所以，武汉棉纺织业的发展是这种构想的最直接实践，强大的工业基础将有助于武汉城市地位的提高，使之由过去的单纯的华中地区的"大商场"，成为工商业全面发展的经济中心。

清末，武汉作为传统的商业城市纵使在张之洞一人之力作用下被嵌上了规模宏大的重工业，但由于与城市气质不兼容，这一发展模式只能是"无可奈何花落去"。民国之后民营棉纺织业的发展则与之完全不同，不但吸纳了数量不菲的商业资本，并且逐步实现对传统商业的改造，市面上流通的货物不仅有传统的茶叶、棉花、桐油等农作物，诸如棉纱、棉布等工业制成品在市场上的占有率也大幅提高。即便是传统的农作物产品，因为武汉本地工业生产的需要，也改变了过去在武汉聚集然后转运到沿海地区或者出口的模式，而是直接在武汉加工生产成工业品，"例如鄂省各农村出产之棉花，武汉各纱厂每年约可承销五六十万担，约占产额总数1/3"。② 所以，凡是武汉棉纺织业发展势头良好的时期；也是武汉周边农村经济和本地商业贸易繁荣的时期；反之，则是另一幅情景，"因鄂省工业生产经济之不振，农业生产品之销路大受打击，农村经济随之衰颓；商业贸易方面，亦因工业生产不振，缺少工业制品输出，进口多熟货，出口多生货。结果年年入超，金融日渐枯窘"。③ 所以，武汉棉纺织业发展产生的辐射力巨大，不但有助于完善本地工业机构，而且进一步影响商业和农业发展，在某种程度上，实现了农、工、商一荣俱荣的综合体系。

除了在经济层面的影响外，武汉棉纺织业的发展与不发展，还直接关系到社会的稳定。作为武汉地区工业体系中的主导行业，棉纺织业吸纳了数量众多的工人，他们的生活水平和纱厂的经营状况牢牢绑定在一起，一旦棉纺织业发展受到挫折，最先受到冲击就是工人群体。1933年，四大纱厂中规模较小的震寰纱厂的突然停工，使该厂工人陷入无助境界，工厂的停工让工人生存的希望顿时破灭，"虽系一隅之事，但影响社会安宁匪浅。因职工约有三千余人之多，直接或间接赖之生活者，平均估计之，想

---

① 李肇民：《建设武汉为中国工商业中心与明定汉口为国内自由市》，《汉口商业月刊》1935年第2卷第8期。

② 鲍幼申：《如何繁荣汉口市》，《中国经济评论》1934年第1卷第3期。

③ 同上。

必十倍其数（如家属及附近小贩等）。"① 同年停工的第一纱厂因规模较大，工人有八千名之多，所受影响更为巨大，"工人事先毫无预闻，晴天霹雳，生活断绝，无不惊慌失措，厂房因军警弹压得力，幸告无恙，全体工人，现奉一纱分事务所要求与厂方交涉要求复工，以维生计"。② 也是在1933年，位于汉口的申新四厂因火灾而导致的停工，不仅本厂工人生活无所依托，也殃及工厂周边居民，"溯硚口宗关一带在我厂为开办以前人烟寥落，自我厂开办以来，近已增至六万余人。此次失慎以后，不仅厂中职工日处愁城，即附近店铺亦呈惶惶不安之象"。③ 所以，武汉棉纺织业的发展是维护社会稳定的重要因素。

武汉棉纺织业发展最为鼎盛的1937年正是全面抗战爆发时期，上海等沿海地区的沦陷，使那里的棉纺织业遭受到了灭顶之灾。此时，处在华中地区的武汉棉纺织业承担了为抗战提供物质基础的重任。武汉各纱厂在敌机轰炸险境下，坚持生产，为抗日做出了贡献，"华中之纱厂，大部多在武汉，全国之民生衣被及全国之军服，均赖武汉，则武汉纱厂，所负使命之重大，当推为全国之冠，易言之，即吾人所负之责任，亦益形重要"④。以裕华纱厂为例，从1937年9月起，该厂每月出产的大部分都是用于军事需要（见附表6）。

附表6　　　　　裕华纱厂1937—1938年各月供售军布
数量及其占当月产量比重　　　　　单位：匹、%

时间	棉布（混合）产量	供售军布（混合）数量	军布占产量的比例
1937年9月	23021	23005	99.93
10月	32487	32450	99.89
11月	31981	31832	99.53
12月	33225	33166	99.82
1938年1月	18164	18157	99.96
2月	17959	17934	99.86

----

① 《各报登载震寰停工留底》，武汉市档案馆藏，资料号：震寰档案114-1-140。

② 同上。

③ 《申四火灾后总公司赴汉调查报告书》，1933年，武汉市档案馆藏，资料号：申四档案113-0-605。

④ 《申新四厂第三十六次工务会议记录》，1937年11月5日，武汉市档案馆藏，资料号：申四档案。

时间	棉布（混合）产量	供售军布（混合）数量	军布占产量的比例
3 月	23956	23984	99.74
4 月	23769	23756	99.95
5 月	23560	18755	79.61
6 月	21864	17945	82.08
7 月	20284	17359	85.58
8 月	6615	5287	79.92
合计	276885	263540	95.18

资料来源：《裕大华纺织资本集团史料》编辑组：《裕大华纺织资本集团史料》，湖北人民出版社1984年版，第277页。

第三节　武汉棉纺织业与上海棉纺织业比较

　　武汉棉纺织业是近代武汉民营工业发展典型，以四大纱厂为代表的民营工业企业在资金、技术、管理和市场方面的努力和尝试，既有成功业绩，也有失败的痛苦体验；既体现了近代民族纱厂发展的一般规律和共同特点，又带有浓重的武汉地方特色和各厂不同的发展模式。通过与以上海为代表的沿海棉纺织业进行比较，关于民国时期武汉棉纺织业发展的"武汉模式"更加清晰地呈现出来。

　　如果说商业化为核心的"汉口模式"是武汉早期现代化推动力，"武汉模式"则是在原先近代化进程轨道上，把发展的引擎由蒸汽机升级到内燃动力。不可否认，商业对于武汉三镇格局的形成和发展壮大起到了巨大的刺激作用，但进入民国后，其已经逐渐褪去了以往光鲜的外表，并在和工业不对等的发展过程中，反而限制了正常工业的发展。"武汉模式"的构建，以发展棉纺织业为中心，其核心要素有四点。

　　第一，正确处理工业资本和商业资本关系。上海棉纺织业资本较之武汉雄厚，出现资金供给不足时，往往能利用上海地区强大的金融体系，从银行获得贷款，如申新系统在发展过程中，利用与中国、上海两银行密切的关系，在贷款上非常便利，而随着社会游资的增加，上海地区的银行业都乐意把资金投入到棉纺织行业。武汉棉纺织业则无法得到当地金融机构足够的支持,更多的时候是向商业资本寻求支援,如此一来,如何正确处理商业和工业之间的关系就成为能否健康发展的重要问题。"武汉模式"下的棉纺织业发展,应以裕华纱厂为典型,利用商业资本而不能依赖商业资本,同时注意把资金向国内其他工业生产条件较好的地方转移。

第二,在技术引进上,上海地区由于开埠时间比武汉早,并处在对外开放的最前沿,对外信息沟通和技术贸易往来都较为成熟,所以上海纱厂多能引进物美价廉、性价比较高的机器设备。同时,外商尤其是日商在上海投资了一批实力雄厚的纱厂,在技术上的示范作用明显,同处一地的上海华资纱厂采用各种渠道,或多或少地都从中学到自己需要的技术。处在华中地区的武汉受制于地缘上的劣势,无论是技术人才的规模和技术更新的频率都远远落在上海之后。"武汉模式"下的技术引进,在不能充分享受到世界上先进科技成果时,不妨把目光投向沿海地区,利用那里对外引进的丰富经验和充裕的人力资源,以渐进的方式,逐步完成技术的引进和内化。

第三,在工业管理层面上,上海棉纺织业实行科学化管理较早,其领军人物之一的穆藕初 1914 年从美国学成回国,翻译了被誉为"科学管理之父"的泰罗的《科学管理法》一书,并将其首先在上海棉纺织界推广。同时,他还于 1915 年和 1918 年在上海创办德大和厚生两家纱厂,积极推广科学管理法。[①] 在不具备上海棉纺织业先进管理人才储备和"科学管理"环境前提下,在相当长时间内,"工头制"和"学生制度"并存的二元模式是武汉棉纺织业管理体制中的主旋律。武汉棉纺织业管理过程中的每一步改革都应依照武汉本地具体情况,按照循序渐进的方式量力而行,要让新的管理法"随风潜入夜,润物细无声",而不是机械地"拿来主义",生搬硬套。

第四,上海棉纺织业发展模式是"进口替代型",基本取得成功,"华商棉纺织厂纷纷设立,大量的棉纺织品生产出来,投入市场,有效地满足了国内需要,遏制了棉纺织品的进口"。[②] 因为产品结构的差异,武

---

① 黄汉民、陆兴龙:《近代上海工业企业发展史论》,上海财经大学出版社 2000 年版,第 163 页。

② 樊卫国:《激活与生长:上海现代经济兴起之若干分析(1870—1941)》,上海人民出版社 2002 年版,第 244 页。

汉棉纺织业的发展不需要也不应该以"洋货"为对手，其主要竞争对手还是主要来自上海地区的民营纱厂。与其竞争时，不但要主动利用武汉本地的人力资源守住本地市场，同时要充分发挥武汉在国内市场上的地理区位优势并利用便利的交通条件，对西北、西南市场的开发应该比沿海纱厂领先一步。

综上所述，"武汉模式"不但可以把工业发展中资金、技术、管理和市场四个主题有机地结合在一起，而且能较为系统地诠释民国武汉棉纺织业的发展与不发展，对当今重振武汉棉纺织业雄风以及更好地建设大武汉都有借鉴作用。

参考文献

一　基本史料部分

（一）档案

中国第二历史档案馆所藏相关档案 30 余卷。

湖北省档案馆所藏相关档案 30 余卷。

重庆市档案馆所藏相关档案 50 余卷。

武汉市档案馆所藏相关档案 200 余卷。

（二）民国时期报刊资料

报纸：

1. 《大公报》（天津），1918—1925 年。

2. 《民国日报》（汉口），1927 年。

3. 《申报》，1912—1927 年。

4. 《申报自由谈》，1932—1935 年。

5. 《武汉日报》，1946—1949 年。

期刊：

1. 《东方杂志》，1919—1937 年。

2. 《纺织年刊》，1931—1935 年。

3. 《纺织之友》，1931—1932 年。

4. 《纺织周刊》，1931—1935 年

5. 《工商半月刊》，1929—1935 年。

6. 《工商月报》，1932 年。

7. 《国货月刊》，1933—1937 年。

8. 《汉口商业月刊》，1934—1937 年。

9. 《湖北建设月刊》，1928—1932 年。

10. 《湖北实业月刊》，1923—1925 年。

11. 《建设月刊》，1928 年。

12. 《经济评论》，1934—1936 年。

13. 《申报月刊》，1932—1935 年。

14. 《实业部月刊》，1936 年。

15. 《实业统计》，1933—1936 年。

16. 《银行杂志》，1923—1924 年。

17. 《中国工业》，1932—1937 年。

18. 《中国建设》，1930—1937 年。

19. 《中国经济》，1933—1937 年。

20. 《中国经济评论》，1934—1935 年。

21. 《中兴周刊》，1933—1937 年。

二　地方志、资料汇编与文史资料

（一）地方志

1. 湖北省志·金融志编纂委员会：《湖北省金融志》1985 年版。

2. 湖北省地方志编纂委员会：《湖北省志·经济综述》，湖北人民出版社 1989 年版。

3. 湖北省地方志编纂委员会编：《湖北省志·工业》，湖北人民出版社 1995 年版。

4. 武汉地方志编纂委员会主编：《武汉市志·对外经济贸易志》，武汉大学出版社 1996 年版。

5. 武汉地方志编纂委员会主编：《武汉市志·工业志》，武汉大学出版社 1999 年版。

（二）资料汇编

1. 陈重民编：《今世中国贸易通志》，商务印书馆 1933 年版。

2. 《武汉指南》，汉口广益书局 1933 年版。

3. 国际贸易局：《武汉之工商业》，1933 年版。

4. 国际贸易局：《最近三十四年来中国通商口岸对外贸易统计（1900—1933)》，商务印书馆 1935 年版。

5. 平汉铁路管理局：《长沙经济调查》，1937 年版。

6. 中央党部国民经济计划委员会主编：《十年来中国之经济建设》，南京扶轮日报社 1937 年版。

7. 杨大金：《现代中国实业志》，商务印书馆 1940 年版。

8. 巫宝三：《中国国民所得（1933）》，中华书局 1947 年版。

9. 中国通商银行编：《五十年来之中国经济》，1947 年版。

10. 严中平等编：《中国近代经济史统计资料选辑》，科学出版社 1955 年版。

11. 孙毓棠编：《中国近代工业史资料》第一辑，科学出版社 1957 年版。

12. 汪敬虞编：《中国近代工业史资料》第二辑，科学出版社 1957 年版。

13. 陈真、姚洛合编：《中国近代工业史资料》（1—4 辑），生活·读书·新知三联书店 1961 年版。

14. 彭泽益编：《中国近代手工业史资料》（1—4 卷），中华书局 1962 年版。

15. 姚贤镐编：《中国近代对外贸易史料史资料》（1—3 册），中华书局 1962 年版。

16. 青岛市工商行政管理局史料组编：《中国民族火柴工业》，中华书局 1963 年版。

17. 上海社会科学院经济研究所编：《荣家企业史料》（上、下册），上海人民出版社 1980 年版。

18. 上海社会科学院经济研究所编：《英美烟草公司在华资料汇编》，中国书局 1983 年版。

19. 曾兆祥主编：《湖北近代经济贸易史料选辑（1840—1949）》（1—5 辑），1984 年版。

20. 裕大华纺织集团史料编辑组：《裕大华纺织资本集团史料》，湖北人民出版社 1984 年版。

21. 中国人民银行武汉市分行金融研究所：《武汉钱庄史料》，1987 年版。

22. 中国人民银行武汉市分行金融研究所：《武汉银行史料》，1987 年版。

23. 中国第二历史档案馆：《中华民国史档案资料汇编》（第三辑·工矿业），江苏古籍出版社 1991 年版。

24. 李文海主编：《民国时期社会调查丛编》（二编·近代工业卷），福建教育出版社 2010 年版。

（三）文史资料

1. 中国人民政治协商会议湖北省市委员会文史资料研究委员会编：《湖北文史资料》，第 1—7 辑。

2. 中国人民政治协商会议全国委员会文史资料研究委员会编：《文史资料

选辑》，第 1—50 辑。

3. 中国人民政治协商会议武汉市委员会文史资料研究委员会编：《武汉文史资料》，第 1—11 辑。

4. 中国人民政治协商会议武汉市委员会文史资料研究委员会编：《武汉工商经济史料》第 1—2 辑。

三　著作

1. 王正廷：《工厂管理法》，商务印书馆 1933 年版。

2. 龚骏：《中国新工业发展大纲》，商务印书馆 1933 年版。

3. 方显廷：《中国棉纺织业》，商务印书馆 1934 年版。

4. 龚骏：《中国都市化工业程度统计分析》，商务印书馆 1935 年版。

5. 孙洵侯：《现代工业管理》，商务印书馆 1936 年版。

6. 吴景超：《中国工业化的途径》，艺文研究会出版社 1938 年版。

7. 刘大钧：《上海工业化研究》，商务印书馆 1940 年版。

8. 刘大钧：《工业化与中国工业建设》，商务印书馆 1944 年版。

9. 梁庆椿：《鄂棉产销研究》，中国农民银行经济研究处 1944 年版。

10. 谷春帆：《中国工业化计划论》，商务印书馆 1945 年版。

11. 谷春帆：《中国工业化通论》，商务印书馆 1947 年版。

12. 林和成：《工业管理》，商务印书馆 1949 年版。

13. 严中平：《中国棉纺织史稿》，科学出版社 1955 年版。

14. 张国辉：《洋务运动与中国近代企业》，中国社会科学出版社 1979 年版。

15. ［美］阿瑟·恩·杨格：《中国财政经济情况》，陈泽宪、陈霞飞译，中国社会科学出版社 1981 年版。

16. 隗瀛涛、周勇：《重庆开埠史》，重庆出版社 1983 年版。

17. 郑友揆：《中国的对外贸易和工业发展》，上海社会科学出版社 1984 年版。

18. 许维雍、黄汉民：《荣家企业发展史》，人民出版社 1985 年版。

19. ［美］费正清、刘广京编：《剑桥中国晚清史》，中国社会科学院历史研究所编译室译，中国社会科学出版社 1985 年版。

20. 上海市粮食局等编：《中国近代面粉工业史》，中华书局 1987 年版。

21. 苏云峰：《中国现代化的区域研究（1860—1916）——湖北省》，（台北）近代史研究所 1987 年版。

22. 张仲礼主编：《中国近代经济史论著选译》，上海社会科学院出版社
　　1987 年版。

23. ［美］小科布尔：《上海资本家与国民政府》，杨希孟、武莲珍译，中
　　国社会科学出版社 1988 年版。

24. 祝慈寿：《中国近代工业史》，重庆出版社 1989 年版。

25. ［美］费维凯：《中国早期工业化：盛宣怀（1844—1916）和官督商
　　办企业》，虞和平译，中国社会科学出版社 1990 年版。

26. 章开沅、朱英主编：《对外经济关系和中国近代化》，华中师范大学出
　　版社 1990 年版。

27. 陈钧、任放：《世纪末的兴衰——张之洞与晚清湖北经济》，中国文史
　　出版社 1991 年版。

28. 杜恂诚：《民族资本主义与旧中国政府（1840—1937）》，上海社会科
　　学院出版社 1991 年版。

29. ［美］郝延平：《中国近代商业革命》，陈潮、陈任译，上海人民出版
　　社 1991 年版。

30. 陆仰渊、方庆秋主编：《民国经济史》，中国经济出版社 1991 年版。

31. 皮明庥主编：《近代武汉城市史》，中国社会科学出版社 1993 年版。

32. 宋子良、王平、吉小安：《通向工业化之路》，中国经济出版社 1993
　　年版。

33. 虞和平：《商会与中国早期现代化》，上海人民出版社 1993 年版。

34. 赵靖主编：《中国经济管理思想史教程》，北京大学出版社 1993 年版。

35. 宋斐夫主编：《湖南通史》（现代卷），湖南出版社 1994 年版。

36. ［法］白吉尔：《中国资产阶级的黄金时代》，张富强、许世芬译，上
　　海人民出版社 1994 年版。

37. 陈凡：《技术社会化引论：一种对技术的社会学研究》，中国人民大学
　　出版社 1995 年版。

38. 黄逸平、虞宝棠：《北洋政府时期经济》，上海社会科学院出版社
　　1995 年版。

39. 徐鼎新：《中国近代企业的科技力量与科技效应》，上海社会科学出版
　　社 1995 年版。

40. 刘再兴：《工业地理学》，商务印书馆 1997 年版。

41. ［美］W. W. 罗斯托：《这一切是怎样开始的》，黄其祥等译，商务印

书馆 1997 年版。

42. ［美］陈锦江：《清末现代企业与官商关系》，王笛、张箭译，中国社会科学出版社 1997 年版。

43. 张东刚：《总需求的变动趋势与近代中国经济发展》，高等教育出版社 1997 年版。

44. 刘佛丁、王玉茹、于建玮：《近代中国的经济发展》，山东人民出版社 1997 年版。

45. 虞宝棠：《国民政府与民国经济》，华东师范大学出版社 1998 年版。

46. 刘佛丁：《中国近代经济发展史》，高等教育出版社 1999 年版。

47. 汪星明：《技术引进：理论·战略·机制》，中国人民大学出版社 1999 年版。

48. 严立贤：《中国和日本的早期工业化与国内市场》，北京大学出版社 1999 年版。

49. 黄汉民、陆兴龙：《近代上海工业企业发展史论》，上海财经大学出版社 2000 年版。

50. 林刚：《长江三角洲近代大工业与小农经济》，安徽教育出版社 2000 年版。

51. 皮明庥、郑自来：《武汉史话》，社会科学文献出版社 2000 年版。

52. 汪敬虞主编：《中国近代经济史（1895—1927）》，人民出版社 2000 年版。

53. 章开沅、马敏、朱英主编：《近代民族资产阶级研究》，华中师范大学出版社 2000 年版。

54. 马敏：《商人精神的嬗变——近代中国商人观念研究》，华中师范大学出版社 2001 年版。

55. 汪敬虞：《汪敬虞集》，中国社会科学出版社 2001 年版。

56. 严中平主编：《中国近代经济史（1840—1894）》，人民出版社 2001 年版。

57. 虞和平主编：《中国现代化历程》，江苏人民出版社 2001 年版。

58. 樊卫国：《激活与生长：上海现代经济兴起之若干分析（1870—1941）》，上海人民出版社 2002 年版。

59. 冯天瑜、陈锋主编：《武汉现代化进程研究》，武汉大学出版社 2002 年版。

60. 〔美〕高家龙：《大公司与关系网——中国境内的西方、日本和华商大企业》，程麟荪译，上海社会科学出版社 2002 年版。

61. 吴承明：《吴承明集》，中国社会科学出版社 2002 年版。

62. 张忠民：《艰难的变迁——近代中国公司制度研究》，上海社会科学院出版社 2002 年版。

63. 郑润培：《中国现代化历程——汉阳铁厂（1890—1908）》，新亚研究所 2002 年版。

64. 陈锋、张笃勤主编：《张之洞与武汉早期现代化》，中国社会科学出版社 2003 年版。

65. 刘云柏：《近代江南工业资本流向》，上海人民出版社 2003 年版。

66. 许涤新、吴承明主编：《中国资本主义发展史》，人民出版社 2003 年版。

67. 胡大泽：《美国的中国近现代史研究》，中国社会科学出版社 2004 年版。

68. 汪敬虞：《近代中国资本主义的总体考察和个案研究》，中国社会科学出版社 2004 年版。

69. 汪戎：《晚清工业产权制度的变迁》，云南出版社 2004 年版。

70. 王菊：《近代上海棉纺业的最后辉煌（1945—1949）》，上海社会科学出版社 2004 年版。

71. 杨德才：《中国经济史新论》，经济科学出版社 2004 年版。

72. 赵兴胜：《传统经验与现代思想——南京国民政府时期的国营工业研究》，齐鲁书社 2004 年版。

73. 复旦大学历史地理研究中心主编：《港口—腹地和中国现代化进程》，齐鲁书社 2005 年版。

74. 李一翔：《近代中国银行与钱庄关系研究》，学林出版社 2005 年版。

75. 〔美〕罗威廉：《汉口：一个中国城市的商业与社会（1796—1889）》，江溶、鲁西奇译，中国人民大学出版社 2005 年版。

76. 殷增涛主编：《武汉对外开放史》，武汉出版社 2005 年版。

77. 张东刚、朱荫贵、赵津、张利民：《世界经济体制下的民国时期经济》，中国财政经济出版社 2005 年版。

78. 张东刚：《中日经济发展的总需求比较研究》，生活·读书·新知三联书店 2005 年版。

79. 华民、韦森、张宇燕、文贯中：《制度变迁与长期经济发展》，复旦大学出版社 2006 年版。

80. 刘兰兮主编：《中国现代化过程中的企业发展》，福建人民出版社 2006 年版。

81. 涂文学主编：《沦陷时期武汉的经济与市政》，武汉出版社 2006 年版。

82. 吴松弟主编：《中国百年经济拼图：港口城市及其腹地与中国现代化》，山东画报出版社 2006 年版。

83. 许纪霖、陈达凯主编：《中国现代化史》，学林出版社 2006 年版。

84. 郑海天：《深圳工业化发展模式实证研究》，经济科学出版社 2006 年版。

85. 朱荫贵、戴鞍钢主编：《近代中国：经济与社会研究》，复旦大学出版社 2006 年版。

86. 杜恂诚、严国海、孙林：《中国近代国有经济思想、制度与演变》，上海人民出版社 2007 年版。

87. 江满情：《中国近代股份有限公司形态的演变——刘鸿生企业组织发展研究》，华中师范大学出版社 2007 年版。

88. 李玉：《北洋政府时期企业制度结构试论》，社会科学文献出版社 2007 年版。

89. 刘义程：《发展与困顿：近代江西的工业化进程（1858—1949）》，江西人民出版社 2007 年版。

90. 彭南生：《半工业化——近代中国乡村手工业的发展与社会变迁》，中华书局 2007 年版。

91. 孙智君：《民国产业经济思想研究》，武汉大学出版社 2007 年版。

92. 王玉茹、燕红忠：《世界市场价格变动与近代中国产业结构模式研究》，人民出版社 2007 年版。

93. 汪敬虞：《中国资本主义的发展和不发展——中国近代经济史中心线索问题研究》，经济管理出版社 2007 年版。

94. 严亚明：《晚清企业制度思想与实践的历史考察》，人民出版社 2007 年版。

95. 杨勇：《近代中国公司治理——思想演变与制度变迁》，上海世纪出版集团 2007 年版。

96. 袁为鹏：《聚集与扩散：中国近代工业布局》，上海财经大学出版社

2007 年版。

97. 张忠民、朱婷：《南京国民政府时期的国有企业》，上海财经大学出版社 2007 年版。

98. 李一翔：《近代中国金融业的转型与成长》，中国社会科学出版社 2008 年版。

99. 唐文基：《16—18 世纪中国商业革命》，社会科学文献出版社 2008 年版。

100. 徐鹏航主编：《湖北工业史》，湖北人民出版社 2008 年版。

101. 张守广：《大变局——抗战时期的后方企业》，江苏人民出版社 2008 年版。

102. 张忠民、陆兴龙、李一翔主编：《近代中国社会环境与企业发展》，上海社会科学院出版社 2008 年版。

103. 朱荫贵：《中国近代股份制企业研究》，上海财经大学出版社 2008 年版。

104. ［美］道格拉斯·C. 诺斯：《经济史上的结构和变革》，厉以平译，商务印书馆 2009 年版。

105. 何一民：《从农业时代到工业时代：中国城市发展研究》，四川出版集团巴蜀书社 2009 年版。

106. 聂志红：《民国时期的工业化思想》，山东人民出版社 2009 年版。

107. 潘必胜：《中国的家族企业：所有权和控制权（1895—1956）》，经济科学出版社 2009 年版。

108. ［美］托马斯·罗斯基：《战前的中国经济的增长》，唐巧天等译，浙江大学出版社 2009 年版。

109. 涂文学：《城市早期现代化的黄金时代》，中国社会科学出版社 2009 年版。

110. 魏林：《艰难的蜕变——中国近代商人资本向产业资本的转化》，华夏出版社 2009 年版。

111. 许金生：《近代上海日资工业史（1884—1937）》，学林出版社 2009 年版。

112. 张培刚：《农业与工业化》，华中科技大学出版社 2009 年版。

113. ［日］森时彦：《中国近代棉纺织业史研究》，袁广泉译，社会科学文献出版社 2010 年版。

四 论文

1. 蔡树立：《抗日战争前汉口福新第五厂和申新第四厂的劳资关系和工人运动》，《武汉大学人文科学学报》1959 年第 4 期。

2. 郭其耀：《抗战初期武汉工厂内迁》，《武汉春秋》1983 年第 2 期。

3. 郭其耀：《近代武汉工业一瞥》，《武汉春秋》1984 年第 1 期。

4. 刘爱民：《洋货是怎样打进武汉市场的》，《武汉春秋》1984 年第 6 期。

5. 皮明庥：《武汉近代民族资本主义工厂创建史略》，《江汉论坛》1985 年第 3 期。

6. 周秀鸾：《张之洞办企业对武汉民族工业的影响》，《江汉论坛》1985 年第 5 期。

7. 姚会元：《国民党统治时期汉口钱庄的衰败》，《中南民族学院学报》1986 年第 4 期。

8. 姜铎：《略论旧中国裕大华资本集团》，《江汉论坛》1987 年第 3 期。

9. 姚会元：《"裕大华"及其经营管理》，《中南财经大学学报》1988 年第 1 期。

10. 王永年：《晚清汉口对外贸易的发展与传统商业的演变》，《近代史研究》1988 年第 6 期。

11. 朱英：《十九世纪中日两国工业化进程中国家政权作用与影响之比较》，《湖北社会科学》1988 年第 6 期。

12. 尚方民：《近代实业家荣氏兄弟经营之道析》，《民国档案》1992 年第 2 期。

13. 张笃勤：《汉口茶输俄的几个问题》，《江汉论坛》1993 年第 2 期。

14. 丁汉镛：《近代中外纺织企业经营管理的比较》，《中国纺织大学学报》1994 年第 3 期。

15. 秦鸿锦：《民族资本在近代棉纺织工业的发展和作用》，《中国纺织大学学报》1994 年第 3 期。

16. 秦鸿锦：《欧战后棉纺织业与银钱业的关系》，《中国纺织大学学报》1994 年第 3 期。

17. 汤可可：《近代企业管理体制的演进——无锡民族资本企业发展历程中的变革性转折》，《中国经济史研究》1994 年第 3 期。

18. 黄立人：《抗日战争时期工厂内迁的考察》，《历史研究》1994 年第 4 期。

19. 刘高葆：《八十年代以来中国近代工业史研究综述》，《历史教学》1994 年第 4 期。

20. 周宏佑：《近代四川棉纺织技术和设备的演进》，《中国纺织大学学报》1994 年第 3 期。

21. 李一翔：《银行资本与中国近代工业化》，《上海社会科学院学术季刊》1996 年第 1 期。

22. 汤可可、钱江：《大生纱厂的资产、盈利和利润分配——中国近代企业史计量分析若干问题的探讨》，《中国经济史研究》1997 年第 1 期。

23. 李一翔：《论 30 年代中国银行业对棉纺织业的直接经营》，《中国经济史研究》1997 年第 3 期。

24. 卢向国、孙樱：《清政府贫困化对中国早期现代化的影响》，《社会科学战线》1998 年第 1 期。

25. 赵德馨：《张之洞与湖北经济的崛起》，《江汉论坛》1998 年第 1 期。

26. 潘必胜：《荣家企业组织研究》，《中国经济史研究》1998 年第 2 期。

27. 李一翔：《近代中国工业化进程中的银行与企业关系》，《改革》1998 年第 3 期。

28. 谢放：《抗战前中国城市工业布局的初步考察》，《中国经济史研究》1998 年第 3 期。

29. 姚会元：《江浙金融财团的三个问题》，《历史档案》1998 年第 3 期。

30. 贺水金：《近代民族工业永纱企业的经营战略——规模化与多角化并举》，《改革》1998 年第 6 期。

31. 张英：《武汉抗战时期工厂内迁对西南民族地区经济的影响》，《中南民族学院学报》（哲学社会科学版）1999 年第 3 期。

32. 陶良虎：《20 世纪 30 年代汉口对外贸易衰退原因辨析》，《江汉论坛》1999 年第 6 期。

33. 王玉茹：《中国近代政府行为的特征及其对国家工业化的影响》，《南开经济研究》2000 年第 1 期。

34. 钟声：《论清末报刊舆论对近代中国工业化问题的探索》，《湖南师范大学社会科学学报》2000 年第 2 期。

35. 彭南生：《中国早期工业化进程中二元模式——以近代民族棉纺织业为例》，《史学月刊》2001 年第 1 期。

36. 袁为鹏：《张之洞与湖北工业化的起始：汉阳铁厂"由粤移鄂"透

视》，《武汉大学学报》（人文科学版）2001 年第 1 期。

37. 贺水金：《从供给、需求曲线变动看 1914—1925 年中国棉纺业的繁荣与萧条》，《上海社会科学院学术季刊》2001 年第 4 期。

38. 朱荫贵：《改进与改革：近代中国企业官利制度分析》，《近代史研究》2001 年第 4 期。

39. 戴鞍钢：《中国资本主义发展道路再考察——以棉纺织业为中心》，《复旦学报》（社会科学版）2001 年第 5 期。

40. 陈征平：《云南早期工业化进程研究（1840—1949）》，博士学位论文，华中师范大学历史研究所，2001 年。

41. 李一翔：《论长江沿岸城市之间的金融关系》，《中国经济史研究》2002 年第 1 期。

42. 冯天瑜：《武汉早期现代化刍议》，《湖北社会科学》2002 年第 4 期。

43. 刘淼：《晚清棉纺织业贸易与生产体系转型的地域分布》，《中国社会经济史研究》2003 年第 4 期。

44. 林刚：《1927—1937 年间中国棉纺织工业的运行状况和特征》（上），《中国经济史研究》2003 年第 4 期。

45. 彭南生：《传统工业的发展与中国近代工业化道路选择》，《华中师范大学学报》（人文社会科学版）2003 年第 2 期。

46. 彭南生：《半工业化：近代乡村手工业发展进程的一种描述》，《史学月刊》2003 年第 7 期。

47. 王玉英：《中国近代棉纺织业的技术引进与企业发展》，《厦门科技》2003 年第 6 期。

48. 林刚：《1927—1937 年间中国棉纺织工业的运行状况和特征》（下），《中国经济史研究》2004 年第 1 期。

49. 黄长义：《张之洞的工业化思想与武汉早期工业化进程》，《江汉论坛》2004 年第 3 期。

50. 袁为鹏：《盛宣怀与汉阳铁厂（汉冶萍公司）再布局试析》，《中国经济史研究》2004 年第 4 期。

51. 徐凯希：《宁波帮与武汉近代工商业》，《宁波大学学报》2004 年第 6 期。

52. 邓正兵、欧阳君：《试论武汉的早期现代化》，《江汉大学学报》（社会科学版）2005 年第 1 期。

53. 严昌洪：《关于建立武汉学的构想》，《江汉大学学报》（社会科学版）2005 年第 1 期。

54. 张乐和：《中国早期工业化运动的历史进程》，《江汉大学学报》（社会科学版）2005 年第 2 期。

55. 魏文享：《中国大陆的武汉史（1927—1949）研究综述》，《江汉大学学报》（社会科学版）2005 年第 3 期。

56. 代鲁：　《汉冶萍公司的钢铁销售与我国近代钢铁市场（1908—1927）》，《近代史研究》2005 年第 6 期。

57. 赵士国、刘自强：《中俄两国早期工业化道路比较》，《史学月刊》2005 年第 8 期。

58. 梁华：《近代外国在华直接投资与民族资本的竞争——对机制棉纺织市场的供求分析》，《江海学刊》2006 年第 2 期。

59. 樊卫国：《二十世纪前期长江沿岸城市的外贸互动关系》，《档案与史学》2006 年第 6 期。

60. 李勇军：《近代汉口商业文化的变迁》，《江汉论坛》2006 年第 12 期。

61. 宋红伟：《中国近代民族企业应变时局的策略研究——以抗战胜利前的裕大华纺织企业集团为例》，硕士学位论文，华中师范大学历史文化学院，2006 年。

62. 罗朝晖：《"以农立国"与"以工立国"之争——20 世纪 40 年代关于中国发展道路论争的再认识》，《长春师范学院学报》（人文社会科学版）2007 年第 1 期。

63. 吴松弟：《港口—腹地：现代化进程研究的地理视角》，《学术月刊》2007 年第 1 期。

64. 林刚：《试论列强主导格局下的中国民族企业行为——以近代棉纺织工业企业为例》，《中国经济史研究》2007 年第 4 期。

65. 李雅菁：《近代新式棉纺织企业工头制管理方式浅析》，《安徽史学》2007 年第 6 期。

66. 张东刚、李东生：《近代中国民族棉纺织工业技术进步研究》，《经济评论》2007 年第 6 期。

67. 张珊珊：《近代汉口港与其腹地经济关系变迁（1861—1936）——以主要出口商品为中心》，博士学位论文，复旦大学历史地理研究中心，2007 年。

68. 罗翠芳:《近代汉口商业资本探微——兼谈近代中国商业资本》,《湖南农业大学学报》（社会科学版）2008 年第 4 期。

69. 唐巧天:《上海与汉口的外贸埠际转运》,《社会科学》2008 年第 9 期。

70. 吴静:《近代中国民办企业的技术引进：以荣氏、刘氏、吴氏企业集团为中心（1866—1949）》,博士学位论文,厦门大学,2009 年。

71. 庄安正:《南通大生纱厂"土产外销"及其流通渠道探讨——以"关庄布"外销为例》,《中国社会经济史研究》2010 年第 3 期。

72. 罗萍、黎见春:《20 世纪 20 年代的动荡政局与民营企业险中求生的经营策略——以裕华、大兴纺织股份有限公司为例》,《兰州学刊》2010 年第 6 期。

五　外文资料

1. Kuznets Simon, *Modern Economic Growth：Rate, Structure and Spread*, Yale University Press, 1966.

2. Chang John K., *Industrial Development in Pre – Communist China：A Quantitative Analysis*, Edinburgh University Press, 1969.

3. Young, Arthur N., *China's Nation – Building Effort*, 1927 – 1937, *Hoover Institute Press*, Standford University, 1971.

4. Wright Tim, *Coal Mining in China's Economy and Society*, 1895 – 1937, Cambridge University Press, 1984.

5. Rawski, Thomas G., *Economic Growth in Prewar China*, University of California Press, 1989.

后 记

本书是在我的博士毕业论文基础上修改而成的。2011年6月，我的博士论文《民国武汉棉纺织业诸问题研究》在武汉大学历史学院答辩并通过。答辩前是艰难的资料收集和写作、修改过程。对此经历，很多人觉得辛劳甚至痛苦，而我在此之外却感到一些快乐，因为我经常想到成功。所以，当时我常常对身边人戏言："有困难要写论文，没有困难，制造困难也要写论文。不然，何来的成功？"在这种精神鼓舞下，我以一种平和心态进行博士论文撰写，可谓"苦中作乐"。

感谢我的导师敖文蔚教授对我在学习和生活上的关怀和照顾。博士论文从选题范围到题目敲定，从文章结构到遣词造句，都离不开敖老师对我的精心指导。更让我感动的是，敖老师对我某些性格缺陷的包容和理解，至今仍令我记忆犹新。师母杨文芳老师和蔼可亲，在生活上对我关怀备至，十分感谢。

我还要感谢历史学院李少军、彭敦文、张建民、左松涛诸位老师。在论文开题报告时，他们提出的宝贵建议使我不但进一步打开了研究和写作的思路，同时也明白了从事历史研究应具有严谨和科学的态度。感谢武汉大学谢贵安、任放老师和湖北大学田子渝、何晓明老师，在论文答辩时给予的指导性和建设性修改意见。这些使我在毕业后能较顺利地修改博士论文。还应感谢武汉市档案馆工作人员，在我查阅资料时给予的热忱帮助。

在风景秀丽的珞珈山求学期间，我和同门师兄弟、研究生班的同学相处得很好，他们对自己的帮助很大。在学术道路上，还要感谢华中师范大学吴小珍博士，从硕士起我们俩就是同学和好友，在学术切磋中，自己受益匪浅。

回想当年漫漫求学路，父母的恩情我今生都报答不完。年逾九旬的奶奶对我的期盼，更给了我无比动力。长期在外求学使我很难有机会照顾家里的老人，感谢安徽老家两个妹妹对我的理解和支持，她俩大学毕业后，选择在家乡工作，默默承担照顾老人的重任。在这个物欲横流的社会，感谢爱人周小静在读博期间，两地分居，在物质和精神上都给了我最大的支持。岳父岳母在我求学道路上尽其所能提供最大的帮助，内心万分感激。

博士毕业后来到贵州财经大学工作，非常有幸在经济史团队贡献微薄之力。团队里缪坤和教授、常明明教授、李飞龙教授、徐峰博士无论在人品上，还是学术造诣上，都是自己学习榜样。

工作以来，自己终日处于"快马加鞭未下鞍"的紧张状态，但距离学术天空却似乎渐行渐远。每念于此，欷歔不已，读书人终归是要以学术为重，随着时间流逝，那些现在看起来诱人的名利，终将成灰，如浮云一般消失在历史天空，唯有在做学问中闪耀的哪怕一点光芒，才真的是自己保留书生意气的安身立命之本。

最后，谨以此书献给可爱的儿子刘珞苏！为了他的茁壮成长，自己再怎么辛苦都是值得的。最后对所有关心我的人说声"谢谢"，我会一直努力！

刘岩岩于贵阳天誉城

2015 年 10 月